ドゥルーズとマルクス　目次

ドゥルーズとマルクス

近傍のコミュニズム

松本潤一郎

みすず書房

III 「労働」とユートピアのゆくえ

ドゥルーズとマルクス　近傍のコミュニズム

I　歴史・哲学・政治

ドゥルーズ-ガタリと歴史　『資本主義と分裂症』を読む

「逃走」による資本主義　歴史を再記述する〈逆回転〉

革命的潜勢力がいかに現働化するのかを解明するのは、前意識状態において作用する原因であるよりは、むしろある正しく的確な瞬間において現実的に起こる〈欲動による切断〉である。この切断は欲望を唯一の原因とする分裂であり、因果関係からの断絶を意味する。この断絶は実在するものに密着した歴史の書きなおしを強制し、いっさいが可能となる奇妙にも多義的な瞬間を生みだす。

(AO 453-454)[一]

「奇妙にも多義的」に「いっさいが可能とな」る、「因果関係」から「断絶」された「瞬間」という「革命的潜勢力」が私たちに「強制」する「歴史の書きなおし」。ジル・ドゥルーズとフェリックス・

ガタリによる〈実験〉の試み『アンチ・オイディプス』における、これが根本的な主張のひとつであるだろう。そしてこの企ては『千のプラトー』にいたるまで一貫する。この「ある正しく的確な瞬間」とはいったいなんであり、いつどのように私たちへと到来するのか。ここでの「革命」とは何を指しているのか。

ここで言われる「革命」としての「ある正しく的確な瞬間」とは、「プロレタリアート」という資本制社会内部における矛盾を体現する「階級」の一方がその矛盾の最高段階に達したときにおのずと訪れる必然的「瞬間」ではない。ここでの「革命」の担い手は属性（「──である」）としての「プロレタリアート」ではない。なぜなら『アンチ・オイディプス』においては、まず「階級」とは既成の身分制・階層から脱コード化したものととらえられており（AO 303）、そのうえで次に、資本制社会に「階級」は「ただひとつ」しか存在せず（AO 302）、そしてその名は「ブルジョワジー」である（AO 302）とされているからである。したがってここでの「革命」の担い手は階級の外にある人びと、「階級－外（hors-classe）」である（AO 303）とされる。とするなら、ここで言われている「革命」なるものは、資本制社会内においての「政権奪取」であるよりはむしろ、資本制社会それ自体からの「資本」そして「労働」の「逃走」である。

「革命」は、その言葉に従来含まれていた「必然史観」に裏打ちされるコノテーションを──後の『千のプラトー』の言い方を用いるなら──「マイナス１」（MP 31）されている。ここで採用されている立論構成は、基本的には「矛盾」に「革命」の原動力を担わせる労働者中心の構想や終末論的革命構想に批判的距離を置いている。ここからドゥルーズ－ガタリの読者にとっては周知の議論、従来の均斉化された「労働者」像ないし「階級」像には含まれていなかった、むしろそこからの逸脱として規定される「マイノリティ」に「逃走」としての「革命的潜勢力」を託す議論構成が対蹠的に見いだされる。したがってここでの「革命（révolution）」は、先に引いた「因果関係からの断絶＝歴史の書きなおし」という意味で歴史の「逆回し（révolution）」のニュアンスを前面化させている。だから、そこにおいては「奇妙にも多義的」に「いっさいが可能とな」る。

『アンチ・オイディプス』での以上の論点をふまえたうえで、『千のプラトー』では歴史の因果関係から解放された無数の出来事が「此性（heccéité）」にもとづいて「個体化」（MP 318）する様相が、翻ってみずからの存立性を確立した状態が「プラトー」と呼ばれることになるだろう（MP 32）。それは歴史を構成する「質料‐素材」として「生成変化の質料‐素材」を用いること（MP 428）によって歴史から「漏出‐逸脱」してゆく「力」を測量するために、質料に形相を押しつける「形相‐質料」図式から離脱して、質料‐素材の連続的変化に「随順」する「質料〔素材〕‐力」図式への論点の移行でもある（MP 509-512）。

こうして重要な問い、「矛盾」という概念を用いずに、いかに資本主義を記述することができるかという問いが導きだされる。というのも、ドゥルーズ‐ガタリにおける「革命」の担い手は「階級‐外」への漏出‐逃走線上のベクトルにおいて歴史へと〈出来事〉的に出現する以上、そうした人びとの到来は「社会内部の矛盾」には由来しないからである。「社会はその内部諸矛盾によって規定されるという主張は間違っている（とくにマルクス主義の場合）。それが正しいのは、大きな尺度で物事を見た場合に限られる。ミクロ政治の視点からすれば社会はその逃走線によって規定されるし、逃走線は

分子状である」（MP 263-264）
このマルクス主義に対する批判には、「では矛盾に由来しない資本主義（分析）とはどのようなものなのか」と問いかえそう。ドゥルーズ－ガタリはこの問いに応答しようとしている。『アンチ・オイディプス』『千のプラトー』においては「矛盾」ならぬ「偶発性」の語彙で資本主義、そして資本主義下の労働者が記述されているからである。そこに〈歴史家〉マルクスがいる。「矛盾」ではなく「偶然」に定位して資本主義を分析するマルクス、「資本主義の機制に夢中になっ」たマルクスがいる。[2]だから先の批判にもかかわらず、ドゥルーズは後にまた別のあるインタビューで、「『アンチ・オイディプス』と『千のプラトー』はマルクスに、マルクス主義に完璧に貫かれた作品です。現在私は、自分を完全にマルクス主義者だと考えています」と述べたのだ。[3]あるいはまた「因果関係からの断絶＝歴史の書きなおし」という、そこにおいて「奇妙にも多義的」に「いっさいが可能とな」る歴史の「逆回し－革命」に向けて、偶発性の視角からの資本主義分析がマルクスから継承されると言ってもよい。「資本主義の光に照らしていっさいの歴史を遡及的に把握することは正当なことであ」り（AO 163）、また「資本主義はいっさいの社会組織体の陰画である」（AO 180）とされているからである。
さらには先にふれた「逃走」とも関わって、「欲望を唯一の原因とする分裂」という、「因果関係からの断絶」として「起こる〈欲動による切断〉」が、「実在するものに密着した歴史の書きなおしを強制」し、「いっさいが可能となる奇妙にも多義的な瞬間を生みだ」すという論点を想起するならば、「因果関係からの断絶」あるいは〈偶然性〉としての「世界史」を記述するための条件として、資本主義分析が要請される。「何よりもまず世界史は種々の偶発的出来事の歴史であって、必然性の歴史ではなく、種々の切断と境界線からなる歴史であって、連続の歴史ではない」(AO 163ほか) からであり、そして資本主義自体が〈偶発性〉ないし〈遭遇〉という、〈出来事〉によって生じたものであるとされているからである (AO 265ほか)。あるいは「初期の資本主義は労働者との遭遇を待ちかまえていて、そこに労働者が先行するシステムの形態において合流する。いわゆる本源的蓄積とはこの事態を意味しているのです[4]」と先に引いたインタビューでドゥルーズが述べるとき、『アンチ・オイディプス』『千のプラトー』において問題となっているのは「偶然‐遭遇」からの資本主義の作動様態の記述であったといえる。

そして先の歴史(再)記述の問題に関わって、「因果関係からの断絶」としての「この切断は欲望を唯一の原因とする分裂」であると述べられていたことをも想起するなら、「欲望」とは〈偶発〉的なものであるということもまた、そこには含意されている。「資本主義がどれほど欲望の交差点であり、その下部構造、その経済それ自体が、どれほど欲望という現象と密接不可分なものであるかを知るには、資本主義の起源にある偶然性の総量を考えてみれば十分でしょう[5]」とドゥルーズが述べるとき、「偶然性」と「欲望」さらには「資本主義」の密接な関係が示されている。

次第に明らかとなってきたことは、「いっさいが可能となる奇妙にも多義的な瞬間」による「強制」的な「歴史の書きなおし」という「逆回し‐革命」的な事態が生起するための平面がすでに『アンチ・オイディプス』において萌芽的にであれ準備されつつあったということ、またその根底に「資本主義」そのものの「偶発的」な誕生があり、この偶発性と欲望は密接な関係をもっているということであり、そして『千のプラトー』において偶発的遭遇の生起する平面が「内在平面」あるいは「存立平面」と呼ばれ、さらにはこの「遭遇」が「出来事」論として、「此性」や「個体化」といった概念を鍵として洗練されてゆく、という展望が開かれるだろう。この見通しのもとに、本章では「偶発性」と「遭遇」によるドゥルーズ－ガタリの資本主義の作動様態、ひいてはそれに並走する「偶発的な世界史」の記述を準備する。(6)

偶発と虚構

生のもっとも根源的な水準において、コードと遺伝子の働きは偶然《アレア》に委ねられている。それは病気や欠陥や畸型を被る以前にある、情報システムの変調ないし「誤認」である。〔…〕この偶発性ゆえに突然変異や進化のプロセスは導きだされる。同様にこの偶発性のゆえにこそ、生命は人間の出現とともに、けっしておのれの場に落ち着きえぬ生体へと到達する。それは「彷徨」し「誤る」よう運命づけられており、であればこそ問題とさるべきは特異にして遺伝的であるこの誤りなのだ。

（フーコー「生命──経験と科学」）

ドゥルーズ－ガタリが『アンチ・オイディプス』『千のプラトー』で試みた〈実験〉、およびその準備として立てた〈仮説〉ないし〈虚構〉を理解するための補助線として、ここでフーコーが生前最後に印刷許可を与えたという「生命──経験と科学」(7)での議論をみておく。この時点でのフーコーの議論から遡及的にドゥルーズ－ガタリ『アンチ・オイディプス』『千のプラトー』の枠組みを「偶発－

遭遇」およびそれに密接する〈実験－仮説〉の「仮構」という視点からふりかえる。というのも、科学史家ジョルジュ・カンギレムの科学認識論の同時代的意義を論じたこの論考の終わり近くでフーコーは、本節冒頭に引いた箇所において、生とは誤謬《エラー》にほかならない、生命とは誤ることのできるもの、「誤謬」に委ねられたものだと述べているからである。生体は偶発性に横切られ、「誤謬」の力能を与えられている。この「誤謬」は真理と対をなすというよりも、むしろこの対を創造－発明することを私たちが余儀なくされる「運命」としての「偶発性」である。「真理」はこの根源的誤謬から派生する。「概念とは生命自身がこの偶発性に対して与える解答であると認めるなら、誤謬は人間の思考および歴史を形成するものの根源にあると考えねばならない。真偽の対立、真偽に付与される価値、諸社会や諸制度がこの分割に結びつけて考慮する権力の効果といったものはすべて、生命に固有な誤ることの可能性への遅れた応答にすぎないかもしれない。「誤謬」は約束された完成の忘却や遅れではなく、人間の生命や種の時間に固有な次元を形成しているだろう」。「誤謬」としての偶発性に「真理」の源泉を見いだすこの視点は、ニーチェの系譜学的な思考の延長線上に位置づけられるだろう。フーコー自身、このテクストにおいてニーチェを引き合いに出している。とはいえ、ニーチェにみられた「真理」への否定的なニュアンスは払拭されている。「真理とはこのうえなく深い嘘であるとニーチェは言った。ニーチェに近いと同時に遠いカンギレムならこう言うだろう、真理とは生命の長い年代記においてのもっとも新しい誤謬である、と。さらに正確に言うなら、真偽の分割や真理に付与された価値は生命が発明しえたもっとも特異な生の様式を形成しているのだ、生命はその究極の起源以来、誤謬の可能性をみずからのうちに含んでいるのだから、と。カンギレムにとって誤謬とは、生命およぴ人間の歴史が絡みつく恒常的な偶然である」。「誤謬－偶発性」を被り、真理を生産することが生体のもつ力能である。「人間」は誤謬－偶発性によって生を触発され、この生の特異性を解き放つべく誤謬－偶発性からその生にとっての「真理」あるいは「概念」を生産し、練りあげてゆく。「誤謬とは、生命およぴ人間の歴史が絡みつく恒常的な偶然である」。この言葉をドゥルーズ－ガタリへの目配せとして読みなおすなら、ドゥルーズ－ガタリが『アンチ・オイディプス』『千のプラトー』でおこなった〈実験〉を準備する〈仮説〉あるいは〈虚構〉の必要性が理解される。

『アンチ・オイディプス』における遭遇の問題系として焦点化されるのは、すでにふれたごとく資本主義における遭遇、すなわち「私有財産」と「商品生産」、あるいは「資本家が所有する変換可能な財のいくつかの流れ」と「おのれの労働力をしか所有しない労働者たちのひとつの流れ」（AO 164）、「労働者」と「資本」、「生産者たちの流れ」と「貨幣の流れ」（AO 266）等々とさまざまに表現されるふたつのものの遭遇である。そしてそれらふたつの要素が遭遇する「歴史的条件」として、ドゥルーズ－ガタリは次のような事情を列挙している。「生産」ないし「自由な労働」の流れの側での、「専制君主機械」（いわゆる「封建制社会」）から「文明（資本主義）機械」（いわゆる「資本制社会」）への漏出の過程における、（1）私企業化による土地の脱領土化、（2）私有による生産諸手段の脱コード化、（3）家庭と組合の分離による消費財の私的使用、（4）労働にも機械にも使用可能な労働者の脱コード化、である。他方の資本の側においては、（1）抽象的な通貨による財の脱領土化、（2）商人資本による生産のさまざまな流れの脱コード化、（3）金融資本と公共負債による諸「国家」の脱コード化、（4）産業資本の形成による生産手段の脱コード化、が観察される（AO 267）。

最終的には「労働」と「資本」というふたつの系列に整序できる、以上のさまざまな「流れ」の変化――脱コード化――およびその遭遇によって生じる資本制社会にあらわれる「資本家」は、「専制君主」とはそのステイタスを異にする。この点をドゥルーズ＝ガタリは「専制君主機械は共時的だが資本主義機械の時間は通時的である。資本家たちはいわば歴史を創造的に築いてゆく一連の過程に次々と登場する」(AO 264) と表現しており、これはいわゆる時系列的な歴史、進歩や発展といった十九世紀的な歴史観が産業資本主義とともに生まれたという事態を意味している。しかしここでミシェル・フーコーが『言葉と物』において提示した、人間にうがたれた「時間」、すなわち「有限性」にもとづく「労働」「生命」「言語」の変容の枠組みのうちに、すなわちフーコーの言う意味での「歴史」に、ドゥルーズ＝ガタリが資本主義それ自体をも書きこもうとする、ないし「書きなお」そうとするという『アンチ・オイディプス』の試みの射程がみえてくる。

フーコーにとっての〈歴史〉は、時系列的な事象の継起＝展開ではなく、むしろ表 (tableau) ないし空間における微細な亀裂の生起であったことを想起するなら、ドゥルーズ＝ガタリの「歴史の書きなおし」は、いわゆる進化＝発展の時系列上に生起するという目的論的な意味での「革命」を指してはおらず、むしろ空間ないし平面――『千のプラトー』での「存立平面」ないし「内在平面」――上における「資本」と「労働」というふたつの要素の偶発的な「遭遇」を指していると理解しうる。この意味でドゥルーズ＝ガタリとフーコーは連係しているだろう。『千のプラトー』で批判される「歴史」とは別のフーコー的な意味での偶発的な〈歴史〉――『千のプラトー』における「出来事」――がすでに問題とされていたのであり、またそうであればこそ、ドゥルーズ＝ガタリは上述の資本主義

「発生」の「歴史的条件」のうちの一方である「労働」の脱コード化を、いわゆる通史的区分における「ローマ時代」にみているのだろう。ローマ時代においても、（1）財産の私物化による不動産の流れの脱コード化、（2）巨大な財産の形成による通貨の流れの脱コード化、（3）商品生産の発展による商業の流れの脱コード化、（4）財産喪失やプロレタリア化による生産者たちの脱コード化、といった事態がみられるにもかかわらず、それらは「専制君主機械」の体制下にあるがゆえに「奴隷制を生みだし」たにすぎなかった（AO 264）という（そしてこの箇所への注にはマルクスへの参照が指示されている）。他方、「資本」の系列における資本主義なるものの発生の「歴史的条件」は通史的時代区分における「封建制」期にすでに整っていたとされ、（1）私有財産、（2）商品生産、（3）諸通貨の合流、（4）市場の拡張、（5）都市の発展、（6）金納地代・契約労賃の出現といった事態が列挙されており、そしてそれらもまたむしろ封建的荷重・連関の強化、あまつさえ原始的封建制段階ないし奴隷制の再建さえ生みだしているなどといった事情を理由として、それ自体としては「資本主義機械」の登場とは逆の帰結を導いているとされるのである（AO 264）。こうした通史的遠近法から離脱した地点において『千のプラトー』の「プラトー」概念は確立されており、この意味でも『アンチ・オイディプス』で言われる「書きなおされる歴史」は、いわゆる歴史とは異なるだろう。

こうしてドゥルーズ－ガタリが言う「必然性の歴史ではなく、種々の切断と境界線からな」る非連続的な「種々の偶発的出来事の歴史」としての「世界史」の記述という〈実験〉を準備するための〈仮説〉的枠組みがみえてくる。それが『アンチ・オイディプス』での「欲望する諸機械」が遍歴する「器官なき身体」上での「野蛮機械」「専制君主機械」「文明資本主義機械」の絡み合い－接合様式の仮説的モデルであり、『千のプラトー』での「領土化−再領土化−脱領土化」の三つ組概念によって記述される、「抽象機械」の機械状および集団的な「二重のアレンジメント」による、定住−遊牧、捕獲−逃走、国家装置−戦争機械、条理−平滑等々の絡みあい−接合様式の仮説的モデルである。また『アンチ・オイディプス』で提示されたモデルと『千のプラトー』のそれとの相違を、前者が「生産」の様態に重点を置いていたのに対し、後者では芸術・人文科学的領野をこえた社会・政治的領野、さらには鉱物や動植物、生物の領野をも貫く広い意味での「交通」ないし「翻訳」の様態へと力点が移動している——しかし、これはドゥルーズ−ガタリが資本主義分析にあたって生産部面から流通部面へと重点を移したということではない——という点に求められるだろう。このように提示された〈仮説〉的モデルを、それがいわゆる「歴史」を〈実験〉材料−素材としている——そしてそれらをもって「歴史」の「外」あるいは「階級−外」へと漏出−逃走線を見いだそうとする〈実験〉である——点で、むしろ〈虚構〉ないし「仮構（fabulation）」と呼ぶことが適切であると思われる。歴史は「虚構」であるということではない。〈仮説〉としての〈虚構〉を立てることによってなされる〈実験〉において、歴史のなかに無数の遭遇−偶発性、あるいは「プラトー」が見いだされるということである。フーコーにおいて「概念」は偶発性によって生じる〈虚構〉であったが、ドゥルーズ−ガタリにあって、それは同時に、偶発性と遭遇するための〈虚構〉でもある。偶発−誤謬によって触発されつつ立てられる仮説−虚構によって、翻って「偶発的な世界史」がいわゆる「歴史」のいたるところに走査されうるというこの相互的関係のうちに、虚構と偶発はとらえられうる。そしてすでに述べたように資本主義は、そうした「世界史」を可能とする〈遭遇〉としての出自をもつだろう。

労働と資本の遭遇　いくつかの仮説

0　方法としての質的分割

労働と資本の〈遭遇〉は、どのような偶然性なのか。それには「資本の蓄積」に関わって次のふたつの時期、まず「財貨が価値をもたずそれを集めるのに有利な機会」、具体的には「財産－土地の権利証書の蓄積」がなされる時期、次いで「この財貨の値段が上がり、産業投資に有利となる条件下で財貨を売却する」時期の存在があげられており、「産業投資に有利となる条件」として「『価格革命』、労働者の過剰備蓄、プロレタリアート層の形成、原料資源〔地〕へのアクセシビリティ、道具・機械的生産への好条件」などがあったとされている（AO 267-268）。したがって、ここではマルクス『資本論』での「いわゆる本源的蓄積」および――「労働者の過剰備蓄、プロレタリアート層の形成」に関わって――「労働力商品」が〈歴史〉的偶然性の様相に密接して論じられている。「あらゆる偶然的（contingentes）要因が、この遭遇的諸連結（conjonctions）に有利に働く。こうした事態の形成にとってどれほど多くの遭遇（rencontres）があったことか、この名づけえぬ事態〔の形成にとって〕！　しかしこの遭遇的連結の効果－結果は、まさに資本制生産の次第に深くおよぶ統御なのだ」（AO 268）。資本主義は偶発的であり、「しかし《ゆえに》」その生産様式を浸透させてゆく。この「しかし《ゆえに》」という接続が、資本主義は「誤作動によってのみ好調に作動する」（AO 274）という原理を知っていたという『アンチ・オイディプス』における定式である。もうひとつ重要な点は、ふたつの要素の〈偶発－遭遇〉を強調する『アンチ・オイディプス』のこうした議論は、マルクスが『資本論』で論じた産業資本主義における「労働力の商品化」を含意していることである。「資本主義の光に照らしていっさいの歴史を遡及的に把握することの正統性」と述べられる際の「資本主義」は「産業資本主義」を指している。「資本主義あるいはその切断の定義、すなわち脱コード化し脱領土化したいっさいの流れの遭遇的連結は、商人資本によっても金融資本によっても定義されえない。それらは脱コード化や脱領土化とは別の流れ、別の要素であるにすぎない〔のだから〕。そうではなくて産業資本主義によって〔定義される〕とされているからである（AO 268）。したがって先の「しかしこの遭遇的連結の効果－結果は、まさに資本制生産の次第に深くおよぶ統御なのだ」は、「産業資本主義」が成立する歴史的〈偶然性－遭遇〉、「いわゆる本源的蓄積」を、「しかし《ゆえに》」必要－必然としている。世界規模で反復される資本蓄積の様態が、アミン等の議論をふまえたうえで「本源的蓄積は資本主義の黎明に一度限り起こったことではない、それは恒常的であり、かつたえず再生産されている」と述べられており（AO 275）、この視点は『千のプラトー』にも一貫している。[8]『アンチ・オイディプス』では「反復される本源的蓄積」という論点は「機械による剰余価値」と「人間による剰余価値」――このふたつの剰余価値が、コードではなく「流れ（flux）」の剰余価値を構成する――のあいだの永遠の不一致――後にみる終わりなき「利潤率低下傾向」――という観点から分析されており（AO 270-276）、さらには資本主義の作動の核心に「利潤率低下傾向」を永遠化する「反生産」が組みこまれている――したがって反生産主義としての「無為（dés-œuvrement）の共同体」（ジャン＝リュック・ナンシー）の再検討を要請する――という議論がなされており、また『千のプラトー』ではこの「本源的蓄積」という暴力が、「捕獲装置」あるいは

「国家」による「二重の暴力」——暴力を被る対象を生みだしつつ、その暴力を資本制の不可視の前提－メタレベルへと押しあげる——の機制と密接して論じられている（MP 558-559）。「いわゆる本源的蓄積」については後に「歴史」との関わりであらためて論じることにして、いまは先に進む。

ここでは哲学者ジル・ドゥルーズが得意とする、本性上異なるふたつの要素が混合されている状態を「質的に分割」する術が、ガタリとの協働においても発揮されている。マゾッホとサドのあいだになんの必然的な結合関係も見いだされなかったように、あるいはスピノザ『倫理』の叙述体系においては個体間に「悪しき遭遇」が生起することがなかったように、(9) ここでも資本制社会において自明とみなされている「労賃（salaire）」関係におけるふたつの要素、すなわち「労働力」と「貨幣－資本」が「本性上の差異」をもっているがゆえに《しかし》「偶発－遭遇」する様態が分析されている。「労働力（という）商品」のもつ偶発性に寄生する資本主義を構成しているふたつの要素、「労働力」と「資本」を切り離し、各々をそれ自体としてとらえることによって、すなわち「矛盾」によることのない「質的分割」によって『資本論』のマルクスがここに回帰する。そこでのマルクスはいわゆる「唯物史観」から解放され、「偶発性の世界史」において資本主義を記述する、後の『千のプラトー』で言われる意味での〈歴史家〉である。マルクスがいかに回帰するかをみるために、質的に分割されて各々独自に論じられる（1）『アンチ・オイディプス』でのコードの剰余価値ではなく流れの剰余価値に定位する「資本主義の公理系」を表現しているとされる「利潤率低下傾向法則」と「貨幣の二元性」の議論を経由した「資本－貨幣」、（2）『千のプラトー』での「形相－質料」図式ではなく「素材－力」図式にもとづいて論じられる、ドゥルーズ－ガタリによって回帰したマルクスの「生産力と生産関係」図式の反復としての「労働力」をめぐる議論を瞥見しておく。この二点をふまえたうえで、偶発性にもとづいて回帰した「唯物史観」が、『千のプラトー』において議論される「非身体的変形としてのアレンジメント」「指令語」などの論点を経由して「内在平面」を確立するからである。

1 「資本主義公理系」の表現としての「利潤率低下傾向」と貨幣の二元性

マルクスの「利潤率低下傾向法則」を、『アンチ・オイディプス』においてドゥルーズ－ガタリは「資本主義の公理系」を表現しているものと解釈する。この方針は『千のプラトー』でも一貫している（MP 578-579）。「公理系」とは端的には「コードにおける剰余価値」を「流れにおける剰余価値」へと変容させる装置、言いかえるならば資本の「出自」形態としての「貨幣の二元性」であり（AO 273）、「資本主義は貨幣が貨幣を生み、価値が剰余価値を生むとき出自－親子資本となる」（AO 269）。「利潤率の傾向的低下が終わらない（＝一致－解消されない）のは明白である」（AO 271）。なぜなら資本と労働力のあいだにはいかなる共通尺度も存在しないからであり、そうした「尺度」は、もしそれがあったとしても「純粋な虚構」である（AO 273）。資本主義自体がこの〈虚構〉あるいは「誤作動による好調」の術を知悉－利用していたという点が重要である。ドゥルーズ－ガタリはこの事情を説明するための「文字（式）」として微分の比（Dy/Dx）を提示する。'Dy' が労働力あるいは可変資本の流動を、'Dx' が資本それ自体あるいは不変資本の流動を構成し、資本の出自－親子形式としての〈x ＋ dx〉つまり剰余価値は、この 'Dy' と 'Dx' の「遭遇的連結（conjonction）」によって生じる（AO 270）。それゆえ資本主義の根底的な偶発性およびその生産様式を浸透させてゆく「公理系」としての作動が、微分の比において十全に表現されている。「傾向的低下は極限をもたない。問題が生産高からみた生産の流れの変化の限界であれば微分の商は計算可能だが、問題が剰余価値が生じる生産の流れと労働の流れ〔の変化の限界〕である場合にはそうではない」（AO 273）。ここから「資本主義はみずからの終わり－極限をもたない」あるいは「極限をみずから置き換えることによってこの極限を再生産する」という主張が、マルクスへの参照を促しつつ導きだされる（AO 273）。ここで重要な点は、したがってみずからの極限を再生産する「資本主義公理系」の作動にもみられる労働と資本というふたつの要素の〈偶発－遭遇〉がマルクスによる「利潤率低下傾向」において読みこまれた点である。このふたつの要素のあいだには「いかなる共通尺度も存在しない」というそのかぎりにおいて、このふたつの要素は「出会い損ね」ている。問題は「止揚」や「矛盾」ではなく偶発性、「本性の差異」に準拠したうえでなされる資本主義の「出自」の記述だからである。そしてこの「本性の差異」にもとづいてこそ、生命から無機物にまで貫かれる「素材－力」図式の連続変化としての「労働者」の歴史が記述可能となる。

労働と資本のあいだに「本性の差異」があることを示すふたつの要素の偶発的遭遇が剰余価値の終わりなき発生としての「低下傾向」においても見いだされたことから予想されるとおり、貨幣もまたこの二元性を表現している。脱コード化され、かつ生産手段をもたないという意味で「二重に自由な」労働者を労賃関係、先にみた微分の比の一項'Dy'に滞留させつづけるという「再領土化」の機能をもつと同時に、諸コードの剰余価値を「流れ（flux）」の剰余価値へと「脱領土化」する機能をもつ。剰余価値ないし利潤は、「労働力の価値と労働力によって創造された価値の差異」によってではなく「このふたつの流れのあいだの通約不可能性——とはいえ相互に内在する——、このふたつの流れを表現する貨幣の二側面の間の齟齬」によって定義される（AO 283）。この二元性をドゥルーズ－ガタリは、（1）「一方には交換価値の無力な貨幣の諸記号、諸々の消費財や使用価値に関する支払手段の流れ、貨幣と公定区域の生産物のあいだの一対一対応関係」、（2）「他方には資本の強力さの諸記号、融資の流れ、イマココニオイテハ実現されえない長期的見積もりないし予測能力を示す、諸抽象量の公理系として機能する生産微分係数のシステム」と区別している（AO 271）。（1）が再領土化の機能、（2）が脱領土化の機能に対応する。ここに『アンチ・オイディプス』の資本主義に対する両義的評価が見てとれる。資本主義は脱領土化と同時に再領土化をおこなうのであり、（1）にその公理系の作動が示されているだろう。そしてこの二元性の装置としての貨幣を統御するのが「国家」――『千のプラトー』では「捕獲装置」とも呼ばれる――であり、『アンチ・オイディプス』でのこの観点は、『千のプラトー』においての貨幣の起源を国家における税収に求める議論にまで一貫している（MP 552-553）。この貨幣の二元性によって、流通部面または市場での「交換」は「通貨」として、すなわち国家という捕獲装置において実現される。なお「グローバリゼーション」の現状分析にもこの論点は有効である。そこでの問題はマルクスの「価値形態」論を「搾取」と「収奪」のいずれに近づけて理解するかという論点にあるが、いまは措く。[10] 資本制内部においては交換はつねに「合法」あるいは「等価」と（表象）される。ドゥルーズ－ガタリは貨幣－交換を「収奪」論として展開している。資本制内部における交換に定位する「搾取」論は、資本制そのものの成立という「法－外」の暴力の水準に定位される「収奪」の側面とあわせ、ドゥルーズ－ガタリにおいては「貨幣の二元性」として考慮されている。

また「購買力」としての消費財との一対一対応の機能を担う「通貨」は、脱領土化した「流れ」の「回帰－還流」としてもとらえられている。「突然変異の力能をもつ」とも形容されるこの「貨幣の二元性」が、にもかかわらず「他方で通貨は還流を、すなわちこの通貨の労働者や生産諸要因への配分によって購買力をこの通貨が獲得するや否や諸々の財と結ぶ関係を表現している」（AO 282）。この「流れと還流の相互に内在しつつも通約不可能」な関係にも偶発的遭遇が表現されている。この点は『千のプラトー』第十三プラトー「捕獲装置」において一種の集合論的操作[11]――「魔術ないし神秘」とも呼ばれる――としてとりあげなおされており、そこでは「分配や報酬と解されるかぎりでの労賃は購買であるとすら言えない。反対に購買力は労賃から生じる」（MP 556）と述べられる。『アンチ・オイディプス』では、この「魔術」は「無カラノ（ex nihilo）創造」と呼ばれ、資本制内部においては剰余価値は「合法的な」等価交換としてあらわれるがゆえに「誰も盗まれてはいない」、「誰も疎外されてはいない」（AO 283）。ここでも先にふれた捕獲装置による「二重の暴力」が作動しており、それゆえドゥルーズ－ガタリにとっての「貨幣」論は「収奪」に定位してなされている。したがって「諸利潤は収入〔購買力――引用者注〕創造の流れの裁可においてではなく、そこからの逸脱において、それと並走して流出する」（AO 283）[12]。以上をふまえ、『千のプラトー』での「素材－力」図式にもとづいて論じられる「労働力」を瞥見する。

2　「素材－力」図式としての生産力と生産関係

ドゥルーズ－ガタリは「交換主義者」ではない（AO 224-226ほか）。そこには「労働価値説」とりわけ『資本論』第一巻第三篇「絶対的剰余価値の生産」における「絶対的剰余価値」説に忠実なドゥルーズ-ガタリがいる。この姿勢は、マルクスへの準拠が相対的に『アンチ・オイディプス』より少ないかに思われる『千のプラトー』においても維持されている。『アンチ・オイディプス』において重要な規定を与えられていた「コード化-脱コード化」の様態が、『千のプラトー』においては狭義の人間的枠組みをこえた、無機物をも含めた「生命」にすら見いだされるとされる「剰余価値」概念によって(再)規定されているからである。生命の突然変異現象を論じた第三プラトー「道徳の地質学」における「どのようなコードも自由に変異しうるさまざまな補足物をもつのみならず、同じひとつの分節的断片（ségmentarité）〔コードの構成要素——引用者〕は二度複製され、二度目の複製は自由に変異しうるものとなる……そこでおこなわれているのはあるコードから別のコードへの翻訳ではなく、むしろコードの剰余価値あるいは派生的コミュニケーションとでも呼べる特異な現象が生じている」（MP 70）、あるいはまた「芸術」を論じる第十一プラトー「リトルネロ」においても「コード変換がおこなわれるとき、そこにあるのはたんなる付加ではなく、つねに新たな〔コードとしての〕平面、そして剰余価値が成立している」（MP 386）、「生命の場にはおそらく存立性の利得、すなわち剰余価値が含まれている」（MP 414）、「領土のアレンジメントは脱コード化を伴い、アレンジメントを触発する脱領土化と不可分である（新たなタイプのふたつの剰余価値）」（MP 414）等々と述べられる。また、「生命」現象におけるコード化と脱コード化の錯綜が「みずからの地層の上にあってさえ有機体は脱領土化される。有機体は有機体の自立性を保証しに有機体を導くような諸々の内部環境を内包しているからである」（MP 70）と述べられてもいる点に、フーコーの「誤謬-偶然性としての生命」との連関で、生体の根源的偶発性が含意されている。こうした「生命」における「剰余価値」に密接する「(脱)コード化」および「領土化」の様態の規定は、さらには言語や記号系といった人間的領土にまで拡張され、生体の偶発性が、「非身体的変形」としての「言表行為の集団的アレンジメント」と「身体の機械状アレンジメント」(MP 112) との遭遇と規定される「日付–出来事」という形態において姿をあらわしているからである (MP 103-112)。

マルクスにおいて人間が存在し労働するということにおける過剰さを意味していた「絶対的剰余価値」は、こうして「(脱)コード化」および「領土化」概念によって再規定される。生命から無機物まで連続的に変化する「素材–力」図式によって展開されるドゥルーズ–ガタリによる「生産力と生産関係」論である。

「どのようなコードも自由に変異しうるさまざまな補足物をもつのみならず、同じひとつの分節的断片は二度複製され、二度目の複製は自由に変異しうるものとなる」に示されるように、コードの構成要素としての「分節的断片」はそれ自体で変異する内容であり、かつ表現である。内容とはすでに形式化された素材ないし質料であり、表現とは実質としての力である。また各々がその下位区分として形式–実質の二重分節を被っているがゆえに、内容の形式は表現の実質、表現の形式は内容の実質であり、したがって素材と力は相互に構成しあう、しかし「対応も符合ももたない」不可分のものである (MP 58-59)。『千のプラトー』における「唯物論」は、二重に分節された表現と内容の相互性にもとづく。したがって内容と表現が区別される場合、それは形態的ないし形相的ではなく、« distinction réelle » (MP 59) つまり「現実的な区別」によっている。これはスピノザ『倫理』第一部定理一〇およびそれに付された「備考」から採用されている。生産力の発展が既存の生産関係を桎梏化し、新たな生産関係が生じるように、表現と内容は「存立性の集合」すなわち「存立平面」においては相互に反転-生成変化するだろう。存立平面の集合は、非等質な成分が集まって強化され、形相-質料の規則的連続にかえて階層の短絡、あるいは逆回しの因果関係が起き、異質な素材と力の間に捕獲関係が成り立つ場合に成立する。「あたかも機械状系統流〔物質の流れに内在するアレンジメントの連続変化——引用者〕そして脱地層化的横断性が要素、次元、形相と質料、モル状と分子状を貫いて質料を解き放ち、力を捕獲するかのように」(MP 414)。そこにおいて素材ないし質料は、形式あるいは形相という鋳型に嵌めこまれる不定形のものではなく、素材各々のもつ「此性」——みずからの特異性にもとづく個体化——に沿って形式-実質を形成し、それ自身において表現-内容の相互反転を内在的に担う。「重要なのは……法則に服従する質料よりもノモス〔秩序——引用者〕をもつ物質性に従うこと、質料に特性を押しつけることのできる形相よりもさまざまな情動を構成する表現の物質的特徴に従うことである」(MP 508)。人間-物質の区分、あるいは人間の歴史をこえた、生産関係を基礎づける生産力の事例として、「金属の歴史」が述べられる。「冶金術は物質を再溶融して再利用する可能性をもち、それゆえ物質に鋳塊という形式を与える——金属の歴史はストックとも商品とも異なるこの特別な形式と不可分であり、貨幣価値はここから生まれる。より一般的に述べるなら、「還元的」という冶金術の観念は、準備された物質からの物質性の解放および具体化さるべき形相からの変形の解放という、二重の解放を表現する……そこにはさまざまな形相の継起にかえて連続展開する形相が、さまざまな物質の変化にかえて連続変化する物質がある」(MP 511——強調引用者)。生産力、あるいは剰余価値の変奏としての「(脱)コード化」および「領土化」にもとづく金属−貨幣形態論的観点は、物質−人間の区分をこえて、資本との偶発的遭遇を準備する「二重に解放された」労働者に関してもあてはまる。そこから賃金労働者の「起源」が、「国内」の労働者に定位する「定住」の視点とは異なる「移民」ないし「遊牧」の視点から論じられうるだろう。

われわれはつねにこの定義に戻ってくる――機械状系統流は自然・人工〔の区別――引用者〕とは無関係な人工的かつ自然的な物質性であり、特異性と表現特徴を担う、運動し流れ変化する物質である。この定義からの明白な帰結は、こうした流れとしての物質に対してできることは従うということでしかないということである。おそらく従うという動作はその場においても可能であり、鉋をかける職人は木と木の繊維に場所を変えることなく従っている。しかしこうした従い方は、より一般的な過程の特殊な一部にすぎない。なぜなら職人はまた別の仕方で従うこと、すなわち必要な繊維を有する木をそれがある場所まで探しにゆくことを強いられているからだ。さもなければそれを持ってこさせるほかないが、この場合は商人が逆方向から行程の一部を担うがゆえに職人はみずから移動することを免れたにすぎない。しかし職人は同時に材料を採集するものでなければ職人として不十分である。材料採集者と商人と職人を分離させる組織とはすでに職人を不具にして「労働者」にするものである。それゆえ職人を物質の流れ、すなわち機械状系統流に従うように定められたものとして定義できるだろう。職人とは、物質の流れである。物質の流れに従っていくことは、移動すること、放浪することである。(MP 509-510)

ここでは、資本主義下の「労働者」とは区別される「職人」が、「移動体」として物質に随順すると定義されている。資本主義「以前」の状態は、「資本主義の光に照らして遡及的に」とらえられる「偶発的世界史」によって見いだされる。そのかぎりで、ここでの「職人」は遡及的にのみとらえられた「労働者」の前身である。ここから物質の流れに随順するものとしての「職人」の移動とは異なる第二の「移動」が区別される。「農民または牧畜民が季節や土地の貧困化に応じて土地を変え」る「移動」、「しかし季節が変わり、森が再生し、土地が回復すれば出発点に回帰するようあらかじめ定められた回転をおこなってい」るような「移動」をおこなう「移動牧畜民」がそうした第二の移動を担っており、そして「商人」もまた「商品のさまざまな流れが出発点と到着点の回転に従属しているかぎりで移動牧畜民」だとされる（MP 510）。ここでは資本主義の「起源」を「商人資本」に見いだそうとする視点が批判されている。世界史を遡及的にとらえることを可能にする「資本主義〔…〕産業資本主義によって定義される」という〈仮説〉から議論は開始されるからである。『アンチ・オイディプス』におけるこの視座は、『千のプラトー』にいたるまで一貫している。ここではいっさいが「素材－力」の相においてとらえられる。そしてこの相の把握にもとづいて、「移動牧畜民が真の移動者となるのは、土地や牧草の回路が疲弊し、回路があまりに拡大されたために回路から流れが逸脱してゆくときだけである」（MP 510）という言葉は理解される。この「回路」は資本制における生産－消費－分配の「回路」のアレゴリーである。ここで言われる「真の移動者」は「商人」であり、資本主義という「回路」が「あまりに拡大された」ときにこの「回路」から「逸脱」ひいては逃走してゆく生産力としての「流れ」あるいは「機械状系統流－物質」としての、資本主義下のプロレタリアートである。「労働者」とは物質の「流れ」のさなかにある「移動体」であるという定義が、先の引用から導きだされる。「回路があまりに拡大されたために回路から流れが逸脱してゆく」とは、「流れとしての物質に対し」てなされる「職人」の定義にほかならない。

移動体という意味でのプロレタリアートの、現在における資本制という結果からみて失われたままの〈仮説〉あるいは〈虚構〉としての「起源」を、ドゥルーズ－ガタリは戦争機械とも結びつけている。「遊牧論あるいは戦争機械」と題された第十二プラトーでの「国家の戦争を総力戦にする要因は資本主義、すなわち戦争に関わる資材・産業・経済に投資される固定資本および肉体的精神的な人口として投資される可変資本と密接に結びつく」(MP 524) という一節、およびそれに付されたポール・ヴィリリオ『速度と政治』への参照を促す注をみられたい。それに加えて第十四プラトー「平滑と条理」では、マルクス『資本論』の資本主義下における「抽象労働」が、「戦争機械」の「条理化」あるいは「国家装置」への回収として議論されている。そこにはマルクスの「絶対的剰余価値」があらわれる。

抽象労働、その効果の倍加、その分業化といった問題が最初に出現するのはピン工場においてではなく、公共事業の作業現場あるいはまた軍隊の組織化（人間の規律訓練のみならず武器の工業生産においても）などにおいてである。〔…〕戦争機械はおそらく最初に条理化され、効果においては倍増し、分業可能な抽象的労働時間を生みだすものとなった。〔…〕〈労働〉の物理的社会的モデルが国家装置の発明として国家装置に属す理由はふたつあり、まず第一に労働はなんらかの余剰の成立によってはじめて出現する、すなわちストックとしての労働しか存在しないことであり、労働は（厳密な意味で）いわゆる余剰労働とともに開始されるということ、第二に労働は時空間の条理化という普遍的な操作・自由活動の隷属化・平滑空間の廃絶などをおこなうものであり、国家の本質的企図である戦争機械の征服が労働の起源であり、手段ともなるということである。（MP 611-612）

マルクスによる「抽象労働」としての「余剰労働」は、平滑空間における「自由な活動」を条理化し、（余剰）労働を全人格的に「捕獲」する様態——先にみた「二重の暴力」——として、「戦争機械の条理化」に即して語られている。ここから対蹠的に「戦争機械」は、『ドイツ・イデオロギー』の交易・戦争を含めたいわゆる〈交通〉を担う「脱コード化と脱領土化の先端によって定義され」る、「素材－力」図式に具現される「具体的なアレンジメント」として作動する「抽象機械」（MP 636）であると解される。

この視点から『資本論』第一巻第三篇第六章「不変資本と可変資本」においてマルクスが展開した「機械」論を、「機械もまた剰余価値を生みだす」という事態（AO 275-278）の延長線上で理解することができる。そこにおいて「機械」とは「過去の－死んだ労働」の保存と転送を司る装置であるとマルクスは述べている。これに人間－労働者の「生きた労働」が付加されることによって剰余価値が産出される。「生きた労働」によって「過去の－死んだ労働」を生き返らせる、あるいは「生きた労働」と「死んだ労働」の接続によって剰余価値が生じる。過去の死んだ時間あるいは労働を再生させるために「生きた労働」は要請される。「生きた労働」はそれゆえ、それ自体としては無価値であると言ってもよいが、他方でそれなくして搾取は遂行されえない。そして剰余価値がどこで生じるかを決定することはできない。『千のプラトー』ではマルクスの洞察は、（1）剰余価値は位置決定不可能であり、（2）機械がそれ自体剰余価値を生みだし、資本の流通が可変資本と不変資本の区分を曖昧にするという二点にあるとまとめている（MP 613）。なお「生きた労働」は必要とされず、「機械による剰余価値」のみで資本主義が平滑空間を創造しつつあるかにみえる状態、資本が「絶対」速度に達したかにみえる状態が訪れた、というのが『千のプラトー』の認識である（MP 614）。ここでの問題は遡及的に記述される「偶発的世界史」であり、それは「資本と労働の遭遇」において成立する。そこから唯物史観を構想しなおしてみたい。

肯定と逃走　断絶の歴史記述にむけて

各々の属性の様態は、それが様態となっている属性のもとで神が考えられるかぎりにおいてのみ神を原因とし、神がある他の属性のもとで考えられるかぎりにおいてはそうではない。（スピノザ『倫理』第二部定理六）

労働力を含めた諸商品の生産－流通－消費－（再）生産という資本主義の円環を完結したものとみなすことなく、資本と労働の偶発的遭遇を起点にこの円環を記述する。この『アンチ・オイディプス』

『千のプラトー』での試みに、『資本論を読む』に収められたエティエンヌ・バリバールの「史的唯物論の根本概念について」論文は寄与している。「利潤率の「永遠の」低下傾向法則」としての「コードの剰余価値」の「流れの剰余価値」への変容の議論（その論拠は、「労働力」と「資本」のあいだには「共通尺度がない」という点に求められていた）もバリバールに依拠してなされたものだった（AO 271）。それにくわえて「潜在的には別々に存在してい」る「自由な労働者」と「貨幣－資本」というふたつの要素の「遭遇は起こらないこともできただろう」という、重要な一文に続くふたつの要素への言及、すなわち「要素の一方は古い社会身体を構成する農地構造の変容に、他方はこの古い身体の無数の毛穴のなかに欄外－余白的に（marginalement）存在している商人と高利貸を経由する、まったく別の系列に依存している」（AO 266）に施された注でもバリバールが引かれている。以下にみるバリバール論文の該当箇所は、「四　移行の理論のための諸要素」の「一　本源的蓄積、ひとつの前史」における、資本と労働の「遭遇」をめぐるマルクスの考察への注釈の一部である。

> 資本主義の構造が有する統一性は、一度構成されてしまえばみずからの背後には見いだされない－後戻りはしない。〔…〕（必要なことは）それらの遭遇的連結の結果から出発して（遡及的に）同定された諸要素と、この結果とはその概念において無関係な――というのも、結果は別の生産様式の構造によって定義されているのだから――これら諸要素各々の歴史をそのただなかで思考すべき歴史領野とのあいだの遭遇がすでに産出されており、また厳密に思考されていることである。先行する生産様式によって構成されたこの歴史領野においては、その系譜がたどられるこれらの要素は、正

確には欄外‐余白的な状況、すなわち非決定的な状況をしかもっていない。（補足「（必要なことは）」と「遭遇的連結」「遭遇」の強調はドゥルーズ‐ガタリによる――引用者）

ここでバリバールが述べているのは、（1）「資本主義の構造」はみずからの「統一性」を資本主義の「前史」にはもたず、（2）その「統一性」は資本と労働というふたつの「要素」の「遭遇的連結」および（3）これら諸要素と「それら諸要素各々の歴史を思考」すべき「歴史領野」とのあいだの「遭遇」において獲得されたが、ただし（4）これら諸要素はこの「遭遇的連結の結果」から遡及的に見いだされるものであり、かつ（5）この「結果」とこれら各々の歴史をもつ諸要素とは「概念」的にはなんの関係もない――「労働」と「資本」は「資本主義の構造」においてとらえられているのだから――がゆえに、（6）これらの要素は歴史的に「非決定的な状況」しかもたず、したがって（7）資本主義の「前史」としての「いわゆる本源的蓄積」は、「資本主義の構造の統一性」が与えられているかにみえる現在においても不断に再生産されている、ということである。「前史」は資本主義の統一性にとって必要かつ不要な、排除されるために召喚される「欄外‐余白」であり、この「欄外‐余白」としての「前史」あるいは「非決定的状況」が、労働と資本の〈遭遇〉が生起する「歴史の領野」である。そしてドゥルーズ‐ガタリはこの〈遭遇〉を、「資本主義の構造」から遡及的に見いだされる「世界史」のなかのいたるところに発見しようとする。そしてこの〈遭遇〉の生起する状況を「構造」において遡及的に把握しようとする視座の提示に際して、バリバールとドゥルーズ‐ガタリにおいて共有されているのは、スピノザによる「因果性」批判である。それはアルチュセール派においてはラカン派精神分析の「無意識」と関わって「無意識はその効果‐結果において実在する」[13]というテーゼに変奏されている。この「無意識」の徴候が「構造」における「前史」の発現として闘争‐介入の契機となる。またドゥルーズにおいて、これは「表現」にもとづく「綜合的方法」の問題系において整序されるが[14]、ここでは「偶発的世界史」に関わるかぎりでのスピノザにふれる。『倫理』第一部定理一〇「実体の属性各々はそれ自体によって思考されねばならない」の「備考」では、属性各々がそれ自体によって思考されることが「現実的な区別」である――この「現実的区別」は『千のプラトー』において「表現」と「内容」の区別としてあらわれる――と規定されている（「属性各々がそれ自体によって思考される」領野が「内在平面」である）。この「属性」を「資本」および「労働」という「資本主義の構造」を構成する「要素」ととらえるなら、「要素」各々の「現実的な区別」によって、（いまだそれと同定されていないそれらの要素の）〈遭遇〉の遡及的に同定される歴史的要素が、それらの要素において把握されることによって、「資本主義の構造が有する統一性」が、「これら諸要素各々の歴史をそのただなかで思考せねばならない歴史領野とのあいだ」においてのみ成立することが示される。「資本主義」――それに照らして世界史が把握されうる――を成立させる「労働」と「資本」の「前史」的〈遭遇〉から翻って、さらに遡及的に世界史全域にこのような「前史」的〈遭遇〉を見いだしてゆくという構想にドゥルーズ‐ガタリの「偶発的な世界史」はもとづいている。ドゥルーズ‐ガタリが『千のプラトー』において批判する「歴史」と、この意味での「前史」とは峻別される。そしてこの「前史」が端緒からも目的からも逸脱した強度の状態を指す「プラトー」、あるいは事物各々の「此性」にもとづく個体化‐出来事の生起する「内在平面」と呼ばれている。それは因果性にもとづいた時系列的な諸事象の連鎖ではない。資本主義によって遡及的に把握される「偶発的な世界史」である。そこにおいて重視されるのが「非身体的変形」行為として状況に介入する「指令語」である。それら「指令語」は「日付」あるいは「出来事」として歴史上に出現する——一九二三年十一月二十日、ドイツでの新貨幣交付布告、あるいはレーニンの一九一七年七月四日。この集団-言表的アレンジメントあるいは「出来事」は、資本制社会に内在あるいは並走する「非決定的な状況」あるいは「前史」の領野において、したがって「資本制社会」のいつどこででも起こる。資本主義において「剰余価値がどこから生じるのかが決定不可能であ」るのと並行して、この「出来事」あるいは先に引いた「革命的潜勢力」の現実化は、いつどこで生じるかわからない＝いつどこででも生じうるからである（AO 454）。そしてそれが資本主義公理系からの「逃走」ないし「漏出」の線分のひとつである。また「指令語」を構成する分節的断片が、鉱物から生物を経て言語、さらには人間の集団的アレンジメントにまでいたる二重分節を施されて、表現から内容へ、あるいはその逆へと連続的に変化する「素材-力」図式に貫かれていることを想起するなら、ドゥルーズ-ガタリが「史的唯物論」を「偶発性唯物論」として回帰させたことが理解される。ここでの「歴史」は目的論と必然性から逃走した「プラトー」だからである。そしてこの「プラトー」としての歴史へと、資本主義そのものを「逃走」させること。

資本主義成立のための必要かつ不要な「前史」は、資本主義の（／という）結果の内側にのみ見いだされうる。しかしこの「結果」には、「前史」という資本主義の「原因」あるいはむしろ「条件」が内在または並走している。要素各々の現実的な区別、すなわち「資本」と「労働」の〈遭遇〉の結果から遡及的に同定される歴史的要素各々の把握によって、それらのあいだにはいかなる必然的結合関係も見いだされえないこと――「非決定的状況」――が、したがってまたそれらの結合には――偶発的に遭遇しないかぎり――不断に軋みが生じることがわかる。資本〈と〉労働の各々を「それ自体によって」肯定的に把握すること、「現実的な区別」において、この〈と〉による接続それ自体が、端緒も目的ももたぬものと解されたかぎりでの「歴史の領野」における偶発的連結であったことが示されている。この連結が〈と〉という「本性の差異」である。この〈と〉をそれ自体によって肯定的に把握するなら、そこには無数の〈遭遇〉の可能性、「いっさいが可能とな」る「奇妙にも多義的な瞬間」が開かれる。そのとき資本主義の成立において生起した「偶発的遭遇」が、資本主義の光に照らされて把握される「世界史」にひしめいていることが理解される。これが資本主義そのものを「逃走」させるという命題の内実である。

こうして『千のプラトー』の相互に構成しあう〈素材－力〉図式にもとづく内容－表現の区別を、内在平面における諸事物の各々がそれ自体によって把握されるというスピノザ的意味での「現実的区別」とドゥルーズ－ガタリが規定したことの意義が理解される。『アンチ・オイディプス』において提示された、「革命的潜勢力を現働化す」る、「因果関係からの断絶」としての「切断」が「現実的に起こ」る「正しく的確な瞬間」とは、この〈と〉の出現の瞬間を指していたのであり、したがって「区別」とは「切断」である。そして「この断絶は実在するものに密着した歴史の書きなおしを強制し、いっさいが可能となる奇妙にも多義的な瞬間を生みだ」す。これがドゥルーズ－ガタリによる偶発性唯物史観である。そこでは「現実的区別」において偶発的に「革命的潜勢力」が現働化される。

内在平面においてアレンジメントを担う表現と内容は、相互に連続変化するという意味で同じものであり、したがって形態的にではなく「現実的に」区別される。スピノザが『倫理』第二部定理六で述べる、「各々の属性の様態はそれが様態となっている属性のもとで神が考えられるかぎりにおいてのみ神を原因とし、神がある他の属性のもとで考えられるかぎりにおいてはそうではない」という際の「神」を「内在平面」と解するとき、この「現実的区別」の含意が明らかになる。内在平面においては、「もし世界史を遡及的に把握させる資本主義そのものが資本と労働の偶発的遭遇において成立したのであるとすれば、（それならば）世界史のどこでも遭遇が同じように生起する」という、「もし——なら（si...）、それならば——である（donc...）」の論理が作動している。[15] 内在平面においては「資本主義（という原因）が世界史（という結果）を生じさせた」という因果性は、世界史——先に述べた〈遭遇〉が見いだされ、翻って資本主義という「結果」において、資本主義という「原因」の成立条件すなわち「前史」の意味での——という「結果」にその「原因」を見いだすことを可能にする。「資本主義の光に照らしていっさいの歴史を遡及的に把握する」は、（1）「原因（資本主義）から結果（世界史）」という因果関係に書きかえられうる。この関係が（2）「結果（資本主義）から原因（世界史）」へと（再）転倒させられたうえで、あらためて（3）「原因（世界史）から結果（資本主義）」へと進む。このとき（1）は、資本主義によるみずからについての誤認‐転倒であったことが示される。こうして労働力を含めた諸商品の生産‐流通‐消費‐（再）生産という資本主義の円環を完結したものとみなすことなく、資本と労働の各々がそれ自体によって肯定的に把握されることにおいて、この円環を資本と労働の偶発的なる遭遇を起点として記述すること、したがって資本と労働の遭遇を必然としてではなく無数に可能であった他の遭遇とともに記述することによって、資本主義を歴史へと帰還させること、それが『資本主義と分裂症』の目的だった。この«si... donc...»を、ドゥルーズ－ガタリはマルクスに見いだしている（AO 266）。一八四四年の「経済学と哲学」第三草稿「欲求、生産、分業」の節にあらわれる、「もし――なら、それならば君に――（c'est don cà toi si...）」と語った産業宦官の悪魔の契約である。この「宦官」すなわち資本制社会における「生産者」は、隣人に向かって「もし君がほしいなら、それならば君に与えよう、だが必須条件がある……」とささやきかける、暴力を被る対象を生みだしつつその暴力を資本制の前提へと押しあげる国家装置、あるいはあらかじめストックされるものとしてのみ「過剰」と名指したうえで労働を収奪する捕獲装置と相同の暴力を行使する資本主義の「概念的人物」である。この逸話にふれるドゥルーズ－ガタリは、資本主義の公理系が«si... donc...»の論理を活用する術を心得ており、またマルクスもそのことに気づいていたと主張している。さらに、«si... donc...»は当の資本主義にも適用されてしかるべきである。資本〈と〉労働は、それらが「本性の差異」において質的に区別されうるがゆえに偶発的に遭遇したのである。

歴史を資本主義に回収するのではなく、逆に資本主義を歴史へと帰還させること。そして労働〈と〉資本の双方が「資本主義」という結合－アレンジメントから「逃走」する事態を組織すること。ドゥルーズは『千のプラトー』について、「この本は各リングが他のリングと結合できる破砕したリングの集合であると考えてほしい」と述べていた(16)。破砕したリングの「外し」と「つなぎ」の術を、資本主義の円環に対しても施すこと。

公理と指令　ドゥルーズ－ガタリのレーニン

捕獲

『千のプラトー』[1]でドゥルーズ－ガタリは、余剰の創造とその蓄積の機制を「捕獲装置」（MP 555/下193）と呼んだ。捕獲装置は三つの集合（生産力、賃金、生産物）からなる機制として分析される（MP 554-557/下 192-196）。その過程はどのようなものだろうか。

集合Aは、「純粋な使用可能性」あるいは「不分割の流れ」である。これは正確には集合とも呼べないような生産諸力の漠然とした集まりであり、いまだ社会的価値を付与されていない。この流れを分割し、社会体に配分するには、その流れに対応する諸要素の集合が必要となる。この集合がBである。これは「名目賃金」と呼ばれる。AはBによって分割されて、個々の具体的生産物や諸々の財となる。この生産物や財の集合がCである（MP 556/下 195）。流れは分割され、生産物・財として流通し、社会体内のどこかに配分される。では以上の過程において、生産力の担い手はどこに位置するのだろうか。

生産力の担い手を、さしあたって「労働者」と呼ぶことにしよう。労働者は労働賃金によって諸々の生産物（C）を購買する。労賃は通貨で支払われる。通貨には購買力があり、したがって労働者はみずからの提供した労働にふさわしい評価を得ているようにみえる。ところが、この通貨は名目賃金（B）ではない。それは購買力しかもたない「実質賃金」としてのB´である。B´はBより「必然的に劣る」（MP 556/下 195）。あるいはBとB´には「ある種のずれ」がある（MP 556/下 195）。なぜだろうか。

BはCにじかに接合し、対応ないし比較されることによって、つねにすでに購買力しかもたない通貨（B´）となるからである。Bがそもそも不分割であったAを分割するという力能をもつのに対し、B´はすでに分割済みのCに一対一対応する要素であるにすぎない。BがB´になるという、このじかにおこなわれる接合が、捕獲装置による「一般記号論的操作」（MP 555/下 193）の核心であり、またこの「ある種のずれ」が余剰である。そして労働者はこの余剰分とはまったく無関係に、ただCの諸要素と一対一対応する購買力を備えた通貨をのみ使用する。どういうことだろうか。

Bはじかの接合（一対一対応）がなされる地点でB´になる。労働者が生産物を購入するというその行為が、Bを購買力しかもたない通貨にする。ではその通貨に購買力があることを保証するのは何か。また、その通貨を使用してもよいという信用を与えるのは誰か。国家である。使用可能な通貨を発行し、その購買力に信用を与えるのは国家である。ここには奇妙な循環がある。労働者が生産物を購買できるのは、与えられた通貨に購買力があるからである。ところが通貨の購買力が保証されるのは、労働者が生産物を、与えられた通貨を用いて購買したからである。

国家は、通貨と生産物が比較・対応される購買という行為を通して通貨に信用を与え、したがって購買力のみを付与する。これが捕獲の運動である。捕獲装置はこの比較・対応操作を介して、あらかじめ定められた余剰をBとB′のずれに具体化させ、事後的に獲得する。したがって労働者と労働賃金のあいだには、搾取のような関係はなく、「盗む者も盗まれる者もいない」（MP 557/下196）。BとCをじかに接合すること、あるいはBをB′に変化させることによって、余剰を（BとB′のずれとして）実現させる。これが捕獲の操作である。労働者にはこの過程全体を見わたすことができない。余剰は、貨幣に購買力だけを与え、生産物を購買可能な生産物（すなわち商品）に変える購買行為を経由して創造される。名目賃金の実質賃金への変化による、そのふたつのあいだのずれ＝差異の創造という「神秘」（MP 556/下195）、しかし結局は「いかなる神秘もない」（MP 557/下196）操作を介して、捕獲装置は余剰を創造し、蓄積する。また、捕獲が具体的にどこでおこなわれたのかを指し示すことはできない。「捕獲はこの装置全体に浸透しており、システムのどこにも局所化されえない連結として作動する」（MP 557/下197）。余剰はこの過程を走らせるプログラムにあらかじめ書きこまれているが、購買可能性への変化を経て具現された後にのみ獲得される。国家が与える通貨の購買可能性への信用を購買行為によって後から生みだしつつ、あらかじめ保証していたことにするという循環を介してである。

公理

正確には「労働者」は資本主義社会にあらわれるカテゴリーである。資本主義においては余剰の創造と蓄積は、脱コード化された流れからじかにおこなわれる。では、そこにおいて国家はどのように変貌するだろうか。また捕獲装置はどのように作動するだろうか。ここで問われるのは、国家と資本主義の捕獲機能における並行性である。この機能を担う言表行為のアレンジメントが「公理」である。

社会体は諸々のコード（慣習や伝統、習俗）からなっている。この社会体を超越的に統御する国家のアレンジメントが超コード化である。資本主義においては社会体全域が流動化し、国家もまた、脱コード化を主としたアレンジメントに移行する。資本主義機械は脱コード化された労働と富の接合から組み立てられており、「資本主義公理系」とも呼ばれる。国家は公理系の配下で、公理系に同形的な、ただし多様な形態をとって機能する（MP 567,568/下 210,212）。国家の諸形態のなかでも、とりわけ国民国家は公理系の実現モデルである（MP 570/下 215）。公理（l'axiome）とは、ある公理系の無矛盾性－整合性（la consistance）に抵触しないかぎり実際のコードや事物を等質的な抽象量としてじかに取り扱い、記述する言語によって組み立てられる「操作的言表」（MP 577/下 224）である。抽象量とはコードの制約を脱して市場内を流通する生産物、すなわち商品である。資本主義公理系はいっさいの事物を商品とみなして、世界を記述し操作する。資本とは、先節でみた「あらかじめ書きこまれた余剰」である。具体的には資本主義機械においては、余剰は労働と富という脱コード化されたふたつの流れの接合を通して捕獲される。資本主義公理系とは、脱コード化された諸々の流れをじかに接合させる捕獲装置である。余剰蓄積の運動に整合する（consistant）かぎりで、資本主義公理系内の諸公理（言表）間に矛盾はない。公理系に同形的な国家は、ときに福祉を増大させたり（公理の付加）、逆に切り捨てたりする（公理の除去）。が、それらはいずれも資本蓄積の運動を維持するための政策（公理）であるかぎりで相互に自立的であり、また無矛盾（consistant）である。貨幣に購買力のみを与えることで捕獲装置が余剰を捕獲するとき、生産物は商品語を話す商品としてのみあらわれる。貨幣とは、生産物とじかに接合した瞬間に、生産物を商品へと非物体的に変形させる操作子的記号である。資本主義公理系があらゆる事物を商品として扱うこと自体によって、事物は商品となる。ここでは記述がじかに操作であり、介入なのだ。

公理系に対抗する手立てはあるだろうか。ロベール・ブランシェの『公理系』[2]に依拠しつつ、ドゥルーズ－ガタリは、公理系から逃れ去る決定不可能な命題や数えられない（可算的でない non dénombrables）集合を対峙させる（MP 590/下 243）。それらはどのようなものだろうか。ある公理系内に、矛盾するふたつの言表（命題）があるとする。そのいずれもが真偽を証明できない場合、それらの命題は決定不可能である。また、公理系は数えられる（可算的 dénombrable）モデルを含むがゆえに（AX 88）、連続体（le continu）は公理系から逃れ去る（MP 576/下 358）。可算的無限（自然数）よりも濃度の高い無限（実数）と解されるかぎりで（AX 88）、「連続体」をドゥルーズ－ガタリの言う「数えられない集合」と理解してよいだろう。ただし連続体が数えられない集合であることは、それを数える操作によって示される。連続体を諸々の部分に分割し、分割された諸部分に各々の場を指定する操作によって、ということである。連続体を諸部分に分割し、公理系内に捕獲する操作が、同時に、公理系内のしかじかの場に指定されずに逃れ去る決定不可能な（非）部分をも提示する。唯一にして同じ無限（連続体）が、「捕獲」と「逃走」という相互に還元不可能なふたつの様相へと、いわば分岐するのである。私はこれを唯一にして同じ無限（連続体）の、ふたつの様相への「変奏」と呼ぶ。これら決定不可能な命題の創造、あるいは数えられない集合の構成が、「革命的諸連結（des connexions révolutionnaires）」として「公理系の諸連接（les conjugaisons de l'axiomatique）」に対峙する（MP 591/下 245）。

変奏

«révolutionnaires» には「転回」の意味もある。このことは、公理系への対峙は公理ないし捕獲の論理の反転として規定されることを示す。また «conjugaisons» には「活用」の意味もある。このことは、資本主義公理系が唯一なる自己の諸々の変奏（variations）として、「具体的な諸々の変数（variables concrètes）にのみ依存する」（MP 569/下 212）諸国家を「実現モデル」として具現させることを示す。ある動詞が、その不定（無限）法（l'infinitif）の文法的諸活用を通して具体的に用いられるように。諸国家が公理系に「同形」とされるゆえんである。

公理系を逃れる諸命題を創造する「革命的」言表行為はどうだろうか。資本主義公理系は、捕獲操作――生産物の商品への非物体的変形を担う「数えること－計算（le compte）」――を通して、形態上多様な諸国家を具現させると同時に、また無限なる〈一〉としてのみずからをそれらに体現（写像）する。しかし、翻ってこの操作自体が、数えられない部分（したがって非－部分）としての多数多様体（la multiplicité）の存在をも提示する。捕獲と逃走は唯一にして同じ無限であり、しかし相互に還元不可能なふたつの変奏である。哲学史には「一－多」というなじみ深いカテゴリーがある。このカテゴリーを用いるなら、ドゥルーズ－ガタリの論理構成において、一と多は唯一にして同じ無限の、ふたつの様態への変奏である（「一」に「帝国」を、「多」に「マルチチュード」を代入したのがネグリ－ハートかもしれない）。もっとも、ドゥルーズ－ガタリの論理は「一－多」には汲み尽くされない。変奏の論理は、革命的言表行為を捕獲の論理にしたがって、ただしその方位を反転させて生産するからである。それが「指令語－スローガン（le mot d'ordre）」である。指令語は、公理系または捕獲の論理の逆転形態において作動する。これが私の仮説である。

まず、公理は捕獲装置と同様、「〈資本〉の記号論的形態を構成する操作的言表」（MP 577/下 224）である。また、生産物を貨幣とじかに接合させて商品に変形させる「一般記号論」的捕獲操作と同様に、指令語もまた、非物体的変形の操作である。さらに、捕獲がシステムのどこにも局所化されえない操作であったのと同様、決定不可能なものもまた数えられないがゆえに、システムのなかにみずからの場を指定されず、公理系を逃れ去る。ただし、そこには公理系への捕獲か公理系からの逃走かという「方向（le sens）」の相違がある。では、唯一の同じ非物体的変形における公理（捕獲）と指令の相違は何か。

記号の介入は、どのように物体を非物体的に変形させるのか。公理（捕獲）において、生産物は商品に生成する。それは同じ物体に別の名を与えるという意味で無から有への非物体的変形である。事前に書きこまれた余剰が事後に実現されて、無から有が、具体化した余剰が生まれる。他方、指令語は、事前に措かれた前提を解除して、潜在する他の事前を事後に到来させるために新たな事を起こす。どういうことか。

たとえばハイジャックの声明は旅客機を牢獄へと非物体的に変化させる（MP 102/上 125）。旅客機は輸送手段である。この前提を解除された旅客機は、今度は「牢獄」という潜在していただろう異なる使用法のカテゴリーに移動する。ある使用法から他の使用法へと物体を移行させるために、指令語は有（物体）から無（非物体）を起こす（変形させる）。無とは〈出来する事（l'événement）〉である。世界には諸々の物体しか存在しない。諸物体間の関係（出来事）は物体（関係項）に対して外在的である。その意味で、出来事は諸物体の領域においては無である。諸々の物体は、現状とは異なる物体の秩序を再配備する条件である。しかし諸々の物体しかない以上、再配備を起こす原因（la cause）がそこにはない。したがって原因とは物体（有）ではなく物体間の関係（無）であり、指令が起こす〈出来事〉である。

指令は有から無を起こし、有を配置転換する。原因とは、諸物体間を移行するための大義（la cause）である。ただしそれは、潜在するであろう「事前（物体の現状とは異なる用法）」の、「事後（未来）」への（再）配備を準備する擬似（準）原因（la quasi-cause）である。潜在する（しかし新たな）配備を、現在から未来に向けて引き起こすがゆえに、ここでの大義は潜在的（反実仮想的）、あるいは仮構的（寓話的 fabuleux）である。(3)

転回

指令語は、公理系内の既成秩序には考慮－計算（le compte）されない（数えられない）潜在する諸物体の新たな配備を引き起こす。それは同形写像をおこなう公理的言表の「活用」に対峙する、公理系の反転ないし「転回」的使用である。しかし、指令が諸物体の新たな配備を引き起こす以上、それは公理系から逃れ去るだけではないだろう。「革命」的言表行為もまた、資本主義公理系とは異なる無矛盾性、あるいはむしろ存立性（la consistance）において、世界を記述しつつ変形するプログラム（綱領 le programme）をあらかじめみずからに書きこんでいるのではないか。そうでなければ、公理を逃れ去ろうとする運動は、それを回収しようとする公理系に対して、いかにしてみずからの存立を守りとおすのか。ドゥルーズ＝ガタリが指令語を通して革命を守護したレーニンを参照しているだけに、この問いは重要である。レーニン、トロツキー、スターリンが置かれた情勢に即して表現すれば、革命は裏切られるのか守護されるのか、という問いである。

こうして問題は、公理系からの逃走から、公理系に対抗する公理系であるかぎりでの存立性へと論点を移動させる。この問題は、逃走を主題的に論ずる『千のプラトー』よりもむしろ『アンチ・オイディプス』[4]の以下の記述において、より明確に提示されている。

> 革命的潜勢力がいかに現動化するのかを解明するのは〔…〕ある正しく的確な瞬間において現実的に起こる〈欲動による切断〉である。この切断は欲望を唯一の原因とする分裂であり、因果関係からの断絶を意味する。この断絶は実在するものに密着した歴史の書きなおしを強制し、いっさいが可能となる奇妙にも多義的な瞬間（契機）を生みだす。（AO 453-454/下 301）

ここでの「因果関係」は、諸物体の既存の配備を指す。欲動はこの配備の恒常性を断ち切って、いっさいを可能とする。その瞬間、諸物体が新たに配備される「革命的潜勢力」を爆発的に解き放つ、「擬似（準）原因＝大義」を与える契機が開かれる。切断は〈多〉を〈一〉から逃すだけではない。〈多〉と〈一〉は唯一にして同じ無限の潜勢力である、という確認に終わるのでもない。いっさいが可能となる瞬間（契機）における実在に密着した歴史の書きなおし、資本主義公理系に対峙する新たな〈一〉による存立性を、切断は〈多〉に「強制」する。

この「強制」は、『意味の論理』の「準原因」から『千のプラトー』の「指令語」を経て、『哲学とは何か』[5]における「反－実現（対抗－実践 la contre-effectuation）」にいたるまで変奏しつつ存続している。「反－実現」とは、「事物の状態」として現働化した現在（l'actuel）から遡行して、潜在するカオスに存立性を(再)配備することだからである（QPh 126-127/268-269）[6]。では存立性、あるいは「共に存し、立つ」という意味で「共立性」とも訳すことができる《consistance》とは何か。

『哲学とは何か』のモチーフのひとつは「友」である。一般に「哲学（philosophie）」は「愛（philos）」と「知（sophia）」に分解され、「知への愛」と解される。しかし『哲学とは何か』は、哲学を「知への愛」ととらえるよりは、むしろ《philos》を「友情」「友愛」と解したうえで、哲学の成立には他者（あるいは他なるもの）としての友との対話が不可欠であることを強調する。この他なる「友」は人物形象としてだけでなく、「科学」や「芸術」といった形態においてもあらわれる。相互に異他的でありながら、あるいは異他的であるがゆえにそれらは「友」となり、共存・共立的関係に入って思考の饗宴を繰り広げる。そのひとつの様式が「哲学」である。この饗宴の繰り広げられる場は「脳」と呼ばれる。そこでは哲学と科学と芸術は、統一されることもいずれかに還元されることもない。それらは相互の異他性を増大させることによってのみ存立・共立する。その意味で脳はひとつの「存立平面（le plan de consistance）」である。また翻って思考とは、「友」たちとともにこの存立平面を探求する過程であるといえる。

演奏（解釈）

『哲学とは何か』は、アラン・バディウの哲学にも言及している。彼はドゥルーズ－ガタリの「友」だろうか。

かつて論敵であったことははっきりしている。一九七六年、バディウは『アンチ・オイディプス』を批判した文書、「流れと党——『アンチ・オイディプス』の余白に」を発表する。(7) 同文書は『アンチ・オイディプス』を読解するというよりはむしろ、それがおよぼす言説的効果を批判することを目的として執筆された。そこでバディウは『アンチ・オイディプス』を、各自の欲望の自発性を肯定する逆説的なカント主義の言説と理解する。欲望の自発性を称揚する「無垢の格律」（FP 84）は、「つねに汝の行為の格律が、厳密に誰にも関わらぬように行為せよ」という脱政治的効果に反転するというのである（FP 79）。各自の欲望の肯定は、他の欲望に干渉しないよう穏当にふるまうという逆説（他者の尊重 respect という名においてなされる他者の敬遠 respect）に陥るということである。この批判には、『アンチ・オイディプス』の言説的効果だけをとりあげるなら、たしかに首肯しうる部分がある。むろん、『アンチ・オイディプス』には別様の読解がなされうる。ただし、それはドゥルーズ－ガタリの議論を「一と多」の変奏とのみとらえるような読解ではない。そのような読解に対してこそ、バディウの批判は警告を与えている。またそうとらえるかぎりでのみ、この敵がドゥルーズ－ガタリの「友」となる瞬間－契機（le moment）をみることができるだろう。

唯一のモチーフの無限に多様な変奏に、私は、状況に即して歴史的におこなわれるかぎりでの「演奏‐解釈（l'interprétation）」を対置してみたい。変奏はひとつのモチーフとの関係でおこなわれるが、演奏はあるひとつの作品との関係でおこなわれる。

先にみたように、指令語は公理の反転的使用である。ここには「変奏」の論理が作動している。この反転によって、資本主義公理系内部にありつつそこから逃れ去る非‐部分が出現する。これが「出来事」である。あるいはこの反転作用そのものが、ドゥルーズ‐ガタリの言うマイナーへの生成変化である。これを私は、状況への出来事の出現をめぐる「解釈」抗争の一手段ととらえかえそう。

指令語はレーニンにおいてどのように機能していただろうか。語と対象の間隙、言葉と物のずれに介入し、語の新たな意味をめぐる「解釈」の抗争から、民衆を階級闘争へと巻きこんでゆく経路を開くことである。既存の公理系の内側から、その公理系から独立した(非)部分を促成させ、公理系それ自体を拡張させるという構想にもとづくバディウの哲学を、私はこのような指令語の使用法を説く体系ととらえる。

公理論的集合論、とりわけポール・コーエンの「強制法（forcing）」と呼ばれるそれに依拠した集合論を援用するバディウの思考において、「解釈」はどのようにあらわれるだろうか。それは「状況」と呼ばれる集合（「百科全書」とも呼ばれる）に内在する部分集合でありながら、その状況には帰属せず、そのかぎりで数えられない部分集合、「員数外（surnuméraire）」とも呼ばれる部分ならざる部分としての集合から出発して状況内の諸々の既存の項を組み合わせ、「真理」と呼ばれる新たな集合（類集合と呼ばれる）を強制（促成 forcer）する類生成的（générique）手順として論じられる。[8] この(非)部分をバディウは「出来事」と呼び、また出来事から真理を促成する担い手を「主体」と呼ぶ。促成の開始を主体が宣言するとき、真理の「政治」が始まる。この主体による促成をバディウは「解釈的介入」と呼ぶ(EE 102)。真理はその定義上、状況－百科全書(既存の知の集合)には書きこまれていない。それはむしろ百科全書にうがたれた孔(非知)である。[9] したがってその言明は、既存の知には意味不明の語用としてあらわれる。それはドゥルーズが定義した哲学の使命(概念の創造)に似ている。たとえばパウロの「主は復活した」のような、それ自体としてみればきわめて奇怪な言表あるいは不可解な異言(glossolalie)がそれである。[10] その言明の意味はいまだ確定していない。「[解釈的]介入とは、みずからの意味の自己解除(autorésiliation)である」(EE 224. [ ]内引用者、以下同)。意味をめぐる解釈抗争、より正確には出来事としての意味(le sens)を状況内における意味(the meaning)の確定に向けて奪いあう抗争がここに始まる。[11] この抗争においてみずからの言明の意味をかちとるとき、私たちは公理系から逃れ去りつつ、それに対峙しうる存立性をも獲得することができる。意味の抗争は、「状況言語」(既存の語用の集合体)(EE 434)に対峙する「主体－言語」(EE 438)によって、状況(言語)を内側から歪める対抗的実践である。動詞をその不定法(原形)そのものにおいて変形させる実践と言ってもよい。それは既存の公理系の内部で、あるいは内部に、その公理系から独立した諸要素の集合を促成し、公理系それ自体を拡張させる過程でもある。

だとすれば、公理系内におけるその公理系から独立した(非)部分を、国民国家とは異なる活用形で出現する公理系の実現モデル、あるいは「反実現」モデルとしての存立性を備えた新たな〈われわれ〉を構成する余白のようなものと考えることができないか。ただし、この可能性が見いだされうるのは、変奏においてではなく解釈(演奏)においてである。

語と対象の既存の関係に揺さぶりをかけて配置転換させ、語の新たな意味のための場を開き、既存の状況に内在する余白を守護する。これが解釈の抗争である。とはいえ真理を促成させる過程、状況内の諸々の項を組み合わせてゆく解釈的介入の過程は全能を誇る理論ではない。それはむしろ、ある脆弱さを抱えている（真理とは知にうがたれた孔である）。状況内の諸々の項を組み合わせて既存の状況言語を歪める作業が真理の促成には含まれる。しかし、真理は仮構‐寓話（la fabulation）でありつづける。「真理（la vérité）」は、しかじかの公理系内で検証される諸命題の「真（la véridicité）／偽（l'erroné）」とは無関係だからである。それは真偽の判定基準を欠いた、むしろそれ自体が新たな判定基準を打ち立てるテーゼである（EE 561）。したがって真理は前方の未来を先取りする時制において、「もし真理があるとすれば――であったことになるだろう」（フランス語文法の「前未来」時制）において探求される（CO 206）。それは「名が固有の仕方で事物を創造する事例である」（EE 415）。ただし、それは類集合（真理）のすべての要素に名を与え、各々の場を指定することではない。主体言語が名づける指示対象（レフェラント）は、決定不可能にして識別不可能な要素、状況の部分集合でありながら無限集合に属する要素である（CO 204）。「そもそもこのレフェラントは、識別不可能なものがしかじかであることに応じて変化する。またこの「しかじか」を思考する術ないし名づける術はない。ただし、〔識別不可能な要素の〕すべてに対して名があるということは理解されるだろう」（EE 394）。コーエンの強制法は、類生成的集合のすべての要素に名を与え、識別するのではなく、ただそのような要素があるという、そのことだけを確定する。他方、いっさいの要素に名を与え、識別しうるという構想にもとづくゲーデルの「メタ数学的」手順（AX 67 にその簡潔な説明がある）は、「類生成」との対比において「構築主義」と呼ばれる（CO 203）。

指令

捕獲が無から有を生んだように、バディウは名（無）が事物（有）を創造すると言う。この神学的定式を、状況の全体（すべて）に名を与えようとする意志から帰結する〈悪〉の一形態としての「テロル」を回避しつつ、[12] 具体的抗争過程のなかで考えてゆく必要がある。ここで、先に述べたレーニンの指令語の使用をみておきたい。

一八五七年、『経済学批判要綱《グルントリッセ》』序文においてマルクスは、「以前は語句が内容を打ち負かしていたが、いまや内容が語句に勝っている」と述べた。「以前」はブルジョア社会成立以前、「いま」はその成立以降を指す。「語句」には「イデア」や「形相」、さらには「生産関係」が代入されうるだろう。「内容」には「物質」や「質料」、さらには「生産力」が代入されうるだろう。マルクスにとって革命とは「内容を打ち負か」す「語句」をイデオロギーとして批判し、言葉と事物、または理論と実践、さらには認識と現実の一致をめざすものであった。しかし、言葉もまた現実を構成する一部分である以上、イデオロギー－現実といった対を破棄する必要がある。むしろ自明視された既存の状況（既成言語によって構成された）を批判し、さらには語と内容の一致をではなく、みずからが主張する語の意味を勝ちとる過程として闘争を再構想する必要がある。

語と対象の関係を揺るがせ、新たな意味（内容）を獲得する実践として指令語を駆使したレーニンを参照したい。たとえばレーニンは、「平等とは階級の廃止を意味しなければ空虚な言葉である。われわれは階級を廃止したいのである」と言う。[13] イデオロギー批判ではなく、些細ともとれる「平等」なる語の意味をめぐる争いを、民衆を巻きこむ階級闘争に向けて開いてゆく思考がそこにある。また「自由とは、それが資本の軛からの労働の解放の要求に従属していないならば、まやかしである」という言明も同様である。そして語と対象のずれに介入し、その意味の新たな限定的使用をかちとろうとするこの実践は、その前方に、完全（すべて）には名づけえないレフェラントとしての、未到の〈評議会（Soviet）〉を指し示すだろう。資本主義公理系内部にありながら資本主義公理系から独立した公理系の「反実現」モデルを探求するための手がかりを、私はドゥルーズ－ガタリ、そしてバディウとともに考えなおしてみたい。そしてこの探求を、私はあらためて「革命」と呼んでみたい。ただし、それは語と内容の一致をめざすのではない。むしろバディウに倣ってあえて神学的に言えば「名によって事物を創造する」過程である。またそうであればこそ、「百科全書」に書きこまれた「理論」を跳躍して、革命という出来事はロシアに到来したのではないか。とはいえ、それを領導した党は以降、状況のすべてに名を与えようとするテロルの政治へと凍てついた。それは不可避なのだろうか。

一九一七年七月四日、「全権力をソヴィエトへ」という指令語は瞬時に忘却され、革命政府の守護が始まる（同年、党はみずからの役目を終えるだろう）。[14] この忘却能力もまた指令語の特徴である。資本主義公理系は、余剰の蓄積という整合性に抵触しないかぎりで一見矛盾する諸公理を繰り出す。それとまったく同様に、ただしその反転された使用において、指令語は以前の指令を瞬時に忘却させ、かつてのそれとは矛盾する新たな指令を下す。新たなものの(再)到来と、その存立を守護するために、かつての指令語の忘却作用が、革命という出来事「以降」を考えるうえで示唆的であると私にはである。この指令語の忘却作用が、革命という出来事「以降」を考えるうえで示唆的であると私には思われる。ひいては、国家という捕獲装置において(反)実現されるソヴィエトを、どのように(再)構想しうるのか、あるいはしえないのかを問うてみたい。

『千のプラトー』でドゥルーズ＝ガタリは、「戦争機械」や「リゾーム」の革命的性質だけではなく、その危険性をも説いた。対当推論によって、「捕獲装置」や「公理系」を革命的に使用する可能性も出てくる。ここで私は、この可能性について考えてみたかった。

「原国家」の射程　イスラーム国以後に問う

原国家　世界史の条件

主権国家は領土を支配し統治する。領土のない国家を考えることはできるだろうか。「ない」は何を意味するだろうか。いくつか可能性がある。ここではふたつあげる。ひとつは領土内の国民が自国政府を統治機関と認めない場合である。政策の失敗や恐怖による支配や政権腐敗などさまざまな可能性がある。もうひとつは他国家によって国家と認められていない場合である。国民が主権を認める、または主権に少なくとも従っている状態であっても他国家が国家と認めるとは限らない。いずれにせよ「ない」においては国家と領土のあいだに無限のニュアンスが存在する。

国家を頭部にたとえるなら、統治される領土は身体ということになるだろう。頭部は身体を捕獲するべく潜伏する。その潜伏様態は特異である。国家は歴史の外部に位置しつつ歴史を駆り立てるからである。

ドイツ人哲学者イマヌエル・カントは『人倫の形而上学』（一七九七年）で婚姻のジレンマを論じた。愛がなければ婚約する意味はない。婚約していなければ性的行為は愛の名に値しない。(1) ある種の遵法主義者からすれば婚約は、それが性愛の後に交わされたとしても論理的にはつねにすでに愛に先行するものとして出現することになるだろう。愛——その定義はともかくとして——が見いだされない場合にはなおさらである。愛のない婚姻において性的行為がなされるならそれは法の名のもとになされる強姦と識別できない。いずれにせよ彼にとって愛が成立するやいなや、つねにすでに婚約がある。個々の具体的婚約は潜伏する〈婚約〉の現働化であると言ってもいい。

国家にもこれと少し似たところがある。歴史上に実現された諸々の国家は潜在的な〈国家〉の現働化であるとともに、そのどれひとつとして〈国家〉そのものではない。現働化した個々の国家は現実にそこで人びとが生きてゆく領土と密接しているのに対して、〈国家〉にはそのような領土もしくは身体がない。言いかえれば〈国家〉は歴史の外から身体‐領土を捕獲して個々の国家へと——あえてキリスト教の言葉を用いるなら——受肉する。そしてそれらの国家各々の内部あるいは諸国家間に諸々の事象を引き起こして歴史を進展させる。

二〇一四年六月、直截的にはイラク戦争とシリア内戦という欧米列強の介入と、ジャスミン革命と呼ばれる一連の動向の渦中から、いわゆる近代的国家ではないかもしれないにせよイスラーム国は宣言された。(2) 他国から国家として承認されていない、未承認国家である。その「領土」はシリアとイラク両国を跨ぐ地域とされた。イスラーム国は、一九一六年にオスマン帝国領分割をめぐってイギリス・フランス・ロシア間で結ばれたサイクス・ピコ協定を列強による中東分割および支配体制のメルクマールととらえ、この体制打破の一環としてシリアとイラクを横断する「国境」線を引いた。引きなおした、と言うべきか。スンナ派の一部の人びとおよびその意志に諸地域から合流する人びとによるイスラーム国建設および統治または自己統治という出来事において、私たちは領土なき〈国家〉が世界史のなかに着地しようとする瞬間に立ち会っていたのかもしれない。

ここで私は「世界史」という概念を用いた。世界史という概念を成り立たせるのは〈国家〉だからである。世界はひとつであるという公理がなければ世界史は成立しない。そして〈国家〉は人びとを世界中また歴史上の諸々の時空に集結させ、統一し、綜合する。

言いかえれば〈国家〉とは、私たちに世界をひとつのものとして思考するよう強いる力の別名である。そして国家を自称する集団ないし領域は、他の諸国家に承認されないかぎり国家ではない。言いかえればその体制がどのような主権に支えられていようとも、その形態がどれほど奇妙なものであろうとも、すべての国家は他の国家と同じ場に置かれ、たがいを比較されることになる。

そしてたとえばあの国家は野蛮だとか、この国家は民主的だなどと口にするとき、その比較という行為そのものがすでに〈国家〉に仕組まれ指図されたふるまいであることに私たちは気づかない。あるいは気づかなくてよいと〈国家〉に赦されている。諸国家を比較するそのこと自体において私たちは国家の現働化に加担しており、〈国家〉の作動に巻きこまれている。もっとも危険なのは個々の国家のうちのどれかではなく、それらの国家をこの世界に受肉させ競合させ私たちを憎しみあわせる〈国家〉である。そしてこの危険を避けることはもはやだれにもできない。

潜在的なものの現働化としての〈国家〉論は、カントへの言及を除いて四十年以上前にジル・ドゥルーズとフェリックス・ガタリが共著『資本主義と分裂症』第一巻『アンチ・オイディプス』[3]（一九七二年）において「原国家」と呼び分析した運動の一面である。従来のマルクス主義的見解とは異なり、国家は段階的に成立するものではないという点に、彼らは力点を置く。

> ウルの町、それはアブラハムの、新しい縁組の出発点である。国家は徐々に形成されたのではなくて、主人の出現によって完全武装して一挙に出現する。これが起源的な〈原国家（Urstaat）〉であり、あらゆる国家がそれであろうと願い欲するものの永遠のモデルである。〔…〕それは基礎となる組織体であり、あらゆる歴史の地平線である。（AO下11）

国家は原始共産制→古代都市国家→封建制→資本主義-社会主義といった線状の進展と分岐において歴史的に徐々に形成されるのではなく、むしろ「一挙に出現する」。すでに述べたようにこの「起源」はいわゆる歴史的事実としての起源を意味するのではなく、むしろ「歴史の地平線」言いかえれば世界史的視点を成り立たせる条件という性質をもつ。そして歴史上に出現する個々の具体的諸国家いずれもが抽象的・潜在的〈原国家〉を「永遠のモデル」とする。世界史においてはどのような政治的・社会的運動——アソシエーションもアナキスムも含めて——も〈原国家〉の接近を避けることはできない。彼らは歴史上に出来するどのような国家もことごとく〈原国家〉のヴァリエーションであると述べている。

この国家は、それ以前に到来しているものを高みから切断するが、しかし後にくる組織体を裏づけるのである。ここでも、この国家は別の次元に属する抽象のようなもので、つねに一歩退き、潜在性に浸されているが、後続する国家形態はこの抽象に具体的な実在を与えるので、それだけにこの抽象はますます後続の国家形態のなかに跳ね返り舞い戻ってくることになる。国家は変幻自在であるが、いまだかつてただひとつの国家しか存在したためしがないのだ。だから、これからもろもろのヴァリエーションが生じ、新しい縁組のあらゆる変形があらわれるとしても、これらはすべて同じカテゴリーに属している。(AO下15)

マルクスは、政権奪取後の他国家との連関におけるコミュニズム国家の様態を本格的に論じていない。彼が具体的構想を示したのは、過渡期としてのプロレタリアート独裁までである。二十世紀に入ってレーニンはソヴィエトに介入してプロレタリアート独裁を敢行し実現させた。構想の不在ゆえに可能だったのかもしれない。その政治的・歴史的意義を認めたうえでなお、スターリンとヒトラーを経た後に国家の問いをふたたび俎上に乗せることは、世界変革を真摯に志向する誠実なマルクス主義者からすれば当然のことであっただろう。これに加えて考慮すべき点として、ドゥルーズとガタリはナチス・ドイツによるフランス占領(一九四〇年)、イスラエル独立(一九四八年)、アルジェリア独立戦争(一九五四年)、アラブ連合共和国設立(一九五八年)、文化大革命(一九六六年)、一九六八年五月パリ〈革命〉その他諸々の政治的出来事を間近にみてきたという経緯がある。これらの経験を重ねたうえで、左派の政治的思考と実践を――とくにラテンアメリカやいわゆる「第三世界」における左派活動家たちの実践をふまえつつ――通そうとしたときに〈原国家〉という視点が出てきたという面はおそらくあるだろう。そう考えるなら、彼らの視点に一定の妥当性を見いだすことができる。瞠目すべきことに彼らは、マルクス自身による抽象的なものと具体的なものの歴史的にもつれあう複雑な連関をめぐる叙述から、先述の潜在的〈原国家〉と現働化した国家というアイディアを汲みとった（マルクスへの回帰）。すなわち冷戦下における社会主義国家－資本主義国家という区分を斥けて、その形態がいかなるものであれすべての国家を資本主義という運動との連関において理解するという視座を提起した点に、ドゥルーズとガタリが二十一世紀のいまなおマルクスとともに再読に値するマルクス主義の基本文献たりえているゆえんのひとつがそこにある。この視座は冷戦崩壊以降四半世紀をこえた現在、イスラーム国家との対比においてしばしば称揚される民主主義国家にも該当する。この点を理解するためにマルクスを経由したい。

マルクスは遺稿「〔経済学批判への〕序説」（一八五七年）所収「三　経済学の方法」で抽象と具体の連関を論じている。(4) 学、とりわけ経済学は具体的なものを起点として考察を開始しても、それを成り立たせている諸要素を考慮しなければひとつの抽象となる。それでは考察の端緒となる具体的なものを構成するもっとも基本的な諸要素および連関に向かってその具体的なものを分解－下向してゆき、そこまで達したなら翻ってふたたび下向において得られた諸々の要素の規定と連関をもちかえりつつ具体的総体としての端緒へと上向するならば、思考は抽象的諸規定から具体的なものを再現することができるだろうか。この考え方は、実在的なものは思考の産物（結果）であると考えたヘーゲルと同じ轍を踏んでいるとマルクスは述べる。

> それゆえ、ヘーゲルは、実在的なものを、自分のうちに自分を総括し自分のうちに沈潜し自分自身から運動する思考の結果としてとらえるという幻想におちいったのであるが、しかし、抽象的なものから具体的なものにのぼってゆくという方法は、ただ、具体的なものをわがものとし、それをひとつの精神的に具体的なものとして再生産するという思考のための仕方でしかないのである。しかし、それは、けっして具体的なものそのものの成立過程ではない。たとえばもっとも簡単な経済学的範疇、たとえば交換価値は、人口を、すなわち一定の諸関係のなかで生産をしている人口を、前提する。また、ある種類の家族とか共同体とか国家とかをも前提する。交換価値は、ひとつのすでにあたえられている具体的な生きている全体の抽象的な一面的な関係としてよりほかには、けっして存在しえないのである。これに反して、範疇としては、交換価値はノアの大洪水以前からの定在をもっている。〔…〕しかし、それは、けっして、直観や表象の外または上にあって思考し自分自身を生みだす概念の産物ではなく、直観や表象の概念への加工の産物である。思考された全体として頭のなかにあらわれる全体は、思考する頭の産物である。(13:628)

考察の起点としての実在する具体的なものと、上向を経て回帰したそれとは同じものではない。後者は「思考された全体として頭のなかにあらわれる全体」「思考する頭の産物」である。先に引いたドゥルーズとガタリの、〈原国家〉は「それ以前に到来しているものを高みから切断するが、しかし後にくる組織体を裏づける」という言葉をマルクスの思考に置きかえると、「思考する頭」は「それ以前から実在する具体的なものを下向しかつ上向するが、しかし後にくる組織体を「思考された全体」に即して実在する具体的なものたらしめる」となるだろう。またドゥルーズとガタリがマルクスにおける抽象－具体という区分を潜在－実在という区分において再把握していることは、「この国家は別の次元に属する抽象のようなもので、つねに一歩退き、潜在性に浸されているが、後続する国家形態はこの抽象に具体的な実在を与えるので、それだけにこの抽象はますます後続の国家形態のなかに跳ね返り舞い戻ってくることになる」という彼らの言葉から理解されるだろう。ドゥルーズとガタリもまた「三　経済学の方法」から、いま私が引いたのとは異なる箇所を引きつつ、次のように論じている。

マルクスは、歴史が抽象的なものから具体的なものに移る様式が存在することを認めていた。「〔…〕すなわち、簡単な諸範疇によって表現されている諸関係では、もっと具体的な範疇によって精神的に表現されているいっそう多面的な関連または関係をまだ定立することなしに、未発展な具体的なものが実現されていることもありうるが、他方、より発展した具体的なものは、同じ範疇を従属的な関係として保持するということである」〔13:629〕。国家はまず、別々に作動する部分集合を統合する抽象的な統一体であった。いまやそれは、諸力の場に従属して力の流れを調整し、諸力がたがいに支配し従属しあう自律的な諸関係を表現する。国家はもはや、煉瓦状に維持されたもろもろの領土性を超コード化することでは満足しない。それは、貨幣や商品や私有財産の脱コード化した流れのためにコードを構成し発明しなければならない。国家は、もはや、それ自身で、ひとつの、あるいは複数の支配階級を形成するのではない。国家そのものが、独立的になった支配階級によって形成され、こうした支配階級は、彼らの権力、彼らの矛盾、被支配階級との闘争、妥協に役立つように、国家に委嘱するのだ。〔…〕もはや国家は、超コード化するひとつの統一体を生みだすのではない。国家自身が、脱コード化したもろもろの流れの場のなかに生みだされる。国家は、機械として、もはや社会システムを規定するのではない。それはむしろ社会システムによって規定され、自分自身の機能の働きにおいて、このシステムに組みこまれる。要するに国家は、あいかわらず人為的であるが、具体的になり、「具体的なものに移」り、同時に支配的な力に従属する。(AO下17-18)

国家、とりわけ資本主義の運動が歴史上に具体的に実現する国家は「思考する頭の産物」である。いわゆる封建制から資本主義への移行において、国家はかつてのみずからの専制君主的側面を表面上後退させ、逆にみずからに従属していた複数の力の流れのうちのいずれかに主権は譲り渡される。この事態は「貨幣や商品や私有財産」の力のほうが国家の力よりも強大化したということを意味しない。そうではなくて、国家がこれらの力を堰き止める専制君主的機能ではなく、むしろこれらの力のさらなる発展に貢献する機能を前景化したということである。資本の越境の全面展開が常態化した冷戦崩壊以後の世界を冷戦期において見通していたドゥルーズとガタリは、すでに十九世紀にそれを見通していたマルクスをこの時点で抽出してきたという意味においてやはり慧眼であった。世界史と資本主義の密接不可分な関係を漠然とであれマルクスは理解していたということをドゥルーズとガタリは

〈原国家〉論を通してあきらかにしたと言ってもいい。いずれにせよ世界史において実現される諸々の「国家は、あいかわらず人為的であるが、具体的になり、「具体的なものに移」り、同時に支配的な力に従属する」ことが理解されるだろう。さきほど資本主義の運動のなかでは国家における専制君主的機能が表面上後退するかにみえると述べた。この「頭の産物」という意味で「人為的」でありながら「具体的」な国家が資本を構成する諸々の「支配的な力に従属する」とき、専制君主は回帰してくる。それが今日なお、あるいは今日こそ作動している民主主義国家であるとドゥルーズとガタリは述べている。

民主主義については、もっと偽善的でもっと冷酷、もっと打算的となった専制君主をそこに認めないでいられようか。彼は会計を上から超コード化するのではなくて、自分自身で計算しコード化しなければならないからである。〔…〕専制君主国家とは抽象であり、これは確かにもろもろの帝国的組織体において実現されるが、そこに抽象（超コード化する卓越した統一体）として実現されるにすぎない。この専制君主国家は、後に到来する形態のなかにおいて自分の具体的な内在的実在を獲得するにすぎず、これらの形態が専制君主国家を別の形象や別の条件において再来させる。専制君主国家は、それ以前に到来しているものと、後から到来するものとに対して、共通の地平線をなすのであるが、この国家が世界史の条件となるのは、それが歴史の外に存在するのではなくて、冷酷な怪物として、つねに歴史の傍にあるかぎりにおいてのみである。この怪物は、歴史が「頭」の中に、あるいは「頭脳」の中に存在する仕方を象徴している。これこそが〈原国家〉である。（AO下

16-17)

〈原国家〉は「世界史の条件」である。世界史の、たとえば「構造」を抽出することができるかにみえるのは、思考が〈原国家〉に浸りきっているからであり、しかも思考がそのことに気づかないほど「人為的」な「民主主義」国家が「具体的」に機能しているからである。「思考する頭」が宗教と政治または神と国家の切り離しに成功したかにみえるまさにそのとき、「専制君主」が回帰する。しばしば神の不在または玉座の空位において規定される民主制国家は、この空位そのものを神としている。自然を人為によって再現または複製することが完全に可能となったかにみえるとき、〈原国家〉は十全に作動している。この逆説的事態の把握を可能にするのが、国家は歴史の線上に徐々に形成されるものではなく逆に「一挙に出現する」という視点である。各々の国家形態が独裁制であれ全体主義的であれ、社会主義的であれ民主主義的であれ、表現の自由を守護する共和制であれ、いずれも〈原国家〉の「もろもろのヴァリエーション」である。この視点からすれば、冷戦下の東西で実現された諸国家のあいだに決定的差異はなく、また封建制と近代資本主義のあいだにも、少なくとも「専制君主」が作動しているという点に関しては断絶がないことになる。奴隷制は近代においても作用している。今日のいわゆる先進諸国でそれがどれほど感知しにくくても。マルクス主義にとってこの視点は、封建制から資本制への移行をどうとらえるのかに関する諸々の研究に関わってくるだろう。

〈原国家〉論的視角には難点もある。『資本主義と分裂症』第一巻出来から半世紀近く経った現在から立てられるべき問いがある。〈原国家〉論は、既存のあらゆる国家を資本蓄積の運動との「世界史」

的連関において「一挙に」とらえることを可能にした。そこから一歩を進めて、それでは私たちはいかなる統治形態を反資本主義の構想とあわせて提起することができるのだろうか。私たちは国家廃棄の一段階として規定されていたプロレタリア独裁の地点または時点という振り出しまたは袋小路に戻ってしまった。〈原国家〉論は、プロレタリア独裁の次の一歩は必ずや専制君主の回帰を生じさせると述べたに等しいからである。たとえ専制君主または国家の回帰が不可避であるとしても、その統治形態において資本主義を真に克服する主権を構想することはできるだろうか。

この視点から私は、イスラーム国にかぎらずイスラーム圏における今後の政治的動向に注目している。イスラーム研究者の中田考氏は論考「価値観を共有しない敵との対話は可能か――イスラーム国との場合」において「イスラームにおいては権力の支配の合法性の基準が、西欧の法のように地上の権力、「国家」が制定した法の内部、国家システムの内部にあるのではなく、地上の権力をこえた天啓の聖法シャリーアの遵守にある、言いかえれば「国家」の正当性を判定する基準は「国家」の外部にあるからである」と論じている。[5] 神の空位というかたちで結局は神を「人為的」につくりあげた国家形態とは異なる国家形態の可能性がここにある。宗教と政治を切り離し、世俗化をめざそうとしたがゆえに逆に神を呼びよせた国家形態とは異なり、そもそも宗教と政治または神と主権が異なる秩序に属しているがゆえに逆（説的）に神との――不適切な言い方になるが――共存において真の世俗化（人びとの日々の暮らしのなかに神が息づいている様態と理解されたい）を実現させる国家形態の可能性である。

困難ではある。国家は他の国家との関係においてしか国家と認められないという、「世界史の構造」

がもたらす作用は甚だしいからである。中田氏の対話への真摯な姿勢に共感する一方で、イスラーム国の建設の仕方そのものが西欧近代の国家建設の方法の反復かもしれないという疑念も私のなかで消えていない。(6)いずれにせよイスラームの人びととの対話および共生の模索と並行して求められていることは、私たちがそのなかにいやおうなく巻きこまれているこの世界史において、それでもなお新たな統治形態の構想と実現をめざして生きる努力である。

交換

イスラーム国の資金源のひとつとして他国家との拘束者の交換が指摘されていた。あらゆる国家は〈原国家〉のヴァリエーションであるという論点の延長線上で考えてみたいことは、いわゆる人質交換の仕組みがいわゆる先進諸国における国民経済の根幹のひとつをなす貨幣機能からも——どれほど「野蛮」から遠く離れているかにみえようとも——払拭されていないのではないかという疑念である。この点の検討にあたり、マルクスが『資本論』第一部第一篇第一章第三節「価値形態または交換価値」(一八六七年)で展開した価値形態論を経由したい。(7)

貨幣は一般的等価物である。「一般的」とは、一国家領土内のあらゆる地点と時点において国家の認定した貨幣が使用可能であることを意味する。当該貨幣の領土内におけるあらゆる商品との交換可能性を国家は保障する。マルクスは、貨幣がいわゆる貨幣となるまでの過程を四つの形態に分けている(一般的等価物が第四形態)。彼は一般性が一般性として君臨する機制を、歴史的とも理論的とも一概には言えない複雑な操作——先にふれた下向と上向の組み合わせ——を通して、価値形態の変形過程に注視して抽出した。言いかえればここで考察されている貨幣は、歴史上に出現した個々の貨幣ではなく、先の〈原国家〉に倣うなら〈原貨幣〉である。世界史の〈世界性（universality）〉に貨幣の〈一般性（generality）〉は対応する。四形態のうち第二形態（「拡大された相対的価値形態」）の局面では、ある商品が隣接する他の諸商品と延々交換されてゆくのみで、交換価値を保障する一般性は成立しておらず、言いかえれば交換されてゆく商品は、いまだ貨幣として承認されていない。一般性が成立するまでの過程のなかでどれほどの血が流され、不正義（不等価）が横行しているのかは想像にかたくない。価値形態論は、一般的等価物のこの裏面を明るみに出す試みである。

一般的等価物の機制は婚姻制度にも見いだされる。フランスの小説家ピエール・クロソウスキーは、『歓待の掟』（一九六五年）という姦通をめぐるフィクションを通して婚姻制度（同性婚も含む一夫一婦制）の裏面を考察している。婚姻には、当該制度下に置かれた共同体成員全員に対する「私はこの者をみずからの性的対象として独占する」という意志の宣言であるとともに、この宣言を全成員が承認する（あるいは承認されたことにする）という側面がある。独占するということは、それだけの価値を、その人間がもつということである。言いかえれば結婚した人間においては、自分が愛する対象（妻または夫）の価値を、この共同体に属す者なら原則として誰に対しても確証する権利（実質的に性的関係の強制をも含む）を譲渡しているということである。彼または彼女の婚姻への意志は、全成員によって承認されているからである。言いかえれば婚姻を結ぶ者は共同体内の流通においてその価値を確証される商品であり、価値を全員に承認されるならば、商品は貨幣になる。貨幣は一般的等価物である。婚姻制度の裏面にはこの暴力が貼りついていることを「歓待の掟」は突いている。(8) カントもこの点に気づいていた。のちに『生きた貨幣』（一九七〇年）でクロソウスキーは「生きた貨幣」という概念を提起して、共和国市民を戦慄させることになるだろう。この視点からみるならば、婚姻は主権の人質に取られることである。「野蛮な」人質交換と「表現の自由」を認められた国家における貨幣の機能には、変わるところがない——程度においては懸隔が甚だしいにせよ。ここでも問題は、〈原貨幣〉またたは〈原国家〉のたんなる「ヴァリエーション」ではない方向で貨幣を構想することができるのかという点にある。イスラーム国が私たち、あるいは私に突きつけたのはこの問いである。

矛盾は失効したのか

ドゥルーズ、バディウによるヘーゲル変奏

政治としての対話

政治とはなにか。政治なるものをどのように考えることができるか。

私にとってのリアルな政治とは私以外の誰かとの対話であり、この対話を通した私と私以外の者とのあいだでの、大げさに言えば法の構成である(1)。

対話の内容は、さしあたり問題にならない。というより、以下がその内容を示しているだろう。対話の規模も対話者の数——原則としては一対一を「対話」と呼ぶのだろうが——も問わない。漠然としているが、さしあたりそのようなものとして、私にとっての「政治」はある。

ここで言う「法」とは対話そのものを成立させる条件である。また「対話」という言葉の意味そのものをそのつど当の対話のなかで協働的に定義する作業をも含めたひとつの過程である。形式的な表現ではあるが、私にとって政治とは、対話の成立条件そのものを当の対話のなかで複数の者が言葉を

介して探ってゆく過程である。

もっとも「政治」がこのような事柄——いわゆるコミュニケーションおよびそれを司るルールの制定——にのみ尽くされるはずはない。対話における法の協働的構成とは、あくまで政治と呼ばれる事象にみられるさまざまな側面のひとつであるにすぎない。ただその一側面が私にとってリアルなものとして切迫しているということである。

政治としての対話は、ある者と別の者とが両者のあいだの差異に関するある協働の操作を通して、両者に共通の地平が構成されるという仕組みによって成立する。それでは両者のあいだでその見解に相違さらには対立がみられる場合、いかにして両者のあいだに法が構成されるのだろうか。むしろ相違さらには対立があるということが、法の構成条件となる。また逆に、相違や対立を発生させることさえそこではおこなわれるだろう。

まず指摘しておくべきは、ある事柄に関して私が対話者のそれと異なる見解を抱いている場合、そして、にもかかわらず私が相手との対話を依然として継続している場合、この見解の相違は私のなかにおける私に対する違和として現出するという点である。この相違ないし違和を対話の相手が私と共有しているかどうか、あるいはたんに感覚しているかどうかは私にはわからない。が、ともあれ少なくとも私はこのような違和を、相手の言葉を聴解する私において感じる。そのかぎりで私と対話者とのあいだの差異は私のなかに感じとられるものとしてある。ここにおいて私は、私にとって否定的なもの、非‐私と形容されるものを、私のなかに抱えこむ。そして私が私のなかの非‐私をさらに否定しようとするとき、この否定という行為は当初の私をも否定する行為となる。非‐私なくして私は成立しなかったからである。非‐私という言い方は私を前提として成立する。その意味では非‐私もまた私なくして生じなかった。したがって私と非‐私とは、たがいを前提としあう不可分の関係にある。翻って私による非‐私の否定は当初の私の否定にもなり、私と非‐私はいずれも否定される。ここで否定されているのは、私と非‐私の差異である。差異そのものが私と非‐私を連結する。私と非‐私はこの差異の現出を目的として、あるいは私と非‐私の差異の解消を目的として対話をおこなう。ここに対話における協働が見いだされる。当事者間になんら合意や協定が――少なくとも自覚的・意識的に――結ばれていないとはいえ。

否定という協働によって私と対話者のあいだの差異はたんなる差異ではなくなる。差異そのものが私と対話者のあいだに対話を成立させる条件の探求を可能にする「共通」の地平と化したからである。差異は対話を司る法となる。あるいは少なくとも当の対話を通じて、その対話の成立条件を探るための地平を準備する――これが私にとってのリアルな政治であり、対話における法の協働的構成である。

ドゥルーズのヘーゲル　矛盾または否定

ジル・ドゥルーズは『差異と反復』（一九六八年）で、このような思考をヘーゲルにおける差異の論理（学）にみている（DR 64/上 131）。[2] ヘーゲルは差異を対立、ひいては矛盾としてとらえるがゆえにそれを否定的なものとしてしか思考することができず、結局のところ差異を解消している。これが差異の肯定的把握を主張するドゥルーズの見解である。[3] そしてヘーゲルにおけるこのような差異＝矛盾という理解に、彼はライプニッツのそれを対置する。そこで、ヘーゲルは差異を対立ひいては矛盾ととらえていると彼が述べている箇所の引用と検証をおこなう。
まず、ヘーゲルにおいても「差異が唯一の問題」とされているがゆえにヘーゲルの「矛盾」が俎上に乗せられる点を確認しておく。

ヘーゲルにおいて「矛盾」はほとんど些細な問題に思われる。矛盾にはまったく別の機能がある。すなわち矛盾はみずからを解消し、解消しつつ、差異を根拠なるものに関係させることによって、差異を解消する。差異が唯一の問題である。(DR 64/上 131)

「差異」というヘーゲルにとっての「唯一の問題」は、「矛盾」が「差異」を「解消」させつつ「根拠」に「関係させる」という仕方で解かれるだろうと述べられている。それでは、いかにしてヘーゲルは「矛盾」を現出させるのか。その手順をドゥルーズが述べている箇所を検討する。まず、矛盾とは対立するもの同士がたがいを前提としあう状態——次の引用では「無限」と呼ばれる——を示すのだが、その前段にはたんなる「規定」がある。

たしかに反対性は、無限においてのみ内的性質の運動を表象-再現前化している。とはいえ内的性質の運動は、無差異なるものを存続させている。というのはどの規定も、そこに他なるものが含まれるかぎりにおいて、外的なものとの関係としての他なるものに依存しないからである。さらに、どの反対のものも自己の他なるものを排除し、それゆえ自己自身を排除し、かくして自己が排除する他なるものになる必要がある。矛盾とはこのようなものである。無限なるものの真の脈動を構成する、外的性質または実在的対象化の運動である。（DR 64/上 132）

どのような規定もしくは定立（position）も、その規定によっては規定されないもの――「他なるもの」――をもつ。逆に言うと、どのような規定も、規定されざるものを否定的な仕方で含んでいる。したがって規定は「他なるもの」あるいは「反対のもの」に依存していない。そこでさらに、否定的な仕方で差異を含んでいるもの――「他なるもの」――を否定することによって、「反対のもの」同士がたがいに依存しあう様態、すなわち「矛盾」を導きだす必要がある。対立しあうものがたがいを前提しあう「矛盾」という様態が「無限なるものの真の脈動をなしている」からである。

先ほど述べた「政治」が、ドゥルーズにとってはヘーゲルの思考をなぞったものであることがわかる。対立しあうものがたがいを前提とする「矛盾」という「無限」の様態において「他なるもの」ないし差異はみずからへと回帰し――先の引用で「無差異」と呼ばれていたものとは区別されるにせよ――、結局のところ「解消」される。これが差異の「根拠」への関係づけである。この関係づけの前提には、ヘーゲルによる差異の「否定性」としての理解があるとドゥルーズは述べる。

いまや否定的なものは定立的なものが否定される際のその定立的なものの生成であるとともに、定立的なものが自己を否定する、つまり自己を〔定立的ではないものから〕排除する際のその定立的なものの回帰でもある。たしかに定立的なものおよび否定的なものとして規定されたいずれの反対なものもすでに矛盾であった。「しかし定立的なものは即自的にのみそうした矛盾であり、これに対して否定〔否定的なもの〕は定立された矛盾である」。まさしくこのように定立された矛盾において、差異は自己本来の概念を見いだし、否定性として規定され、純粋・内在的・本質的・質的・綜合的・生産的となって無差異を存続させなくなる。矛盾を担い止揚することは（現実的に実在的なものと一時的または偶然的な現象とのあいだに）差異を「つくる」選別の試練である。かくして差異は末端にまで、すなわち差異の消滅でありながら差異の回帰または再生産でもある根拠にまで追い詰められる。（DR 64-65/上 132-133）

まず、先の引用で「規定」と呼ばれていたものが「定立的なもの（le positif）」と言いかえられている。そのうえで、この「定立的なもの」がヘーゲルにおいては「否定（négation）」という行為を通してのみ、みずからへと「回帰」してくるとされている。この回帰においてはじめて矛盾は「即自的」であることをやめ、「定立された矛盾」となるだろう。このように「否定性」においてとらえられた場合、差異はたんに「消滅」するだけではなく、さらには「再生産」の「根拠」とさえなる。

ドゥルーズは先に述べた「政治」をヘーゲルの思考の範例と解していることがわかる。否定的なものをさらに否定する二重の挙措において、差異は私と非－私の双方を生産する「根拠」または原理にさえなっている。私は私と非－私に割れている。だからこそ双方はたがいを前提すると言うことができる。あるいはたがいを前提するという様態においてこそ、この原理が見いだされるとも言いうる。割れているということは、欠片は結合を前提とするということである。その意味で差異は、ドゥルーズが言うように、ヘーゲルにおいて消滅と再生を繰り返す運動へと高めあげられている。

この高めあげられた差異－根拠が、先に述べた「対話の法」である。敵対関係にある者がしばしばたがいの鏡像であるのと同様に、矛盾とは、同じであるがゆえに争い、たがいを前提とするがゆえに対立するという原則である。先述した「対話」もまた、この仕組みを原則とする。対話の「法」は対話の過程のなかから出来する。法はその対話を律しつつ、またこの過程を通してみずからを造形しつつ、過程の「末端」に、すでに端緒からあったものとして出来する。差異は二重に否定されることによって、始点（arkhē）へと原理－法則（arkhē）として回帰し、この過程を、同じひとつの全体として、再生産するからである。強調しておきたいことは、否定の相においてあらわれる「他なるもの」または差異が、「非——」「——ではないもの」「——とは異なるもの」といった否定的様態においてではあれ、対話を成立させ、継続させる原則として、また対話を通じたなんらかの理念の実現に向けて、対話をおこなうだけで理念が実現されるということではなく、少なくともその一端として、私たちの対話を促すという点である。

ドゥルーズのライプニッツ　副次的矛盾または無限小

『差異と反復』序文でドゥルーズは、みずからをも含めた「現代思想（la pensée moderne）」の特性を四つあげ（ハイデガーの存在論的な差異の哲学、構造主義、現代の小説に顕著な差異と反復、無意識・言語・芸術にみられる反復の力）、これらの特性はいずれも「ある全般化された反ヘーゲル主義」を共通にもつと述べている。ここで「ヘーゲル」の名を冠されているのは、同一性を主軸に据えた表象－再現前化

（représentation）の機制である（DR 1/上 12）。先述した対話およびその法の協働的探求そして構成という事柄を、ドゥルーズが反「現代思想」とみなすであろうことは疑いない。対話を支える「矛盾」が、「現代思想」を自称する『差異と反復』全体を通して批判されている。もっとも、すでにみたごとくヘーゲルも差異を「唯一の問題」として考察してはいたとドゥルーズ自身述べている。したがって差異を把握する方法において、ヘーゲルは「現代思想」に敵対することになる。

　この点を確認したうえで、それではヘーゲルが提起し実践した「矛盾」としての差異の把握にかえて、ドゥルーズはいかなる仕方で差異を把握しようとしているのか。この点が問われるだろう。そこでの論点のひとつは、対立するもの同士がたがいを前提としあう抜き差しならない状態としての矛盾が「無限」と関係づけられていることである。ドゥルーズはヘーゲルにおける矛盾を、それが対立として把握されている点において「無限大」と関係づけ、カントのいわゆる「最高存在者（Ens summum）」（『純粋理性批判』）と同一視する。

> この〔「消滅」し「再生産」する「根拠」として「回帰」してくる差異としての〕ヘーゲル的無限〔矛盾〕は対立または有限な規定について言われてはいるものの、さらには神学的な無限大、〈それより大きいもの〔を考えられない〕存在者（Ens quo nihil majus）〉でもある。また、ひとつの事物をその事物ではないすべてのものから区別するかぎりでの実在的矛盾の本性を最初に定式化したのはカントであり、彼が実在的矛盾を「十全な規定」という名のもとに最高存在者（Ens summum）としての実在性の全体の定立に依存させていることをも考え併せてみるべきである。（DR 65/上 133）

ヘーゲルの提起した「矛盾」という概念は、カントの「最高存在者」概念と同様に、無限大を経由して、「――ではないもの」と差異をとらえている。このように差異を否定的に把握するなら、差異そのもののなかにおける諸々の差異、言わば差異の複数性と種別性を、肯定的あるいは定立的にとらえることはできない。むしろそうした差異の差異を消去することになる。これが「現代思想」からのヘーゲル批判である。

それでは、「反ヘーゲル主義」全般としての「現代思想」はいかに差異を把握するのだろうか。この点が次に問われるだろう。この論点は『差異と反復』において多岐にわたるためすべてを検討することはできない。そこで予告したとおり、ドゥルーズがヘーゲル的「無限大」または「矛盾（contra[-]diction）」に対置した、ライプニッツ的「無限小」または「副次的矛盾（vice-diction）」に限ってこの点をみておく。

まず、ヘーゲルにおける無限大または矛盾としての差異の把握を、「類」および「種」というカテゴリーを導入してふたたびとりあげようとドゥルーズが図った箇所の引用と注釈から、接近してみたい。以下の引用に読まれる「類」または「本質的なもの」を、先に述べた「同じひとつの全体」と、「種」または「本質的ではないもの」を、「同じひとつの全体」に走る亀裂（差異）と、それぞれとらえることができる。そして「本質」または「類」は、みずからという「全体」であるとともに、「本質的ではないもの」または「種」という「部分」でもある。この全体でもあれば部分でもあるという二面性によって、差異は無限大－矛盾として把握される。

だがヘーゲルは類という本質的なものから出発する。そして無限〔矛盾〕は類に分裂をもたらし、種においてこの分裂の除去をもたらす。それゆえ類はそれ自身であり、かつ種であり、全体はそれ自身であり、かつ部分である。したがって類という本質的なものは他なるもの〔本質的ではないもの〕を本質において含み、つまりは本質的に他なるものを含む。(DR 65/上 134)

対話およびその法の協働的構成に、ここで述べられていることを引き寄せるなら、私と非‐私としての相手との対話は、その内容において両者の主張がどれほど敵対していようとも、その対話において用いられる形式としての言葉そのものは、両者において共用されているということになる。たとえそこに通訳者が介在していたり、対話当事者がどれほど疲弊・消耗し、みずからの同一性を傷つけられたりしても。否定性において両者をつなぐ「法」が対話を支える。矛盾は、「同じひとつの全体」が想定されなければ、もはや矛盾ではない。対話がたがいをたがいの鏡像として、敵対関係をどこまでも過激化してゆくことに帰結してしまったとしても。

このような思考は「現代思想」に反するとドゥルーズは述べていることになる。この思考にドゥルーズが対置するライプニッツへの考察を引くべきときである。

逆にライプニッツは諸々の現象に関しては非本質的なものから——運動から、不等なものから、異なるものから出発する。いまや非本質的なものこそが無限小のおかげで種かつ類として定立される。

そのかぎりで非本質的なものは「対立する準‐種」に帰着する。このことは、非本質的なものは他なるもの〔本質的なもの〕を本質においてではなく、ただ〔事物の〕固有性において、事例においてのみ含むことを意味する。（DR 65-66/上 134-135）

同じひとつの全体を前提としない立場、「類」または「本質的なもの」を起点としない立場が「無限小」との連関で述べられている。ある「運動」を、その全体を通した平均的または等質的なふるまいにおいてではなく、その瞬間ごとの様態に注視してとらえようとする。これが「無限小」（微分法）の立場である。ある瞬間の運動の挙動は、他の瞬間のそれとは「不等」であり、「異なるもの」である。そのため、ある瞬間の運動の挙動をとらえるには、その瞬間へと連続的に限りなく近づいてゆく操作が、その瞬間との隔たりを無限に縮小する作業が要請される。ヘーゲルの場合とは異なり、ライプニッツにおける「非本質的なもの」としてのある瞬間の運動——引用では「現象」や「事例」と呼ばれる——は、「類」または「本質」としての、あるいは同じひとつの全体としての「無限大」には組みこまれない。全体にして部分または本質かつ非本質という矛盾の役割を、ライプニッツにおける「非本質的なもの」は担わない、ということである。その結果、「非本質的なもの」は、一見「種」または「類」を定立しているかに思われても、実際には疑似的な（quasi）「種」——引用では「対立した準‐種（quasi-espèce opposée）」——または「類」であることになる。これは「種」ではなく、まして や「類」でもないのだが、いまだふさわしい呼称がないため、さしあたり「準‐種」と呼ばれることになる。これがライプニッツを通してドゥルーズが抽出した、「それ自身における差異」を把握する方法である。

以上をふまえれば、「副次的矛盾」もまた、ふさわしい呼称がいまだ見つからないため、さしあたっては矛盾に似た何か、矛盾のごときものと呼ばれる、「無限小」の方法を通してとらえられた差異であると理解される。それゆえドゥルーズは、ふたたびヘーゲルとの対比においてライプニッツの思考を形容する。

この無限小の方法は（一方の本質が他方の本質に対して非本質的なものの役割を演じるかぎりで）諸本質間の区別を維持するがゆえに、矛盾とはまったく異なる。だから無限小の方法には「副次的矛盾」という特殊な名前を与える必要がある。〔ヘーゲルの〕無限大において、等しいものは等しくないものを本質において所有するかぎりでその等しくないものに矛盾し、また等しくないものを否定することによって自己を否定するかぎりで自己自身に矛盾する。ところが〔ライプニッツの〕無限小では、等しくないものはその等しくないものを本質において排除するもの〔等しいもの〕を事例において含むかぎりで等しいものに副次的に矛盾し、自己自身に副次的に矛盾する。〔ライプニッツにおいて〕非本質的なものは本質的なものを事例において内包し、〔ヘーゲルにおいて〕本質的なものは非本質的なものを本質において内包する。（DR 66/上 135）

ヘーゲルの無限大または矛盾においては、本質的なもの－非本質的なものという区別が依然として維持されている。そのうえで、両者はたがいに対立しつつ前提しあうものであるかぎりにおいて「一致」――正確には結合――させられる。これに対してライプニッツの「無限小の方法」には、このような区別はない。そのため引用部で「諸本質」と呼ばれるものは、実質的に「非本質」と呼ばれてもかまわないものを便宜上「本質」と呼んでいるだけである。そのうえで、諸々の本質は他の本質に対して「非本質的なものの役割を演じ」ることになる。ここで「非本質」と呼ばれるものも、実質上「本質」と呼ばれてさしつかえない。その結果、「非本質」は「諸本質間の区別を維持」しつづけることになり、どこまで進んでも矛盾は生じない。差異は、ヘーゲルのように種（部分）が類（全体）に属しつつも類と同じ拡がりをもつという逆説的事態としてはとらえられていない。ある運動のある瞬間に無限に近づいてゆく操作は、「不等」または「異なるもの」であるこの瞬間（「それ自身における差異」）を当の運動全体の一部分とはとらえない。そこにはただ（本質と呼んでも非本質と呼んでもかまわない）諸々の差異だけが、矛盾の場合のように「結合」されることなく、むしろ「不可識別化」されるものとして見いだされる。[4] 運動を「全体」として巨視的にみれば連続している。各瞬間を微視的にみれば他の瞬間と断絶している。ヘーゲルの無限大では、類という本質的なものまたは「等しいもの」に、種という非本質的なものまたは「等しくないもの」が含まれるゆえに矛盾が生じる。ライプニッツの無限小では、「等しくないもの」または「準-種」のなかに、「準-種」を除外する「等しいもの」または本質的なものが、ひとつの瞬間ないし「事例」を通して含まれるゆえに「副次的矛盾」が生じる。前者は全体のなかに生じる矛盾を通じて全体を更新する。後者は各々の部分がそれぞれ異なる複数の全体に属している。そのためひとつの全体を仮定すること自体にもはや意味がない。このように、とりだされたいずれの部分も各々の全体に属しているような諸部分からなる「全体」を、ドゥルーズは「多数多様体（multiplicité）」と呼ぶ。
こうしてライプニッツは、「反ヘーゲル主義」を担う「現代思想」の一翼と位置づけられる。

世界　単一性と多数性

以上、『差異と反復』におけるヘーゲルとライプニッツの対質を確認した。そのうえで私は次のように問うてみたい。「同じひとつの全体」としての矛盾からなる世界を前提としないなら、どのようにしてこの世界を変革することができるのか？　逆に、矛盾を前提せずにこの世界を変革するという場合、その「世界」とはどの世界なのか？

もし世界が単一でないとすれば、そのとき革命的企て――今日における革命とは何かという問いは措いて――は意味を失う。変革の対象としての「世界」がどの世界を指して言われているのかが識別できなくなるからである。もし世界が単一でないとすれば、この世界の任意の時空において人びとが集うこと、何かを協働しておこなうことに、はたしてどのような意味があるのだろう？

ドゥルーズが「ヘーゲル主義」全般に括った反「現代思想」としての対話は、人びと各々が生きてきた、そして生きてゆく複数の時間の交差を指している。その意味で「対話」にも、たしかにドゥルーズがライプニッツに見てとった「同じひとつの全体」にはけっして収斂しない「それ自身における差異」としての瞬間が見いだされることもまったくないわけではないだろう。しかし、そう認めたうえでなお、その諸部分が各々まったく異なる複数の全体――ライプニッツなら「複数の可能世界」と呼ぶだろう――あるいは複数の時空に属するとされる諸部分からなる多数多様体としての「世界」そのものを、まさしく同じひとつの全体または世界としてとらえうるからこそ、任意の瞬間における人びとの多様な生（活）の拡がりとその交差が真にリアルな意義をもつのではないか[5]。「世界」という言葉はその意味を、『差異と反復』が公表された一九六八年またはその前後に、いわゆる先進諸国において変えてしまったのだろうか。この点を考察してみたい。世界のなかに生じる出来事を、ヘーゲルが言う意味での「矛盾」ととらえ、この矛盾への応対を通じて世界を変革する。そうした世界との関係は、一九六八年を境に変化したのだろうか。この世界とは異なる別の世界に赴くことになったのだろうか。

そうであるとすれば、その帰結のひとつとして考えられるのは世界の消失である。世界に生じる出来事が世界に関与する事柄ではもはやなくなり、逆にこの世界の疑似的諸部分のひとつとして、この世界とは異なる別の世界に赴くことと化したのだとすれば、世界という言葉を使うこと自体の意味が消える。『ドゥルーズと創造哲学――この世界を抜け出て』でピーター・ホルワードは、ドゥルーズの哲学を「この世界」からの隠遁または逃亡ととらえる。逃亡とは、この世界に現働化した被造物（creature）からその被造物を存立させている潜在性（霊性または生気）を抽出するために差し引くこと（subtract）であり、この差し引く行為が創造（creation）である。序文から引いておく。

ドゥルーズを読むにあたっては、彼を霊的（spiritual）、贖罪的、あるいは〔現働化した被造物から潜在性を〕差し引く〔ことでこの世界からの脱出を図る〕思索家ととらえるのが最適である。ドゥルーズ哲学は逃走線（lines of flight）に導かれており、逃走線は別世界（other-worldly）ならぬ脱世界（extra-worldly）

という意味で、この世界の外に通じている。(6)

このようにホルワードは一種のグノーシス神秘主義の現在形としてドゥルーズ哲学を読解してゆく。「一種の」と述べたのは「この世界の外」が「別世界」ではないからである。「現在形」と述べたのは神秘的霊性としての潜在性が「生命が散らす火花（the spark of life）(7)」の生気論において展開されているとホルワードがとらえるからである。無限に分岐する可能世界という装いのもと、この世界は世界である意味を喪失する。

この世界の「外」が空間的延長（ドゥルーズにとって、物理的制約を受けて特定の時空に位置する延長は現働的なものとされる）をもたない潜在的なものであるとすれば、ホルワードのようにそれを霊性と呼ぶかどうかは措いて、内－外という区分そのものも意味を喪失する。言いかえれば無限(小)の差異からなるこの世界が「副次的」な世界である以上、残されるのは、これらの差異のうちのどれでもよい任意の差異に触発される者の情動－気分となる。この世界の変革ではなく、気分の高揚に向けた調律が問題となる。このとき、陽気さをもたらすなんらかの差異の徴候または記号（サイン）のほうが前景化し、記号は私の気分を触発する。私とは高揚する気分に与えられた仮初の名前であり、思考とは気分の上下動である。記号が外から内の思考を触発するのだが、この場合思考とは気分の上下動であるため、気分を揺るがせる記号と記号に揺るがされる気分は外－内の区分に従わない。むしろ区分を斥ける。思考と記号は同じ成分からできており、思考はみずからの関心を惹く記号にのみ触発され、つまるところみずからを触発する。ここに思考を触発する記号だけからなる「世界」が成立する。この記号はなにかを指し示す記号ではない。強いて言えば、みずからを指し示し、みずからに回帰する記号である。「火のないところに煙は立たない」という言葉があるが、ここでは煙（記号）だけからなるシステムが作動している。

フランソワ・ズーラビクヴィリは『ドゥルーズ・ひとつの出来事の哲学』で、ドゥルーズにおいて世界は記号のみでできていると述べる。記号は再認や表象-再現前化をすり抜けて思考を触発する。思考がみずからの利害（intérêt）に関わり、関心（intérêt）を惹く対象にとらえられるとき、言いかえれば思考が記号と出会うとき——この出会いが出来事である——世界は思考を触発する記号の集合と化す。

再認はされないが出会われるという、この対象の地位はどのようなものだろうか。表象作用から逃れ去るということであり、これが〔ドゥルーズの言う意味における〕記号-サイン（le *signe*）である。外界が〔思考の〕利害に関わり関心を惹くものと化すのは、外界が記号を送り、外界の安堵させる統一性、同質性、真理の外観を失うときである。そして、ある意味では世界はたえず記号を送っており、記号に対して敏感であるという条件つきで、記号のみでできている。なぜ出会いは諸々の記号とのあいだにしか起きないのか。そのものとしての出会いの対象を構成するために記号が存在するには何が必要だろうか。出会われる対象はたんに思考とは異なるもの（たとえばイメージや事実といった）ではなく、思考であるかぎりでの思考の外である。つまり対象とは、思考が思考せず、思考する術をもたず、まだ思考していないものである。（DPE 37/100-101）

思考（気分）は、時空的制約をもつものとして具体的所在を標定（「再認」）されることがない。思考がその所在を指し示される、あるいは自己の所在を指し示すのは、自己の外にある何かが思考を触発する記号または外界の対象として感じとられるときである。それは一見、自己の外から到来する（「思考が思考せず、思考する術をもたず、まだ思考していないもの」）が、実際には自己の利害‐関心に関わるかぎりでのみ感じとられるという意味において自己触発であり、内の外（「思考であるかぎりでの思考の外」）である。「外‐内の区分を斥ける」というのは言いすぎかもしれない。しかし、少なくとも外‐内という区分がたがいに反転するものとして機能しているのはたしかである。「外界」が「記号に対して敏感であるという条件つきで」無限に見いだされるとも言えるし、外‐内の区分が後景に退いて世界が世界であることの意味を喪失するとも言える。

思考はみずからを触発する記号（煙）に導かれて、記号が指し示すもの（炎）に向かってゆく。炎と触発された思考とのあいだに存立性が成立するなら、この世界における矛盾をこの世界で諸々の制約を受けつつ、現実的・具体的に解消する手がかりが与えられるだろう。そのかぎりで「副次的矛盾」による差異の把握は、私の考える政治にとっても示唆的である。大切なことは、世界に生じる出来事がもたらす、この世界に拡がりをもたない瞬間的触発としての差異を、別の世界に逃走するための口実にせず、ひとつの同じ世界へとふたたび持ち帰る理路の構成である。

記号だけでできた世界が危険であるのは、魅惑を発する記号さえあれば、その記号が指し示す当のなにかがなくてもかまわないというふうに、事態が思考を操作する方向に反転したときである。今日、事態はそのように進行していないだろうか。差異または多（multiple）の「肯定」そのものが、世界を消去するために作動する装置に組みこまれていないだろうか。

たとえば、膨大な量の商品としてあらわれる差異と並行して、自分の利害－関心を惹くそれ以外の差異に対する無関心－無差異（indifférence）の度合もまた増大する。この差異は、いつどこでどのようにどの経路を経て商品となったのか。その過程で何が誰にどのように起きたのか。これらの問いに含まれる差異が発生し、加工され、運搬される時間と空間の拡がりは、差異を享受するいまここのなかから、いまここが限りなく縮小して拡がりのない瞬間へと近づいてゆくにつれて実質的に消去される。過去に対する無視と歴史に対する忌避と「全体」に対する拒絶が、自由と恣意の混同と、他者への無関心と自己の肯定への閉塞と並行して、一方では他者への配慮と共生の倫理への呼びかけが大きく聴こえてくるなかで高まってゆく。瞬間的触発としての差異へと時空の拡がりを限りなく縮小させながら接近してゆく手法は、いつからか反転して、差異を把握しようとする者自身の時空を限りなく無へと縮小させてゆく技術と化した。「倫理」「他者」「差異」「歴史」「過去」「記憶」といった言葉は、この世界に延長をもたない宙吊りにされた瞬間のなかに封じこめられた。そこでは言説が限りなく過激化してゆく。むしろ過激化という空転を強いられており、このエアポケットでのみ過激が認可されている。これは「記号だけでできた世界」の典型である。この体制は言葉への不信を堆積させ、人びとのあいだに憎悪を募らせてゆく。

しかし、この体制の成立そのものもまた歴史的諸条件に規定されていないだろうか。一九六八年に矛盾の思考に時効喪失を突きつけた無限小の思考における政治の歴史的様態は、今日飽和したのではないか。[8] 今日私たちは差異をめぐる思考の、政治における歴史的様態を検証する時期に入っている。[9]

〈多〉と〈一〉の反転

「世界」という言葉がその意味を一九六八年前後に変えた、あるいは消したとすれば、政治としての対話を賦活するにはどうすればよいのだろうか。世界に見いだされる拡がりのない差異をふたたびこの世界に持ち帰る理路を再構成することであり、それにはみずからの置かれた場とその諸条件をみずからの思考へと、マルクスのいわゆる「上向法」に則って注ぎこむ作業が必要である。[10]

この点を考えるにあたり、「ヨーロッパ現代思想」においておそらくもっともヘーゲルにこだわってきた者のひとりであり、ドゥルーズが言う意味での「現代思想」にもっとも強く異議を唱えるであろうアラン・バディウが示唆的である。彼はいかなる論点を提起しているか。

バディウが活動していたマルクス－レーニン派フランス共産主義者同盟は『延安手帖』という小冊子を刊行していた。同誌第四号（一九七七年）は「哲学前線の現状」という特集を組んでいる。同号掲載のふたつの文書「流れと党（『アンチ・オイディプス』の余白に）」「馬鈴薯のファシズム」でバディウはドゥルーズとフェリックス・ガタリを批判している。[11]

「流れと党」でバディウは、ドゥルーズは裏返されたカントであると述べる。『アンチ・オイディプス』が欲望の解放を主張した点に鑑みて、これは節制家と放蕩者、道徳（カント）と欲望（サド？）は表裏の関係にあり、たがいに反転するという意味だろう。欲望を解放すると禁欲（正確には自分以外への無差異－無関心）が帰結するという逆説が『アンチ・オイディプス』には見いだされるということである。少し引用しておく。

> ドゥルーズにおける〈善〉の規則は、特殊を普遍とする興味深い置き換えによって立てなおされた定言命法である。すなわち汝の行為の格律が厳密に特殊となるようにつねに行為せよ。マルクスのヘーゲルに対する関係を、ドゥルーズはカントと結ぶことを欲しているのだろう。ドゥルーズは裏返されたカントである。すなわち定言命法、ただし欲望する。無条件的、ただし物質主義者の。主体の自律、ただし逃げ去る流れとしての。〔…〕批判的観念論には裏も表もない。これはまさにカントによる〔批判哲学の〕定義である。それは哲学のメビウスの帯なのだ。〈欲望〉のトボガン上では頭部が足部につながったり首が伸びたりする。もはや誰が誰で、どちらが対象で、どちらが主体なのかも知ることなく。つまるところこれが〈善〉であれ、それが〈悪〉であれ、たいした帰結を導きだすでもない反転可能なユーモアだけが問題となる。すなわち汝の行為の格律が厳密に誰にも利害‐関心を抱かぬものとなるようにつねに行為せよ。(FP 9)

先述の議論に引きつけるなら、欲望の解放による道徳の回帰という逆説は、商品としてあらわれる差異と並行して増大する他者への無関心（無差異）に帰着する。私が差異について述べたことを、バディウは欲望について展開している。差異の称揚による無差異への帰着という逆説である。「汝の行為の格律が特殊となるように行為せよ」と「汝の行為の格律が厳密に誰にも利害‐関心を抱かぬものとなるようにつねに行為せよ」は、たがいに「反転可能」である。自己の欲望という特殊の解放は、他者の利害への無関心を意味する。しかし自己も他者も特殊である以上、他者の利害に抵触しないよう行為することは自己の欲望に対する譲歩となる。結局、なにも欲望しないという節制または無関心が最善となる。諸々の特殊だけがあり、普遍はない以上、特殊しかないということ自体が普遍へと反転し、結局、特殊－普遍という区分は意味を失う。この同じひとつの世界－複数の世界（結局は「世界」そのものを無意味化する複数世界）という対を用いて私が論じたことを、バディウは普遍－特殊の対を用いて述べている。

諸々の「特殊」しかないという疑似的「普遍」状態は、次に引く「馬鈴薯のファシズム」では「多（multiple）」と呼ばれる。「記号だけでできた世界」に見いだされる危険を、私は「火のない煙」として考察した。バディウはこの危険をファシズムと呼ぶ。ここでの逆説は「多」の肯定は専制に反転するということである。

〈多〉の行き着く果てには修正主義の〈専制君主〉がいる。ドゥルーズの文芸的冗舌のはてにはマルシェ〔一九七二年から一九九四年までフランス共産党書記長を務めたジョルジュ・マルシェを指すか〕の閣僚らしい微笑がある。あるいはファシストの専制君主がいて、その顔は寛容に満ちた美辞麗句で呆然とさせるが、私たちの歴史はその美辞麗句が隠す秘密を知っている。というのもおのれ固有の政治をもたないなら、民衆はおのれの敵の政治をおこなうことになるからだ。政治の歴史は真空を恐れる。（FPT 20）

私が記号について述べたことが、ここでは「文芸的冗舌」「寛容に満ちた美辞麗句」として論じられている。ここでバディウはドゥルーズによる哲学の定義（記号を契機とした概念の創造）に反対していると言ってもいい。人びとが固有の政治を手にしないかぎり、空位は敵によって占拠される。言いかえれば、敵と同じ仕方で政治をおこなうなら、そのときすでに人びとは「修正主義」者である。大切なことは概念の創造だけではない。政治の創出である。これは政治の創出は敵なくして不可能だということでもあり、また内実を欠いた空虚のまま放置しておけば、いずれ概念は敵に占拠されるということでもある。〈多〉はその内側から割らなければいずれ〈一〉となり、当初おのれがめざしていたはずの多様性の敵に反転する。概念の創造だけでなく、それを敵とは異なる仕方で、しかもこの世界において実現または政治化させないかぎり、概念は収奪される。この収奪をバディウはファシズムと呼ぶ。今日、この意味でのファシズムが優位を占めていないだろうか。

この世界に出現する厚みのない差異の記号を「副次的矛盾」の方法によって把握し、これに名前を与えて概念化する。この洗礼命名式にも比されうる行為にのみ哲学の営為が限定されるなら、この世界で展開される「真空を恐れる」「政治の歴史」から慎重に隔離されたエアポケットとしての「内の外」において、哲学者は概念の反歴史的実験――潜在性の反実現と言うべきか――をどこまでも肯定的に、いつまでもおこないつづけるだろう。この世界のなかの世界の外で実験が続けられているあいだに、この世界では概念がその内実を受肉して現働化する。イスラエル国防軍の軍事学校では、軍事作戦の理論化にドゥルーズとガタリが『千のプラトー』で提起した「平滑空間」と「条理空間」が用いられているという[12]。この収奪に対して、概念の創造のみがその務めとされている以上、哲学者は無幸であり、責任を負わない。哲学者を尻目にこの世界では〈多〉の敵が〈多〉を実現する。〈多〉は〈一〉となる。「馬鈴薯のファシズム」からもう一箇所引いておく。

敵対関係を放棄して無差別的かつ肯定的な多のエレメントのなかで思考する者は誰であれ、さまざまな〈私―自我〉への崇拝を装いつつ、遅かれ早かれ、リアル・ポリティクスにおける強者たちの前に、〔多から〕分離した国家的統一性の前に、ひれ伏すことを欲するようになるだろう。ドゥルーズとガタリが前ファシスト的イデオローグたるゆえんである。道徳の否定、自然な肯定的なるものへの崇拝、敵対関係の拒否、多を愛でる審美主義。これらはいずれも自己の外に、専制的な〈一（者）〉が存続するのを放置している。〈一〉がこの〔敵対関係の外部に自己を〕差し引く政治の条件であり、〈一〉のけっして消えない魅惑だからである。すでに身を屈めているのだから、〈一〉に従う準備はできている。（FPT 29）

〈多〉の〈一〉への反転から脱け出すには、「敵対関係」という〈二〉を導入して〈一〉を割ることが必要である。厚みのない差異をつかみとりつつ、実験室を出て、この世界に帰還する作業の一環である。それでは副次的矛盾からふたたび矛盾に帰る軌道を、はたしてバディウは描いているだろうか。

造反有理

一九七五年、バディウは『矛盾の理論』を発表する。[13] 二十世紀世界コミュニズム運動史を中国文化大革命に忠実な視点から総括した同書から、原則的事柄を考察した部分を引用して、前節末尾で述べた問いを念頭に置き、若干の検討を加えていく。先立っておさえておくべきことは二点ある。第一に、文革期に頻繁に唱えられた標語「一を分けて二とする」が、バディウにとってのヘーゲル弁証法の核である。第二に、バディウにとってドゥルーズは、逆に「多は一になる」の立場にある。「多は一になる」は文革当時、革命に反対する者の立場を指して革命派が用いた標語「二は一になる」の変種であると解してよい。これはすでにみた逆説的反転による同一性の立場を意味する。二点目についてはすでに引いた「流れと党」および「馬鈴薯のファシズム」から明らかである。一点目は多くの著作で繰り返し述べられているが、ここでは『矛盾の理論』から引いておく。

諸事物は運動において存在すると述べるだけでは不十分であり、「事物」という概念そのものが同一性の論理にではなく分裂の論理に属していることをも認める必要がある。現実はひとつの状態または均衡の統一性（unicité）のなかに解消されるものであるにとどまらず、統一性そのものが分割においてしか思考されえない。運動は諸々の一性−単位（unités）の継起ではなく、諸々の分割のもつれである。私たちはレーニンを敷衍して、諸分割の錯綜としての運動だけが「一を分けて二とする」という原則の承認にまで過程としての現実の再認を拡張させる弁証法的運動であると言おう。「一を分けて二とする」は、「一」から「二」が発生するという原則ではない。「一を分けて二とする」は、「一」は引き裂かれてのみ〔みずからに〕同一的であることを意味する。現実（la réalité）が過程であるだけではなく、過程とは分割である。リアルなもの（le réel）は集めるのではなく切り離

す。到来するものは引き離す。（TC 49-50）

現実を運動のなかでとらえようとする。その点でバディウとドゥルーズは変わらない。「多」がそのままでは「一」に回収されるのに対し、「二」は「分割においてしか思考されえない」とされる点はどうか。ここで両者は対立するかにみえる。しかし「一」を敵視している点で両者は変わらない。「二」に対してドゥルーズは「多」を掲げ、バディウは「二」を重視する。相違はここだけで、「一」が抑圧的であるという点で両者は一致する。両者は、後者が前者に敵対抗争を仕掛けるという関係にある。後者は前者の分身になろうと介入する。後者は前者と共通の地平を構成しようとしている。表面上の対立にもかかわらず、あるいは対立するがゆえに後者は前者の鏡像である。「一」を逃れるためにこそ、後者は前者に論争を仕掛け、前者のさらなる洗練・補強を図る。ドゥルーズとの論争的対話を通してバディウは「一」を「二」に割ろうとする。比喩を用いるなら、ともに「同じひとつの世界」というジグソーパズルのピースになることをドゥルーズに呼びかけている。このパズルは「諸々の分割のもつれ」である。そのためパズルもパズルを構成するピースの「一性-単位」も、パズルを組み立てる身ぶりしだいで変化しうる。「ピース」を「言葉」、「パズル」を「法」と言いかえれば、バディウが私の述べた政治的対話をドゥルーズに対して実直に遂行していることがわかる。ただしバディウにとってパズルはあくまで同じひとつのパズルであるのに対し、ドゥルーズはそこに別のパズルのピースをまぎれこませる。あるいはこのピースを別のパズルのピースであるととらえる。

ドゥルーズに限らず、敵対を仕掛けるのがバディウ的思考の流儀である。[14] その多くは空振りに終わっているかもしれないにせよ、とにかく論争を通して彼はみずからの思考を鍛えてきた。その遂行的身ぶりにおいて、みずから「弁証法的運動」を実践してきた。おのれのためにではなく、おのれという「一」を「分割」するために。論争を仕掛けるのはつらい。身も心も傷つき、人びとに疎まれる役回りである。それでも抗争を仕掛けつづけるのはなぜか。世界はひとつであると信じているからである。自分が傷つくことより世界を変革することのほうが大切だと考えているからである。言いかえればこの世界、そして人びとをなお信頼しているからである。

ヒールを引き受けることを厭わぬその姿勢、自分ではなく「この同じひとつの世界」のためにみずからの精神と身体を投げうってきたそのスタイルに打たれ、そこに敬意を表しつつ、ときに傲慢とも抑圧とも映るバディウのテクストを私は読みつづけてきた。たぶんそこに書かれている「理論」自体に、副次的矛盾からふたたび矛盾へと帰る軌道が直截に示されているわけではないだろう。彼のテクストに読みとられるべきはその内容だけではない。その遂行的な身ぶりに私は、私にとってのリアルな政治、思考の政治的なリアルを触知しているのだろう。

「一を分けて二とする」――言いかえるとバディウはドゥルーズを反復することで、彼との差異を提起しようと試みている。「一を分けて二とする」は、反復による差異の出現である。この試みは『矛盾の理論』において「旧いもの」と「新しいもの」の「分割」と呼ばれている。

ところで、新しいものはつねにこのように到来する。すなわち「大衆」や「運動」が新しいものの発生を、団塊として保持しているのではけっしてない。そうではなく、「大衆」や「運動」を通して旧いものからみずからを分けたものが新しいものである。たとえば労働者叛乱のなかから出てくる、みずからをサンディカリスムから解き放ったもの、あるいはポルトガル大衆運動〔一九七四年カーネーション革命〕のなかから出てくる、ブルジョワジーの強大な力（ファシズムと社会ファシズム）による庇護に対立する動きである。（TC 57）

逆に言えば「旧いもの」なくして「新しいもの」は出現しない。一九七八年、バディウは友人たちと『ヘーゲル弁証法の有理的核』を刊行する。[15] 同書は中国の哲学者張世英著『黒格尔的哲学（ヘーゲルの哲学）』（上海人民出版社、一九七二年）から「ヘーゲル哲学の有理的核」と題された章を抜粋してフランス語訳し、注釈を付して刊行された。多く「合理的」「理性的」と訳される«rationnel»を、ここでは毛沢東の標語「造反有理」をふまえて「有理的」と訳す。«le noyau rationnel»という言葉はもともとマルクスが『資本論』第一巻（一八六七年）第二版後記（一八七三年）で用いた«rationellen Kern»のフランス語訳である。該当箇所を引いておく。ここでは「合理的な核心」と訳されている。

弁証法がヘーゲルの手のなかで受けた神秘化は、彼が弁証法の一般的な諸運動形態をはじめて包括的で意識的な仕方で述べたということを、けっして妨げるものではない。弁証法はヘーゲルにあっては頭で立っている。神秘的な外皮のなかに合理的な核心を発見するためには、それをひっくりかえさなければならないのである。[16]

ここでマルクスはヘーゲルを擁護して、自分の思考〔新しいもの〕はヘーゲル〔旧いもの〕なくしては出来しなかったと述べている。彼はヘーゲルを反復する――「神秘的な外皮（mystischen Hülle）」を「ひっくりかえす（umstülpen）」――ことによって差異を出現させたのである。「神秘」と「合理」は対立ではなく表裏の関係にある。後者は前者と踵を接していないかぎり作動しない。マルクス－〔合〕理はヘーゲル－神秘の裏面である。「ひっくりかえす」は同じもの〔「外皮」〕を裏返すという意味である。「合理的な核心」は「外皮」に覆われた内容ではない。それは「外皮」の裏面である。そして毛沢東の「造反有理」は、このマルクスの〔差異を伴う〕反復であるとバディウは考える。『矛盾の理論』を引用する。

〔「反動に対する造反には理が有る」という〕言葉は統合的理性について〔…〕述べている。そしてこの統合的理性はまさに矛盾している。理のみで即自的に有理であることは不可能だという矛盾である。私たちは反動に対して造反する〔場合にのみ〕有理である。私たちは反動に対して造反するかぎりでつねに有理であり、「反動に対する」は真理の内的条件のひとつである。〔…〕真理は分裂過程のなかにのみ存在する。（TC 20-21）

「反動」〔敵〕なくして「真理」も「有理」も出現しない。この主張は『ヘーゲル弁証法の有理的核』でも〔差異を伴いつつ〕反復されている。同テクストにはエピグラムとして毛沢東「省・市・自治区党委員会書記会議における講話」（一九五七年一月二十七日）およびエンゲルス『ドイツ農民戦争』〔初出一八五〇年）への一八七〇年版序文が引かれているからである。前者からは、弁証法と唯物論を認識するには観念論と形而上学の研究が必要である旨を説いた一節が引かれている。ここで毛はスターリンを、弁証法と唯物論という「新しいもの」を理解するための、観念論と形而上学という「旧いもの」を研究する努力を怠った（具体的にはドイツ観念論の古典を旧時代の産物として棄却した）という理由で批判している。後者からはドイツ観念論、とくにヘーゲルの哲学が先在していなければドイツに科学的社会主義は存在しなかったという趣旨の文言が引用されている。いずれの引用も「旧いもの」がなければ「新しいもの」を同定することも理解することもできないと主張していることがわかる。古典の再読（反復）から新たなもの（差異）が出てくる。

以上をふまえるなら、マルクスがヘーゲルという「神秘的な外皮」を裏返して「合理的な核心」をとりだそうとし、毛沢東が「反動に対して造反する」ことで「有理」を説こうとしたように、バディウはドゥルーズを反復することで「二」の思考を抽出しようとしたと言ってよい。「流れと党」には「メビウスの帯」という言葉が出てきた。この語はドゥルーズの哲学を指して批判的に用いられていた。『ヘーゲル弁証法の有理的核』にも「メビウスの帯」はあらわれる。ここでも内－外の反転を表現する形象としてあらわれる（反復）が、微妙なひねり（差異）がかかっている。同テクストの「内部と外部について――ヘーゲルのトポロジー」と題された一節を引用する。

存在を矛盾、すなわち肯定的分裂による自己展開として把握することは、外部が内部の存在そのものだと主張することである。〔…〕トポロジーでは全地点で内部と外部を識別できるが、〈全体〉（が与えられたと想定せよ）としては識別できない。内部と外部の分離にはひとつの局所的主体があるのに、分離を司るのはひとつの〈大法則〉という無制約の大域〔包括〕的統一性であるようだ。統一性の存在は主体の点的効果――分離効果――の明白さによってのみ証明される。〈一〉の真理は存在する。だがそれは完全に言い尽くされうる真理ではない。全体は全地点に分割という〈二〉の現働態‐行為（l'acte）として存在するからである。／メビウスの帯のような方向の定まらないさまざまな表面から編みだされる位相幾何学〔…〕の大域〔包括〕的なねじれにおいては、帯は内部と外部の区分を認めない。〔と同時に〕全地点にひとつの「裏面」が、それゆえひとつの外部がある。〈全体〉が内部‐外部の分裂をふたたび具象化するには帯を断ち切る必要がある。（NRDH 228-229）

どの地点でも見いだされる諸々の差異からなる「多」を「一」への収束から護るために、帯を断ち切る「二」の構成をバディゥは提案する。これはどういうことだろうか。

引用箇所を再構成してみる。（A）ひとつの有限な平面を想定する。平面の表と裏は断絶している。平面の両端を貼り合わせると帯になる。表も裏も円環となって無限化するが、まだ表裏は出会わない。（B）貼り合わせた帯をいったん切り離して平面に戻す。ふたたび両端を、今度は平面のどこかを半回転ねじって貼りなおす。（C）貼りなおされた帯において、表と裏は無限を失わずに連続する。これをもって、表裏の断絶は解消され、両者は出会ったと言えるだろうか。連続するということは表裏の差異の消滅を意味する。出会いだけが残り、出会いの担い手である表裏は消える。この局面に注視して、ドゥルーズは「無限小の方法」を適用した。

ここからバディウはドゥルーズとの分岐を図る。「存在を矛盾、すなわち肯定的分裂による自己展開として把握することは、外部が内部の存在そのものだと主張することである」という言葉は、バディウがドゥルーズと同じ場に立っていることの表明である。バディウはドゥルーズを反復している。この共通の場から、彼は敵または新たなもの（差異）を発生させようとする。バディウは（D）貼りなおされた帯をふたたび切り離すことを主張するのである。「矛盾」は「肯定的分裂」であるがゆえに、ドゥルーズにとっては副次的矛盾である。「外部」と「内部」が反転的に出会う（「外部が内部の存在そのものだ」）とともに、出会いの担い手はいまだ消えていない（「分割という〈二〉」は潜在性ではなく「現働態－行為」である）がゆえに、バディウにとっては敵対的矛盾である。外部／内部という〈二〉は多にも一にも回収されていない。また引用箇所での「全体」は「与えられたと想定」された全体であり、一と多のあいだにある。

旧いものと踵を接していなければ新たなものを見いだすことはできない。敵がいなければ造反に理は生じない。一九六八年を境に失効した「矛盾」を、ドゥルーズを旧として反復しつつ刷新しようとしたバディウの苦闘の跡が、ここにうかがわれる。

だが、バディウによるトポロジー導入は適切だったのか。たしかにメビウスの帯は、表裏または内と外が出会って平面が無限化し、平面のどの地点にも差異が見いだされる様態を形象化している。そのかぎりでは、「無限小の方法」をも内包することができるという意味で、すぐれたモデルであるのかもしれない。しかし操作（D）は（B）の反復、あるいはむしろ再認であり、実質的に（A）の有限な平面への回帰である。ふたたび切り離されるやいなや、表と裏という出会いの担い手が復活して、出会いそのものも無限も消える。そして副次的矛盾（ドゥルーズ）と矛盾（バディウ）の一時的であれ共存を意図して設定された場所そのものが消え、造反有理の試みはふりだしに戻ってしまう。だとすれば、バディウはドゥルーズの反復による差異の構成に成功したとは言えない。むしろ、微分法とトポロジーというように、用いられる比喩は異なるものの、数学的形象への依拠という点で、両者は同じ地平にとどまっている。

差異を矛盾から奪還するために副次的矛盾は機能した。その代償として世界は複数化した。複数の世界に私たちを分岐させる体制を、私たちはどうすれば脱けだすことができるのか。そしてどこに脱けだすのか。私にはまだこの問いに答えられない。しかし「現代思想」における思考の政治的時効を測る指標のひとつがそこにあるのは確かである。言説の実験室に封鎖された哲学がこの体制に抗い、みずからもその増大に加担してきた言葉への不信を払拭する努力とともに、哲学をこの配置に押しこめた体制を動揺させることができるかどうか。哲学または「現代思想」における〈政治〉の存立——政治哲学ではなく——はそこにかかっている。今日なお「現代思想」は、現代または〈現在〉に届いているか。私たちは〈私たち〉を私たちに届けることができるか。

II

「来るべき民衆」の物語《ナラティヴ》

物語と襞　ドゥルーズの叙述的知性

《Mane, Thecel, Phares》

『旧約聖書』ダニエル書五章、[1] バビロニア最後の王バルタザールが大いなる宴を催している最中、人の手の指が出現し、王宮の白い壁に文字を書きはじめる。《Mane, Thecel, Phares》と綴られた、宮中の誰にも判読できないこの文字を、王は偉大なユダヤ人学者ダニエルを呼び、解読させる。

ダニエルによれば《Mane》は「数えられ（たもの）」、《Thecel》は「量られ（たもの）」、《Phares》は「分けられ（たもの）」を意味する。すなわち、神は王の治世を数えることによってそれを終わらせ（ここでは数えるという行為は自分を数えない＝勘定（考慮）に入れないということを意味する）、王を秤にかけてその不足を量り、王国を分割してメディアとペルシアに与えるのだ、と。ダニエルの預言どおり、やがてバビロニアは崩壊することになるだろう。フランス語の《barthazar》が「大饗宴」「大騒ぎ」を意味するのはこの挿話に由来する。すなわち、没落を前にした狂乱、百花繚乱である。怪盗紳士アルセーヌ・ルパンを生んだモーリス・ルブランが一九二五年に発表した『バルタザールの異様な冒険』は、この聖書の挿話を下敷きとして書かれた詐欺師の物語である。[2]

詐欺師の名はバイヤン・デューフール。彼の妻ジェルトリュードがソーヌ河沿いに開いた託児所に、各々に事情を抱えた四人の乳飲み子（ゴドフロワ、ギュスターヴ、ムスタファ、ルドルフ）がやってくる。デューフールは四人の父に、秘密を守るのと引き換えに両親と子供の名を教え、生涯困らぬ額の金を払えと脅迫する。この要求を飲ませたデューフールは、自分のひとり息子バルタザールとともに四人の子供を育て、裕福に暮らす。

ある日、河が氾濫して託児所を呑みこみ、妻と四人の子供は溺死する。バイヤンはわが子が死んだとは知らぬ四人の父に、秘密を守るため今後は息子をバルタザールと呼び、その証として《M.T.P》の三文字を体に記しておくと書いた手紙を送る（じつのところ《M.T.P》はバイヤンが留守のおりに忍びこんだ酔っ払いが悪戯半分にバルタザールに彫った刺青だった）。

バイヤンは四人の父に金を払わせつづけていたが、あるとき雑踏で息子とはぐれてしまう。数年後に息子を見つけだした彼はアル中の隣人になりすまして息子を監視し、隙を見て息子の指の指紋をとると、四人のうち誰かが彼を息子と認知するだろうと踏んで、指紋の写しを四人の父に送りつける。

かくして四（+一）人の父をめぐるバルタザールの冒険の準備が整った。冒険は、自分は孤児だと思いこんでいるバルタザールが結婚しようと思い立って婚約者ヨランドの父に会いに行くものの、素性の知れない男に娘はやれないと言われたのをきっかけとして始まる。

彼の左手親指の指紋、胸に彫られた《M.T.P》という刺青、そして「あなたが探している者には頭がない」という女辻占い師の予言。この三つの手がかりをもとに、バルタザールは女中を務める孤児の少女コロカントとともに父探しを開始する。

まずはテオドール伯爵である。クシー・バンドーム家の血筋を引くテオドール伯爵は、若いころエルネスティーヌ・アンリューという女性とのあいだに一子を設け、ゴドフロワと名づけた。病に罹った伯爵は若き日の過ちを悔い、ゴドフロワに遺産を与えようと考える。じつはゴドフロワはバルタザールという名で生きており、その胸には《M.T.P》と刺青が彫られ、また左手親指の指紋もある、と。

だが伯爵は七ヵ月前、自分の所領地で首を斧で切り落とされて死んでいた。犯人はもうひとりの父、盗賊団「マストロピエ」の首領グルヌーヴで、つい先日、やはり首を刎ねられ死んでいた。グルヌーヴはアンジェリックという女性とのあいだに設けた息子ギュスターヴの胸に刻まれた三文字にあやかって自分の盗賊団に「マストロピエ」と命名し、《M.T.P》を仲間同士の合言葉にしたという。

三人目の父はフランス領のある部族の首長レバド・パシャで、王妃カタリーナとのあいだに設けた息子の名はムスタファである。カタリーナとパシャはもともと一国の王と王妃だったが、いまは仇敵の関係にあり、カタリーナ率いる敵軍との戦闘でパシャとバルタザールは捕えられ、父子は母＝妻に処刑されることになる。パシャもやはり首を刎ねられ、死を覚悟したバルタザールは刑執行の直前、気を失う。

そこに第四の父、詩人ボーメニルがあらわれてバルタザールを救出する。ボーメニルはかつてドイツ王侯の家庭教師をしていたころ、女王と恋に落ちてルドルフという息子が生まれ、駆け落ちを謀るも、ルドルフは王にさらわれ、消えてしまった。やがて王は臨終の床で、息子はいまだ生きており、胸に《M.T.P》の三文字が記されていると述べて息を引き取った。最後にバイヤン・デューフールが第五の、そして真の父として名乗りをあげ、本節冒頭に述べた事情を臨終の床でバルタザールに明かし、息を引き取る。

以上が明らかになった後、バルタザールはヨランド嬢とは結婚せず、この冒険の間中、否その前からずっとそばにいてくれたコロカントの存在に気づき、私は自分の好きなように名を名乗るつもりだと宣言し、彼女と一緒に暮らしてゆくことを決意する。

物語　縁組と出自

縁組（婚姻）はふたつの出自の交差地点である。ひとつの出自はすでに別の縁組の結果だから、逆に出自はふたつの縁組の交差地点だとも言える。

縁組と出自は、マルクスにおける「生産」と「イデオロギー」の関係にも若干似て[3]、たがいを前提としており、どちらが先とは言えない。縁組と出自は、たがいがたがいの表現であり、内容である。内容は折りたたまれ（im-*pli*-qué）、表現は展開される（ex-*pli*-quée）。バルタザールの物語（襞 pli）は、孤児が父を探すところから始まり、折りたたまれた秘密（みずからの来歴 histoire）を解（と／ほど）き、ある程度まで展開した地－時点で終わる。内容を展開する過程が表現であり、内容は折りたたまれた表現である。

物語には、少なくともひとつの襞－折り目がある。物語は経験を伝達する装置である。登場人物は経験（内容）を通過する一定の時間（それは語り－表現の時間に一致する）を経てなんらかの変化を被り、ある真実を手にする。物語とは知（真理）と時間（経験）の婚姻である。

ヘーゲルならこの婚姻を弁証法と呼ぶだろう。弁証法を簡潔に表現すれば「Aはじつは（Aと対立するはずの）Bであった」となる。AとBのあいだに起こる経験（内容）を語ることで、その際に経過する時間を物語は表現する。その意味で物語は「人間」を構成する縁組と出自に密接している。「人間」ほど物語的なものはない。このことをよく理解しているルブランは、この「人間－物語」に揺さぶりをかける。ただしルブランはヘーゲルの弟子ではなく、ジル・ドゥルーズ『襞――ライプニッツとバロック』によれば「ライプニッツの現代的な弟子」[4]（P80）である。弁証法という反対物の一致ではなく、対立しているとすら言えない、無数の物語の分岐が問題となる。

詐欺

同じ左手親指の指紋、同じ《M.T.P》の刺青が、バルタザールを四（十一）人の息子に分岐させる。バルタザールは「ゴドフロワでもあり、ギュスターヴでもあり、ムスタファでもあり、ルドルフでもある」わけではない。バルタザールとゴドフロワとギュスターヴとムスタファとルドルフのあいだには、なんの関係もないからである。各々の名前はどこまでもたがいに無関係なまま、各々の物語を展開する。もし「歴史上すべての名前が私である」（ニーチェ）としても、それはすべての名前を遍歴する私にすべての名前が折りたたまれているという意味ではないだろう。

私が遍歴する無数の名前のあいだにはなんの関係もなく、それらはどこまでも発散してゆく。だから分岐点を、そこからすべてが発出する起源のようなもの（流出論）ととらえることはできない。その場合、分岐点（縁組）は裏返された収束点（出自）ということになってしまうからである（「発散はじつは（発散と対立するはずの）収束であった」）。

たしかに、四つの名前はバルタザールに（おいて）収束するかにみえる。しかし、それは収束ではない。共存しえないものが、にもかかわらず共存した状態、重ね合わさっている様相である（不共可能性）。もっとも、不共可能的であるのはバルタザールにとっての父たちであって、父が複数いるかに思わせる効果（トリック）を用いてこの様相を成立させたのはひとりの詐欺師である。

可能世界と詐欺師（贋者）には、おそらく本質的な関係がある。父は複数どころか、ひとりも存在していない。彼らはいずれも《M.T.P》や指紋、バイヤンが四人の父に送ったという手紙-文字に刻まれた痕跡であるにすぎないからである。「父」とは文字の生みだす効果であり、はじめから贋者である。バイヤンですらバルタザールの実父であるかどうか怪しい。河に流されたという四人の子供のなかにバイヤンの息子がまぎれこんでいなかったとは断定できないからである。

系統や遺産相続にはつねに虚構が忍びこむ。子をつくりだしたのは父ではない。むしろ子が父を生んだのであり、そして物語の末尾が示唆するとおり、子はみずからをも生むのである。

逆に言えば、遺産相続には虚構としてであれ家族（親子関係のみならず兄弟・姉妹関係、親戚関係なども含めた）の形象が不可避に伴うということでもあるだろう。ジャック・デリダは「時間は家族のなかにしかない。時間は家族においてのみ起こる-経過する」と述べたことがある。[5] 遺産相続人の正統性は出自（filiation）において、具体的には「姓（氏）名（nom de famille）」において、もっとも一般的には「父の名（nom du père）」において保証される。そしてふたたび逆に言えば、この氏姓制度そのものに虚構がなんらかの仕方で紛れこむことは避けられないだろう。

文字に帰する者

ダニエル書に書かれているとおり、父は数えられ（四十二）、その地位——貴族・盗賊・王・詩人・詐欺師——を見積もられ、そのうちふたりは首を刎ねられ＝分割され、バルタザールを大騒動に巻きこんだ後、消滅した。

文字から生じたものが文字に帰した。それだけのことかもしれない。文字に意味を与えるのはそれを読む者の欲望である。バビロニアの王バルタザールは文字に意味を与える預言者ダニエルの口を通してみずからの崩壊への欲望を表現し、自身とはまったく別の出自と縁組から到来する者にみずからの地位を譲り渡そうとしたのかもしれない。

このとき文字は記載された布置《デフォルト》を更新《リセット》する。欲望を喚起するのは文字であり、文字が浮上させる法（最終的 - 究極の欲望である死の掟）である。

文字に憑かれた者が虚構の存在をそこに読みとるとき、可能世界の分岐 - 増殖が始まる。胸に彫られた三文字に意味を読みこんだ者は自分の消滅を、死の（／という）〈法〉の完了 - 成就を欲望していたのだろうか。

物語と実践

たがいを前提しあい、一方の表現を他方の内容とし、一方の内容を他方の表現とする縁組と出自は、物語において、丸められた靴下や手袋のように、折りたたまれたり拡げられたりする。先に私は「弁証法」を真理と時間の婚姻をめぐる物語の一形態ととらえた。ヘーゲルにおいて「物語」は「反対物の一致」というかたちで「歴史」にあらわれる。遡及的に‐事後的にふりかえるなら、Aはじつは非Aだったというように。歴史においては、栄光の絶頂に達した者はその瞬間から滅亡への路を歩みだす。この遡及的‐事後的な操作には、過去の歴史を現在の正統性の担保に切り縮める危険がある。周知のようにヘーゲルは『精神現象学』で、現実と(合)理性(または知)は等価であり置換可能であると考えていた。しかしこの等式(トリック)は「後知恵」であって、たそがれどきに飛び立たされたミネルヴァの梟である。現実と知、または実践と理論の「物語」における一致という事態そのものが「反対物の一致」の恰好の事例であるとさえ言えるのかもしれない。

もっとも、ヘーゲルが歴史の絶えざる変化と運動を思考しようとしていたのは確かである。ヘーゲルの思考を批判‐継承(非嫡出子相続?)したマルクスは、エンゲルスとともに『ドイツ・イデオロギー』でコミュニズムを「現在の物事の状態を廃棄する現実の運動」と規定した。この規定においてその内容と表現は、たがいを前提としあい、相互に反転する。その意味ではマルクスのこの規定も物語の(/という)襞の性質をもっている。しかしエティエンヌ・バリバールが指摘するとおり、この規定は逆説的地位‐身分(statut)をもつ。[6] というのも知に回収された運動とは現実ではなく、すでにマルクスが言った意味での「イデオロギー」と化しているからである。

『哲学の貧困』でマルクスは、観念と現実、理論と実践のずれについて次のように述べている。「イデオロギー」には、このずれを隠蔽すると同時に、このずれなくしては隠蔽することもできないという逆説的地位－身分がある。

経済学者たちはひどく変わったやり方で事をおこなう。彼らにとっては二種類の制度、人為（art）の制度と自然の制度しか存在しない。封建制の諸制度は人為的制度であり、ブルジョワジーの諸制度は自然的制度である。その点において彼らは神学者たちに似ており、神学者たちもまた二種類の宗教を確立している。自分たちのものではないどんな宗教も人間たちが案出したものであるが、それに反して自分たち自身の宗教は神から流出したものである。現在の諸関係――ブルジョワ的な生産諸関係――が自然的なものであると言うことによって、経済学者たちは、それらの関係こそ自然に一致して富が創造され、生産力が発展する関係である、と了解させようとする。それゆえ、それらの関係それ自体が時間の現存から独立した自然法則なのである。それらはいつも社会を支配すべき永遠の法則である。かくして、かつては歴史が存在したが、いまはもはや歴史は存在しない。[7]

「規定」または「定義」するという行為そのものに、「イデオロギー」的な面がある。ある命題の一般的な「意味」が理解される場合、その命題は「イデオロギー」である。[8] それゆえなんらかの対象（それが「世界」であれ「社会」であれ）を理解するために用いられる諸概念はそれら自体、一般的に理解可能なかたちで「定義」ないし「規定」されていなければならないという、ここ数年この国の人文科学の言説にあらわれた論潮は、新たな事態の徴候であると同時に新たな事態を隠蔽しようとするという意味での「イデオロギー」的身ぶりである。定義上「新たなもの」は既存の意味には回収されないがゆえに、既成秩序を現状において肯定する者にとっては「無意味」であり、「理解不可能」だからである。だから今日、「明快さ」「わかりやすさ」を過剰に説き、「新たなもの」を思考しようとしないこの否認において何が隠され、したがって示されているのかを問う必要がある。

いずれにせよヘーゲルにおいて、知と歴史または理論と実践の一致を理論（言説）そのものがおこなっていることを把握していたマルクスは、みずからの言説においてはけっしてこのような一致を主張しなかった。そのように読まれる可能性もまた不可避につきまといつづけるにせよ。

とはいえ、問題はあくまで「現在の物事の状態を廃棄する現実の運動」である。彼は「現在」「現実」といった非実体的語彙を用いることによって、哲学というイデオロギーを政治のための場所を空けておくような仕方で酷使したのである。[9]

周知のように『精神現象学』でヘーゲルはすでに、このような意味の不安定な語の例として「私」「これ」「ここ」「いま」といった語をあげていた。そしてこれらの語の意味の移ろいやすさを「感覚的確信」と結びつけて論じた。[10] この意味の不安定性を逆手にとったマルクスは、その言葉を「いまここ（now-here）」で読んでいる者の思考と身体において到来する、しかしそれ自体としてはどこにも位置づけられない場所からの福音（*news from nowhere*）[11]として「現実の運動」（としての言葉）をテクストのなかに封入した。[12] 言葉と物・理論と実践・知と歴史等々の一致ではなく、ずれ‐不一致が、「現在の物事の状態を廃棄する現実の運動」という言葉を実践に転化させる。[13]

だとすればドゥルーズは、『襞』で「現在の物事の状態を廃棄する現実の運動」をいかにとらえたのだろうか。

知と物語

まず知と権力の関係を再確認しておきたい。テリー・イーグルトンはマルクスの知についての考察をフロイト、ニーチェに並行するものととらえ、「カーニヴァル的思考」と呼んでいる。[14]フロイトの精神分析理論の基礎には、人間の思考はどれほど高尚な概念を提示しようとも、つねに性的なものが見いだされるという公理がある。ニーチェにとって、真理への意志は支配欲という暴力と切り離せない。マルクスの場合、知は、物質的生産と社会的現実を支配する階級がみずからを合法化－正統化するための手段のひとつ（いわゆる「イデオロギー」）である。とらえ方は三者三様だが、知という高きものが低きもの（下半身・暴力・物質）に支えられつつ、そのことを隠蔽するということを洞察した点で三者は共通する。カーニヴァルにおいて日常における階層関係が逆転し、諸階層の混淆が起こるのと同様に、ここで知はみずからの位置を非（／反）知と交換する。いかにして知そのものをこのような転覆的作用に再編成できるだろうか。どうすれば「悦ばしき知」（ニーチェ）を発案できるだろうか。

ここで示唆的なのが物語に関するヴァルター・ベンヤミンの考察である。[15]ベンヤミンは物語の無名の語り手として遠方からやってきた旅人がおのれの見聞を語る行為を例にあげ、これを航海士のイメージでとらえている。クロード・レヴィ＝ストロースも指摘するとおり、物語にはさまざまな地域・時代を横断するという交通－伝達（communication）的側面がある。[16]そして物語の内容は、究極的にはどの時代のどの地域に生きた誰であってもよい誰かの生そのもの、したがってその死であるとベンヤミンは指摘し、さらに物語に耳を傾ける者もまた死にゆく者である以上、物語を伝達－継承する形式もまた死であると述べる。物語は折りたたまれた内容の展開自体が形式でもあるがゆえにひとつの襞であり、ひいては形式と内容の分割を斥けるもの、すなわち変化－運動のアレゴリーである。文化人類学や民俗学の知見によれば、誕生と死はしばしば人間の生を出入りするふたつの門または閾に喩えられる。だから物語は形式と内容いずれにおいても通過（交通）のアレゴリーでもあり、誕生と死が平等に与えられる共なるもの（commun）である以上、コミュニズム（communisme）と無縁ではない。[17]

ベンヤミンは物語を説明や情報、解釈から区別する。そこで大切なのは情報や意味ではなく、語るという行為そのもの、およびそれを聴くという経験そのものである。説明は、先述した意味での一般性（わかりやすさ）を求める支配階級または国家に奉仕する知である。後にこの知を「実念論」との関係で考察する。そして物語－襞という脱説明的な叙述（描写）を、一般性ならぬ諸個人の生および死という特異性を解放する別の知として考察する。語られる者の特異性が（／を）語る者の特異性を（／が）聴く者の特異性とともに協働－自由間接話法的に支えあう。この経験がコミュニズムである。

存在と所有

『襞』の主張のひとつは、存在論命題（「Aは――である」）における述語「（で）ある（est／原形 être）」は主語－主体（sujet）（A）の属性（「――」）を固定する繫辞（copula）ではなく、逆に主体を変形させる「出来事の場所（avoir-lieu）」だということである。述語の場所は「（で）ある（est）」によって主体の自己同一性を安定させるのではなく、逆に多様にして異質なものが注ぎこむ開口部または接合部（接続詞「と et」／英語の «be»）であると言ってもよい。この場合、主体は境界線と混同されない主体であるだろう（P64）[18]。この議論における要点は、«être»（英語の «be»）は主体（主語）を変形させる動詞（運動）のひとつにすぎないということである。しかし、ここでは動詞一般に議論を拡げず、むしろドゥルーズみずから示唆しているように（P147）、「（を）もつ（avoir）」（英語の «have»）が「（で）ある」を包含する（*im-pli-quer*）様相、または「ある（存在）」を「もつ（所有）」が自己へと折れ返って生じる〈折り目（*air-pocket*）－襞（*pli*）〉と理解－抱握する（comprendre）様相を考えてみたい。

存在を否定するにせよ肯定するにせよ、まずは存在がある（il y a ＝彼（神）がそこにもつ）。この「ある」という贈与の次元に非人称的・非人格的な「所有」がある。存在は所有に折りたたまれている。または所有がみずからへと折り返されるとき、存在が襞として生じる。このことは、たとえば懐妊（conception）の経験（expérience）において理解されるだろう。だから、たとえばニーチェは懐妊に憑かれていた[19]。ドゥルーズにとっても、哲学は概念（concept）を創造する営みとなる。そこにおいて主体は境界線と混同されることなく、境界線を横断しながら、むしろ遠隔作用において入れ子状（en âbyme）に出現する[20]。たとえば母が自分の欲望を、懐妊した子供を通して間接的に実現させようとする場合、母の欲望にはすでに男性（たとえば夫）の欲望が書きこまれている。仮に母の立場にある女性の欲望が彼女の父の欲望に関わるのだとしても、父の欲望は彼女の母である女性の欲望のなかに書きこまれており、と同時に父の欲望のなかには彼の母の欲望が書きこまれている。この無限に折りたたまれた入れ子状の襞において、主体は離散的・遍在的に（再）出現する[21]。

自由間接話法

父の分岐が語られたゆえんはそこにある。だが欲望の入れ子状の襞は小説の語りとしてもあらわれる。ドゥルーズはヘンリー・ジェイムズさながらの自由間接話法を披露しているからである。「私があなたに話しているそれ、同じくあなたも考えているそれ、彼についてそれを言うことに、彼女についていったい何にこだわっているか知っていて、また彼が何者で彼女が何者かについては考えを同じくしているなら、あなたは賛成ですか」(P30)[22]。ここでは事物の特定を回避し、どこまでも曖昧さに沈潜して秘密を守る、あるいはむしろ秘密それ自体を発生させようとするバロック的とも言うべきマニエリスムが展開(ex-*pli*-quer)されている。アラン・バディウはこの語りを、ドゥルーズ独特の間接話法的方法のアレゴリーと呼び、ドゥルーズの哲学は推論ではなく思考の叙述によって展開すると述べている[23]。ドゥルーズのテクストにおけるナラティヴはしばしば、それがドゥルーズの主張なのか、論じられている対象となっている哲学者の主張なのか判然としない場合がある。先に引いた言葉は、この事態を指すアレゴリーとなっているわけである。バディウの指摘を肯定的にとらえかえせば、この曖昧な——ベンヤミン以降の視点からすればそれ自体アレゴリー(またはアレルギー)[24]的な——状態は、対象をあらかじめ判明に定義することで一般化に向かう知の様式ではなく、あらゆる個体をその特異性において抱握(懐妊)する-もつ(所有する)知の様式を、アレゴリー的に示唆しているだろう。境界と混同されない(狭義の所有権を譴責されない)主体と自由間接話法による曖昧さ(特定不可能性)とともに、ドゥルーズはすべての個体が概念をもつ(P86)と主張するからである。

知的差異

これは西欧哲学（または神学）の伝統における、概念は存在すると主張する「実念論（realisme）」に対立して、概念は存在せず諸々の個物だけが存在すると主張する「唯名論（nominalisme）」ではない。双方とも概念は一般化された「類」を示すと前提しているのに対し、ドゥルーズは、概念は原則的に個物の数だけ存在しうると主張するからである。[25] 境界と混同されない曖昧な主体は逆に、あるいは逆説的にも、特異性を表現する概念を創造するのである。ここに転回がある。

諸々の個物を定義し分類し一般化する狭義の知性（実念論）ではなく、かといってただ個物だけがある（唯名論）ということにとどまるのでもない。と言うより、マルクスの指摘どおり、この対はそのまま、国家が配備し、かつ国家を安定させる知的差異（官僚制に象徴される）の割りふり－境界線の両側（支配者－被支配者）である。[26] ドゥルーズは、マルクスの思考を継承しつつライプニッツにまでさかのぼり、この境界線そのものを揺るがせる知を提起－発案しようとしたのではないか。[27]『襞』でドゥルーズが真に「創造」した概念とは「所有」であると言えるかもしれない。

文学や映画を、個物の数だけ概念のある世界を思考するにふさわしい世界ととらえることができる。そこでは諸々の人物や事物が一般化されず、しかし個々にみずからのうちに安らいつづけてもいないからである。そこでは変化をとらえるためにこそ物語があり、叙述がある。変化を停止させたり抹消したりするために言葉を使う（分類、規定、レッテルを貼る使い方）のではなく、逆に変化を促し、みずからも変化に合わせて意味を変えてゆくために概念を創造するという言葉の使用法が、そこにはある。

個物の数だけ概念があるとは、概念の数だけ真理があるという相対主義を意味しない。そうではなく、「現在の物事の状態を廃棄する現実の運動」という先のマルクスの言葉を想起するなら、変化こそ真理であり、この変化－真理をとらえるためにこそ主体は言葉を必要とする。「主体にしたがって真理が変化するのではなく、ある条件のもとで、主体に変化の真理があらわれる」（P27）。マルクスは意味の不安定性を逆用して、現在に運動をもたらす。ドゥルーズは概念－個物という叙述的語用によって、この運動を未来へと方向づける。叙述においては個物の数だけ類が存在するからである。各個は類である。小説および映画というジャンルは、各人が各人の特異性を十全に展開しうるという、コミュニズムのアレゴリーでありうる(28)。

なぜ映画を観るのか。なぜ小説を読むのか。そしてなぜ映画や小説を論じるのか。映画は、前衛的作品も含めて大衆芸術ではないのか。だとすれば大衆芸術における物語またはアレゴリーとはいったいなんだったのであり、またなんでありうるのか。大衆とはいったいなんだったのか、なんでありうるのか。そのことを私たちはあらためて考えなおすときにさしかかっている(29)。

小さな展望

反対物の一致（矛盾の弁証法）を説く『精神現象学』のヘーゲル（あくまで一般化されたヘーゲル）と、説くこと自体による逆説的な一致に孕まれる困難を逆手にとった『ドイツ・イデオロギー』のマルクスのあいだに、一致と不一致のあいだの無限のニュアンスを共存させる『襞』のドゥルーズを位置づけることができる。ヘーゲルにおける「理念」とマルクスにおける「現実」のあいだには、無限に分岐する可能世界がある。そして現在の世界は諸可能世界の「不共可能性」における共存である（P112）。ここに新たな運動の知覚と実践に向けた試行錯誤がある。『襞』は「知」を再編する試みである。知を一般的理解に向けて利用すれば、国家装置の維持・保存に役立つ。知を「特異性」に向けて酷使すれば、それは「理解」という語の意味そのものを変化させつつ、諸個人各々の特異性の特異な解放を実現するだろう。(30)

この解放は「従属させられた知」の解放とも無縁ではない。それは個物を「一般（－類）」に分類－回収する知――この知は、現実には国家によって「科学」と承認されることを欲望し、権力に貢献する場合が多い――をめざすのではなく、マルクスの言う「現在の物事の状態を廃棄する現実の運動」に即して、状況において主要矛盾をなす個物に応じた概念を創造する。先に簡潔に述べた「実念論－唯名論」の対は、「一（Un）－多（multiple）」という対を含んでもいる。「一」が「類」または「一般」を示すとすれば、「多」は諸個物を示す。

ドゥルーズは「追伸――管理社会について」というテクストで、二十世紀終わりごろから顕在化してきたと彼が考える権力構造の変容について述べている。(31) 詳細を省くが、いわゆる規律－訓練型権力から管理型権力（または生権力）への移行である。移行に並行して主体の様式も変容する。前者においては「分割不可能な個体（individu）（一）」が主体の様式であったのに対し、後者においては「可分的（dividuels）」主体の様式（多）が出現する。重要なのは、管理型権力にとって可分的主体（多）はむしろ好都合であるという彼の指摘である。

問題は「一」（類に属す一般化された個物）に対して「多」（この場合それ自体において多と化したひとつの

個物）を、またはその逆を対置することではない。この対自体を抜けだし、個物の数だけ類（概念）の存在を思考することである。それはスピノザふうに言えば唯一の実体が、にもかかわらず複数存在する様相、端的には集合的主体（前資本主義的共同体とは区別される）の創出である。個としての人類－人類としての個という脱階層的関係を経験するには、協働－虚構的主体の再発明が不可欠である。これは数的に区別される複数ではなく、実在的に区別される（諸）実体であり、実在的に区別されるがゆえに、他の人びとと置換可能な主体、特異であり、かつ類的でもある主体の経験である。

個物各々の概念とはいわゆる「固有名」なのだろうか。「それはまた別のお噺」である。[32]

分裂と綜合　ガタリ、ベンヤミン、ライプニッツ

主体化

フェリックス・ガタリは同一律にもとづく固定された主体ではなく、差異が際立つほどその力能を開花させる集合的かつ拡散的な主体化の過程を、ジル・ドゥルーズとの協働作業の成果である『資本主義と分裂症』二巻本――『アンチ・オイディプス』（一九七二年）と『千のプラトー』（一九八〇年）――その他で模索していた。(1)『分裂分析的地図作成法』（一九八九年）や『三つのエコロジー』（一九八九年）『カオスモーズ』（一九九二年）などをみると、この主体化の過程を考えるための参照枠のひとつとして、美的・感性的・感覚的領域、すなわち芸術があげられている。(2)『分裂分析的地図作成法』に収録された「街路のなかの亀裂」というテクストは、画家バルテュス（一九〇八―二〇〇一）の絵画作品『街路』シリーズを、主体化の過程がどのようになされているのかを主題として分析している。(3)

主体性はみずからの実存感覚を基礎として構成されるが、これはまた逆に、実存感覚をみずから創造していく過程でもある。ガタリにとって主体とは先験的与件ではなく、自己という対象を構成してゆくことでもあって、この過程はそのために、多様な異質的諸要素を組み合わせてゆく。その組み合わせられた諸要素の集合がここでは絵画作品であり、それは対象であると同時に主体性でもある。『街路』シリーズは複数の人物の視線が複雑に配置された遠近法のなかを行き交う様子を描いた作品から、やがて舞台状に配備された建物の無数の窓がまるで眼のように見開かれ、視線が緊張感を漲らせながらも穏やかな色彩を湛えた絵画空間全体にゆったりと拡散してゆくように描かれた作品へと展開してゆく。はじめに描かれた作品をガタリは「主体も対象も目的もない視線の支配」する状態ととらえ、さらにはこの状態を「一望監視的な超自我」と呼んでもいる。この監視されているという不安感に包まれた状態が、しかし次第に変化してゆき、新たな主体およびそれと相即した対象を次の作品で構成してゆく。この移行において絵画表現の過程における構成要素を変化させたのは表現されている内容（遍在する眼）のほうである。画面全体をひしめくように覆う緊張感に満ちた監視のまなざしは、色彩という要素を通してそのニュアンスを静穏に変え、画面全体に拡散してゆく新たな主体性へと変貌をとげた。描かれている内容としての「遍在する眼」はふたつの作品のあいだで、ある意味では変化していない。にもかかわらず内容が表現に変化を促し、この作品を遠近法が脅威的なまでに強調されるアレンジメントから抜けださせ――「逃走させる」と言ってもよい――窓‐視線が優しく観者を見つめかえす穏やかな色彩を湛えたアレンジメントに向かわせた。

不安から静謐への移行において誕生したこの新たな実存感を、ガタリは「フラクタル（次元分裂図形－自己相似形）状のプシュケ（魂）」と呼んでいる。一望監視的超自我の視線が散逸状の魂に生成変化した。この実存感覚の生産においては、内容が表現の異質な次元への移行（遠近法から色彩）に寄与している。主体がみずからの欲望の対象によって変容すると言ってもよい。意味内容（シニフィエ）が意味表現（シニフィアン）を変形させることで、翻って意味内容そのものを変容させた。「プシュケ」はこの移行過程の名前であり、この過程は主体を監視する眼から穏やかに見守る窓へと、複数の次元を自己相似的に横断する通路（パサージュ）でもある。緊張した監視状態から穏やかに見守る窓への移行は、バルテュスという固有名が示す主体化の遍歴の過程の外ではけっして生起しない。眼と窓を換喩的に結合する共通項は「穴」ととらえられよう。しかし「穴」の形態は「窓」や「眼」以外にも見いだされうるのだから、この移行－主体化の通路がバルテュス固有の実存感を要素として作成された地図であるとともに、感覚や記憶のアーカイヴでもあることを理解しなければ、このような分析は成立しない。(4)

巡行路としての魂－主体は異質な諸要素からなるひとつの集合の射影（projection）であり、それゆえにこの集合的アレンジメントのどの部分にも遍在する主体である。主体化の過程を遍歴（histoire）と行程（parcours）の組み合わせからひとつの主体を射影的に浮かびあがらせるオーディオ・ヴィジュアルな装置の作動と考えることができる。

非感性的類似

新たな実存を生産する主体化の過程においては、このように、表現に変形へと向かう揺さぶりをかけることによってみずからをも変容させる、内容における変化が重要な機能を担う。バルテュスの場合、眼は窓と換喩的に結合することでその意味内容を変化させ、そこでは眼と窓の「類似」的関係が主体の実存感を変化させる通路を開く。

何かと何かが「似ている」ということは、あらかじめ規定されたものではない。類似的関係を成立させる判断は、認識主体によるところが大きい場合もある。理論物理学者の渡辺慧氏が論証しているように(パターン認識における「みにくいアヒルの子の定理」)、原則的にはあらゆるものがあらゆるものに似ている(結合する)と主張することができる。[5]

このあらゆるものの結合可能性は、ドゥルーズとガタリがよくとりあげる接続詞「と(et)」の機能とも無関係ではない。周囲からみればまったく意外な組み合わせ、意表を突く諸事物の結合を介して、主体はみずからの実存を更新してゆく。この類似的関係は、ガタリの言う自己相似的に散逸する主体とも関わってくる。

「模倣の能力について」でヴァルター・ベンヤミンは、この類似的関係を成立させる力を「模倣の能力」と呼ぶ。[6] 子供は大人のまねをするだけではなく、風車や電車といった物さえまねしてみせるとベンヤミンは言う。風車を怪物とみなして突っ込んでゆくドン・キホーテを彷彿とさせるが、このように「模倣の能力」には、視覚的形態にとらわれずに成立する類似も含まれる。このような類似をベンヤミンは「非感性的な類似」と呼び、さらに言語とは非感性的な模倣行為ではないかという仮説を立てている。非感性的類似には、擬音や声帯模写といった行為も含まれるからだ。それらは正確には「非感性的」ではなく、声や音という聴覚に関わるという意味で感性的なのだが、視覚に限らず諸感覚を横断するかたちで類似は成立するとベンヤミンは言いたいのだろう。

このような意味での「非感性的類似」という視点から、言語についてベンヤミンはこう述べる。「つまり、同じものを意味するさまざまな言語の単語を、その「意味されるもの」を中心にして並べてみると、それらがみな、多くの場合、たがいに類似性をまったくもっていないかもしれないとしても、これらの語の中心に置かれた「意味されるもの」とどれほど似ているかということを究明することができるだろう」(傍点引用者)。

この言葉は、ベンヤミンが「翻訳者の課題」で提示した「器とその破片」の比喩を想起させる。(7) 破片がどれも同じ(あるいは似た)形をしていたら、それはひとつの器の砕けた諸部分ではない。破片はたがいに似ているのではなく、むしろ復元されうる器に「非感性的」に「類似」している。だから破片の各々が他の破片との差異を際立たせれば際立たせるほど、逆説的にもいっそう器はそれらの破片の統一として非感性的に、つまり理念的に現出することになる。したがって翻訳者は、逐語訳を徹底することによって諸言語の差異を明示すればするほど、ますます原典に忠実であることになる。

限りない分裂と果てしない破砕においてこそ非感性的な綜合がなしとげられるという逆説がここにはある。ドゥルーズとガタリの言葉でこの逆説を表現しなおせば、接続詞「と(et)」はあらゆるものを結合させるが、しかしそれは諸事物の差異を消して融合するような結合ではなく、逆に差異が際立てば際立つほどいっそう結合の度合を増すという、非関係の関係にもとづいた「離接的綜合(synthèse disjonctive)」のひとつの様相であると言える。

ガタリがベンヤミンを読みこんでいたかどうかはわからないが、このような分裂と横断の思考をふたりが共有しているのは確かである。

理念、砕けた器として

ベンヤミンは「類似の理論」という短いテクストでも——そこには「模倣の能力について」の前に引いた箇所も出てくる——「非感性的類似」を扱っており、その一例として古代占星術をあげている。[8]占星術師は星の配置（星座）と人間とのあいだに類似性を読みとり、そこから人間の運命（星々のめぐりあわせ rotation）を導きだした。ふつう「運命」とは永遠に変わらない必然を意味する。ところがベンヤミンは、星々も運動している以上、時間が経てば星の配置自体が変化するのであって、ゆえに運命もまた変化すると指摘する。

先ほど私は、非感性的に類似した「器」または「意味されるもの」を「理念」と呼びかえた。もし「運命」がそれ自体変化しうるとすれば、「理念」もまた、諸要素が距離の遠近を横断しつつ繰り返し組み合わされては新たなイメージを結び、そのつどおのれの本質を変えてゆく自己差異化の振動ではないか。[9]「翻訳者の課題」に喩えれば、さながらボルヘスの「砂の書」のように翻訳される「原典」そのものが変化する。

この「理念」をガタリは「内容（シニフィエ－意味されるもの）」と呼んでいるのではないか。バルテュスについてみたとおり、「内容」はそれ自体たえずみずからを差異化する非感性的なもの、むしろ横断感性的なものであると考えられる。

内容（シニフィエ）と表現（シニフィアン）のあいだに序列を置かず、むしろ両者をたがいに反転可能なものととらえるガタリの思考は、彼が一貫して模索してきた、シニフィアンを中心に据えた体制からの逃走と軌を一にしている。そして逐語的な翻訳が諸言語各々の差異を際立たせ、翻ってはそのことによって理念的な「原典」がその姿を垣間見せ、そしてさらに翻っては「意味されるもの」である「原典」そのものが変化してゆくというベンヤミンの思考もまた、ガタリとは異なる圏域においてではあるが、たしかに差異と分裂と横断の思考の系譜に位置づけられよう。

このようなそれ自体変化してゆく理念という構想を、ベンヤミンはライプニッツの哲学(いわゆる「モナド論」)から汲みとっている。[10] その成果は十七世紀ドイツ・バロック悲劇研究として『ドイツ悲劇の根源』にまとめられた。[11] そして「アレゴリー」という文学的修辞が、変化する理念をとらえるための概念としてベンヤミン独自の意味を吹きこまれ、展開されることになる。[12]

物語と自然

ライプニッツ的なみずからの本質を変化させる理念とは、「真理は人それぞれによって異なるものだ」という相対主義を意味しない。真理ないし理念は、星々がその遠近の距離を横断しながらひとつの星座配置を構成するという点で、遠近法主義的である。ただしドゥルーズが『襞——ライプニッツとバロック』で指摘するように、「それは主体に応じた真理の変化ではなく、ひとつの変化の真理が主体に出現する条件である」。[13]

ここでの真理とは、主体(主語)が認識する対象(客体・目的語)ではない——主体‐客体の体制のなかでは相対主義が成立するかもしれないが。『ドイツ悲劇の根源』でベンヤミンは真理を、認識する主体の志向性から切り離し、真理を語る（叙述する）過程と一体化したものと考えた。[14] ドゥルーズもこの論点を、彼なりの仕方で引き継いでいる。

ここでの主体は客体なき主体であり、主体が真理そのものである。客体（対象）がない以上「主体」よりはむしろ「主体化」と言ったほうがよい。これはガタリの構想する主体化と同じ構成様式である（もっとも、ガタリは「真理」というカテゴリーをけっして採用しないだろう。とはいえドゥルーズもここではライプニッツに即して「真理」という語を用いているだけである）。ガタリにおける主体化は、先にみたように自己を対象（客体－目的）として自己（主体）を構成する、その意味で主体－客体の区別を斥ける自己創造の過程だからである。[15]

この主体化はどのようなものだろうか。ベンヤミンの『ドイツ悲劇の根源』からライプニッツの「モナド」を論じた箇所をみておこう。主体化と真理が一体であるのと同様、ベンヤミンにとってモナドは理念と一体化している。

まず「理念」とは、哲学史における対立しあう諸々の過剰・突飛・極端なもの、要するにバロック的なものを、それが古代であれ近代であれ、並存するように組み合わせて構成された星の集合－総体であり、星座である。だからひとつの理念を叙述することは、異質な諸要素が共立する平面（地図）を構成することであり、「この理念のなかに含まれうる極端なものの分布圏域が潜在的に踏査されていないかぎり、けっして成功したとはみなしえない[16]」。理念－星座とは、言わば諸々の差異を凝縮したアーカイヴである。これは後にみるように、自然と一体化した物語（歴史）である。

そして理念における異質な諸要素の集合－総体性が「モナド的」と規定される。「理念はモナドである。ちょうど一六八六年の『形而上学序説』〔ライプニッツの著作〕のモナドにおいて、ひとつのモナドのなかにそのつど他のすべてのモナドが、おぼろげなかたちでともに与えられているように、前史および後史とともに理念に参入する存在は、みずからの形姿《フィグーア》のなかに密かに、そのほかの理念世界の縮約されたおぼろげな形姿を映しだす。〔…〕簡単に言えば、ひとつひとつの理念がどれも世界の像を含んでいる、ということだ。理念の叙述にとって課題とされるのは、まさに、この世界像を縮約された姿において描くことにほかならない(17)」

ここで「前史」「後史」と呼ばれているのは、いわゆる「歴史（Geschichte）」ではなく「自然‐歴史（Natur-Geschichte）」という概念である。「自然‐歴史」とは、いわゆる「歴史」を構成しつつ、その内部からは排除された「歴史」の構成条件である。単純化して言えば、これはひとつの生命の誕生の記憶であり、かつその終焉（死）後の世界である。私たちは自己の生誕の瞬間およびその前史を、そして自己の死の瞬間およびその後の経緯を、生きているかぎりとらえることができない。この誕生と死をとらえることを私たち各々に可能にするのが理念である。理念の叙述とは、その意味で不可能（誕生と死の瞬間）を物語る技法であり、そこにはひとつの世界の誕生と消滅（死）という「自然」をめぐる神話（「物語」を意味するかぎりでの「歴史」）が凝縮的に保存されている。

したがってモナド（理念）とは、私たちひとりひとりの誕生と死をめぐる物語であり、ひとつのモナドには他のすべてのモナドが「おぼろげな形姿」で含まれている。なぜひとつのモナドには他のモナドが含まれているのか。それは誕生と死が私たち各々にとって唯一無二の特異な出来事でありながら、しかしあらゆる生命が被る経験でもあるからであり、したがってまた誕生や死についての物語を、ひとつのモナドは他のモナドから、たとえば祖父母や両親から自己の誕生の様子を語り聴かされ、またいまはいなくなってしまった自己を生み育ててくれた人たちのことを、自分の子や孫たちに語り聴かせるからである。[18] それは「時間の種子」（シェイクスピア『マクベス』）である。

そしてモナド的理念における真理（誕生と死）およびその語り（叙述）とは、語り手の外側にある歴史ではなく、自己の内部における歴史、自己の誕生そして死に向きあい、一体化して語られる歴史、主体と客体の区分を斥けた叙述（物語）行為そのものを指す。

このようにみてくれば、ベンヤミンのモナド的主体は、分散的であると同時に集合的でもあることが理解される。

バロック　分裂的綜合の世界

かくして主体化の過程においては、物語またはフィクションの機能が必要不可欠である。ガタリもまた『三つのエコロジー』で、人間や社会や経済、情報といったさまざまな集合を巻きこんで存立する過程の「端末」に位置する「個人」が主体として客体を把握する様式には不確実性が伴うゆえに、仮設的な参照（準拠）枠としての神話や通過儀礼、科学を装った叙述などの「擬似‐物語的」迂回路が要請されると述べている。[19]

ゆえにモナド的主体において個々のモナドは、確固とした境界線で区切られた分割不可能で閉じられた個体ではない。そこにはつねに他のモナドが「おぼろげな形姿」で含まれており、その意味でモナド的主体は散逸的に遍在する。

ベンヤミンの言葉を用いるなら、諸々のモナドはたがいに非感性的に類似していると言える。モナドは天に描きだされる星座であり、射影された幻影である。それは天上の星々であると同時に、地上で自己を射影する占星術師でもある。主体の数だけ真理があるのではなく、変化の真理が主体に出現するというドゥルーズの言葉は、この事態を指している。

実際『襞』でドゥルーズは、一六八七年四月三十日付アルノー宛ライプニッツ書簡中の「ふたつに、無限に千切られた蛆虫の魂や灰燼と化した雄山羊の魂は、どれほど小さな部分にも滞留し、その部分に投影されている」という趣旨の文言にふれている。[20] 魂（モナド）は身体がどれほど細かく分割されてもなおその分割された部分に、ベンヤミンの言うとおり「おぼろげな形姿」で、すなわち投影されて出現する。投影されたモナドは、モナドがそこに投影される物体や物質がどれほど細かく裁断されてもなお、自己相似的に出現を繰り返す。[21] 細かく砕かれれば砕かれるほどいっそう輝かしく完成したひとつの器がそれらの破片に反映されるように。

分裂して倒錯した歪なこの世界には、ベンヤミンとドゥルーズがそう呼んだとおり、「バロック」という名がふさわしい。

バロック的世界は、分裂すればするほどいっそう綜合されるというじつに奇妙な世界である。『襞』でドゥルーズはベンヤミンの仕事をシンボルとアレゴリーの対比を通して要約し、論理学における概念と対象の関係を、シンボル的にとらえた場合とアレゴリー的にとらえた場合に分けて説明している。長くなるのでシンボルに関する叙述を一部省略し、拙訳で引用する。

アレゴリーが抽象的な人格化といった出来損ないのシンボルではなく、シンボルのそれとはまったく異なる形象化の力であると論じたとき、ヴァルター・ベンヤミンはバロックの理解に関して決定的一歩を踏みだした。シンボルは世界なるもののほぼ中心で永遠と瞬間を結合するのだが、アレゴリーはもはや中心のないひとつの世界のなかで、時代の要請〔時間の順序 l'ordre du temps〕に応じて自然と歴史〔物語 histoire〕を発見し、自然からひとつの歴史をつくりだし、歴史を自然に変形する。〔…〕アレゴリーにおいては自然の諸関係の網目全体に従って拡張されるのは対象そのものであり、対象こそがおのれの枠組みを逸脱して、ある周期〔円環〕または系列のなかに入ってゆく。そしていっそう緊密化されて内的となり、臨界点に達したなら、「人格的」と呼べるかもしれないひとつの力域のなかに内包されるのはまさしく概念である。〔バロックにおける〕円錐または円天井の世界とは、このような世界であり、外延におけるその基礎は、もはやひとつの中心に結びつくのではなく、つねにひとつの切っ先または頂点に向かう。(22)

ファンタジーや童話には、「勇気」や「愛」といった概念〔理念〕が人格化されて登場することがある。これがアレゴリーの古典的・典型的事例である。引用における「人格」への言及は、このことをふまえている。(23)「形象化〔figuration〕」と「人物〔figure〕」が類縁的である点にも留意されたい。ベンヤミンの言う「形姿《フィグーア》」もこれをふまえている。

差異・逸脱・拡張・変調などを通して、中心ではなく頂点に向かうバロック的な円錐や円天井の世界——ベンヤミンの言う「星座配置」——では、天上と地上、自然と歴史、主体と客体が徹底して分裂・隔離しつつ、しかしまさしくそのことによって、反転、結合、離脱を繰り返す。結合や離脱の契機は「時代の要請 - 時間の順序」によって条件づけられるが、過剰で突飛な諸要素から構成される星座配置（モナド的理念）のなかの周期や系列――ベンヤミンの思考をふまえれば、それは天体の運行・星々のめぐりあわせを含む――といった内的緊張は失われない。ただ、どの要素からどのような順序で「自然の諸関係の網目」が経めぐられ、たどられるのか、その序列 - 遠近法が変化する。ひとつの理念を構成する諸要素は不変であっても、それらの諸要素にどのような序列を与えるかに応じて、理念はその意味を変化させる。(24)

この意味で、モナド的理念とは、バロック世界を表現するにふさわしいアレゴリカルなものだとドゥルーズは理解している。

俯瞰

ベンヤミン、ライプニッツ、ドゥルーズを経めぐったうえで、最後にもう一度ガタリに戻ろう。分裂と綜合が共立するバロック的世界を、ガタリはベンヤミンと同様、まさしく「宇宙の星座状配置」と呼んで思考していた。(25) そして先述した諸領域を横断して出現するフラクタルな類似性を、ライプニッツのモナドと結びつけている。(26) この場合、ガタリにおいて特徴的なことは、主体化の過程における横断的性質を考察した点ではないだろうか。(27)

新たな実存の産出は、自己を構成する諸要素を結合し、叙述（物語行為と地図作成）することにおいて、自己制作的に自己を創造してゆく過程としての集合的主体化である。そこでは移動しつづけるひとつの群れのなかを遍在するひとつの主体が、各々の個体から個体へと周回的に巡行してゆく。主体は群れを構成する各々の個体に割り当てられるのではない。そうではなく、どの個体も主体化の運動によって横断される。だからこれは諸個人各々「において」遍在する集合的な主体であり、主体はひとつの群れのなかを経めぐりつつ、みずからを内在的‐超越論的に俯瞰する。(28)

星々のめぐりとその配置から運命を読みとったベンヤミンの占星術師のように、主体化の過程はみずからを構成する異質な諸要素を遍歴し、それらを新たな線（経路）で結びつけ、めぐりあわせて自己の運命を切り開き、構成してゆく過程である。地図と一体化した物語のなかで、主体は自己を産出する。このとき運命は天上（超越）的であることをやめ、大地（内在）的なものとなる。より正確には、大地すれすれに浮上する超越論的「俯瞰（survol）」と言ったほうがよいかもしれない。

主体化‐地図作成の過程で、主体はみずからの生を俯瞰する。しかしその眺望は、超自我的な一望監視としての天の眼（神の視点）に属してはいない。ライプニッツにおいてひとつのモナドに他の諸々のモナドが包まれていたように、主体は他の主体とみずからの視点を次々交代させる。だから主体とはひとつの分割不可能な個体ではなく、異質な諸要素の集合が物質にみずからを投影しなおすたびに物質を画布（またはスクリーン）として代わる代わる変化しながら浮上する「ひとつの」射影であり、集合的アレンジメントによる自己の俯瞰である。それは『千のプラトー』ふうに言えば、ひとつの「地球‐大地はおのれをなんと心得るか」という問いである。ひとつの問いが成立するとき、諸要素は巡行的に綜合されて「ひとつの」自己を俯瞰＝得心する。ひとつの主体化の過程を構成する異質な諸要素は、諸要素の各々を横断し巡行するひとつの超越論的俯瞰によって、その共立性を内在的に支える。

ガタリにとってひとつの記号を構成するのは形相－質料の図式ではなく、表現と内容、さらにはそれら各々を構成する形式と実質と素材の組み合わせであり、形式を素材の上に投射すると、ひとつの実質が記号的に形成される。(29) 俯瞰的主体もこうした投射において形成される。

ガタリはこの巡行的主体化を精神医療の現場で実践していた。(30) たとえば医療現場における権力構造（医者－患者の垂直的関係や患者間・スタッフ間の水平的関係）に揺さぶりをかけるため、ガタリは「格子《グリッド》」と呼ばれる役割分担を導入する。いくつかの役割を医師・看護スタッフ・患者のあいだでローテーションさせることによって、マルクスなら「分業」と呼ぶであろう専門分化の固定状態を緩和し、各々が各々の視点を一時的に離脱して、他の視点から医療制度の全体を代わる代わる見つめる集合的アレンジメントを提案したのである。(31) 役割の交代という巡行（rotation）によってクリニックという集合体がみずからを俯瞰し、綜合的な調整や変化がなされうるという構想がそこにある。

このようにして制度や社会といったなんらかの集合体は、みずからの運命をみずから切り開くことができるのではないか。ガタリはそう考えていたように思われる。(32) 主体化の過程は美的－感性的な主体化から、このような社会的アレンジメントにいたるまで、さまざまな集合的横断によってひとつの存立性を成り立たせ、みずからを俯瞰する。

無限小《フィクション》の政治　マルクスにおける「歴史」概念再考

もし確かな勝算がある場合にだけ戦いに応じるものとしたら、世界史をつくることはたしかにはなはだ気楽な仕事であったろう。他方では、もし「偶然事」がなんの役割も演じないものとすれば、世界史はまことに神秘的なものになるであろう。いうまでもなくこれらの偶然事は、それ自体発展の一般的行程に入りこみ、ほかのいろいろな偶然事と相殺される。しかし発展が速められたり遅らされたりするのはこういう「偶然事」によるところが多い――はじめに運動の先頭に立つ人々の性格の「偶然」もそのひとつである。(1)

――カール・マルクス、クーゲルマン宛書簡一八七一年四月十七日

カント　歴史と自然

カントにとって歴史とは、自然の隠された意図が人間の自由を通して実現されてゆく過程である。(2)形而上学は人間の意志の自由について概念化し、さまざまな理論を構成する。しかし、意志がそれ自体としてではなく現象として示される人間の行為は、他の自然現象と同様、一般的自然法則において定められている。この意味でカントにとっての歴史とは、人間の意志の現象としての人間の行為についての物語である。自然は人間がその生物としての本能をではなく、みずからの理性によってのみ獲得しうる幸福や完全性を発達させることを望んだ。さもなければなぜ自然が人間に理性を与えたのかが理解できなくなる、とカントは考える。そのために自然は人間に自由を与えた。したがって歴史とは、人間がみずからの自由を実現してゆく過程とされる。(3)そしてカントによれば、人間の理性的自由

はさまざまな障害を潜り抜けることで開花する。障害が生じるのは、人間がみずからの自由を望むときには頻繁に他者の自由を妨げることが起こるからである。カントはこの自由の逆説がもたらす障害の例として戦争をあげる。戦争は一見、非社交的な他者との関係の現象である。しかし戦争のもたらす甚大な被害によって人びとは、たとえば国際連合の構想を通して他者または他国との社交的な関係を築きあげ、世界平和をめざして努力する。このような「非社交的社交性」の蓄積を通して人間は徐々に、何十世代もの時間をかけながら理性的に自由を実現してゆくであろう。この過程がカントにとっての歴史である。カントにとって歴史とは、戦争のような激しい軋轢を含みつつ、全体としてみれば人間の自由の完全な実現という目的に向かって、緩慢にではあれ進んでゆく傾向をもつ過程である。あたかも自然が人間に諸々の障害を意図的に与えることでこの障害を克服してゆくというかたちで、理性的自由が逆説的に実現されてゆくかのごとくである。とりようによっては、人間は表面上自由におのれの意志を実現しているかにみえつつも、じつのところは自然の操り人形のようなものにすぎないといった印象さえ抱きかねない。

だが、カントはこのような歴史の動向をきわめて緩慢な過程ととらえており、自然の意図なるものが特定の一個人としての人間に対して具体的・直接的に作用するといった議論はしていない。むしろそうした批判に自覚的であったカントは、人間の理性的自由の完全な発展が実現されるのは個としての人間においてではなく、人類という類的存在としての人間においてのことであると述べる。それゆえカントは、歴史に関する自分の議論は過去に実際に経験されてきた諸々の個別具体的歴史的現象を記述する狭義の歴史家の作業を否定するものではなく、あくまで人間の歴史の大きな動向の導きの糸を推定する試みに限定されていると述べている。その意味で歴史に関するカントの記述は、各論的視点においてではなく、想定された総論的視点に立ってなされている（こうした想定にもとづくカントの思考実験は、小説あるいは物語と呼ばれるフィクションに近接している）。

そもそもこのような思考実験の構想そのものに、複雑な歴史的情勢のなかで成立した側面がある。一七八九年七月十四日、パリ民衆によるバスティーユ襲撃事件に象徴されるフランス革命における一連の政治的動乱が、カントのみならず多くのヨーロッパ知識人の思考を触発したからだ。事実フランス革命の後、ヨーロッパはいくつもの戦争を経験することになる。

歴史のなかにある者が、歴史そのものの進展を、あたかもそれを俯瞰するかのごとき視点から記述する。カントにとって、世界内存在者があたかも他人事のように世界内諸事象を観照するという無関心な態度は、けっして否定的意味をもたない。戦争という非社交的行為が逆説的に社交性を獲得するのと同様、世界に生起する諸事象に対する無関心は、逆説的にも特定の利害－関心から離れたより中立的な視点を獲得する可能性の一条件になるとカントは考えた(4)。というのもこの無関心が出現する前段階として、なんらかの現象に対する強い期待およびその喪失を存在者は経験するからである（この傍観者的態度は、観劇や読書といった広義のフィクションを鑑賞する行為における気晴らしや娯楽、すなわち諸々の利害関係から相対的に自律した遊戯的経験に近い）。

カントが仮想した歴史の大きな動向は、何十世代もの時間をかけて徐々に人類という水準において実現されてゆく。逆に言えば、ひとつの世代に属す個が先行する世代に属した個とその位置を交替し、翻っては後続する世代に属するであろう個におのれの位置を譲るという引き継ぎ・中継の無数の反復なくしてこのような視点を仮想することはできない。その意味でカントの思考実験は、個別具体的な諸現象の各々には出現しえない水準でなされるにもかかわらず、過去から現在を経た未来への歴史的諸現象の継承抜きには成立しない。

ヘーゲル　理性の狡知

ヘーゲルの講義録『歴史哲学』では一見カントと同様、歴史は理性の展開過程と把握されている。(5) ここでヘーゲルは「理性の狡知」という概念を提示する。ヘーゲルによると理性または一般的理念(6)は、諸個人の個別的利害とは区別される。にもかかわらずこの理念または理性が現実に実現されるには、こうした利害にもとづく行為が前提とされる。諸々の制約に限定された個人の行為は、この限界ゆえに現実には否定される。ところで個人の行為の限定や制約が否定されるとは、それらの行為に伴う個別利害もまた否定されるということであり、その意味で個別利害を伴うはずの行為は、否定されることによって一般的理念または理性に変容するというのである。一般的理念は諸個人のなんらかの行為がなされた後、正確にはその行為が否定された後にのみ出現する。さまざまな行為が行為そのものを通して否定されることで、現実的に実現される歴史という過程の背後に、一般的理念は傍観者として控えており、この過程で実際に傷ついたり没落したりしてゆく個人（ヘーゲルにとって歴史とは諸個人がおのれの個別利害の実現を争う戦場である）に対してはなんの顧慮も払わないばかりか、個人を犠牲に付すことにおいてみずからの実現を図る。これが理性の狡知である。

その形式だけをみるなら、カントとヘーゲルいずれにおいても、歴史を傍観する者の視点から、カントの場合は非社交的社交性として、ヘーゲルの場合は理性の狡知として、歴史の総体的動向が思考されている。これは形式においてのみそうみえるだけであり、内容は異なる。カントの場合、理性的自由の発現としての人類の平和的関係の模索が歴史を考察する際の動機となるのに対し、ヘーゲルにおいてはむしろ、歴史の運動そのものの法則性を探る点に力点が置かれる。カントにおいてもたしかに理念的なものの事後的性質はうかがわれなくはないが、しかしカントがみずからの思考実験の思弁的性質に自覚的であったのに対し、理念または理性の狡知を、ヘーゲルは歴史法則の担い手として積極的に定式化する。カントとヘーゲルのあいだには、このような論点移動が確認される。論点移動の一因として、ヘーゲルがおのれの生きていた時代をどのようにとらえ、おのれの立場を「歴史」的にどう位置づけていたのかが関わってくる。最低限のことだけ確認する。ヘーゲルにとって哲学は、現実世界の政治のなかで具体的に実践可能な事柄であり、またそのための準備および諸条件はプラトン（哲人王の形象）からカント（永遠平和の理念）にいたる哲学的思考の歴史を経てすでに整っている――このような整理それ自体がヘーゲルに固有の視点からなされている点に注意――とヘーゲルは考えた。(7)ヘーゲルにとって彼が生きていた時点における国家体制は、政治的放埒や無法状態から解放された正義それ自体を基礎とする最善の理念の実現ととらえられる。彼にとって問題は哲学の現実に対する応答であり、また哲学の実現であった。この点でヘーゲルの思考は、現実に積極的に関わってゆこうとする実践哲学的志向に導かれていた。その意味で歴史をめぐるヘーゲルの思考においては、哲学と国家、理念と現実、理論と実践といった一連の対概念の間に緩やかな連係がある。彼の同時代において ついに哲学は実現し、したがって完成－完了に向かいつつあるとヘーゲルは考えた。歴史的変化に合わせて哲学がみずからを現実の政治に委ねるのではない。逆に哲学の歴史的変化そのものが世界の歴史的変化の現実的根拠であり、原理であると彼は考えたのである。

螺旋　進歩としての退歩

思考の現実における実現を志向する哲学には、過去から現在へといたる推移をひとつの系譜としてとらえる傾向がある。いまある現実とは過去の経緯が堆積・混淆した現在であり、現在は過去の積み重ねの結果であり、過去はひとつの原因であるととらえる傾向である。問題は過去の何を現在の原因とみなし、また現在を過去のどのような結果とみなすのかである。現在は過去によって構成されたものであると同時に、過去に対するそうした現在からの遡及的視点が、翻って「みずからの」過去を探るという我有化の運動を生みだす。このような思考は、過去から現在にいたる一連の原因－結果の連鎖をひとつの法則－必然性ととらえ、またかくある現在を連続する過去からの延長線上における正統な系譜の最先端とみなして肯定するという進歩主義的傾向をもつ。

ヘーゲルの考える「進歩（Fortschrift）」（前掲『歴史哲学』序論）は、理性的意識が現在から過去へと事後的に遡及する視点において（再）構成された時間の推移であり、この（再）構成された展開を通して、理性は自由の実現の必然性を把握する。そのかぎりでヘーゲルの思考から「進歩」という概念を単純には切り離せない。しかし理性が「正義」や「善」や「自由」といった哲学的諸理念を現実に実現するのはあくまで現在においてであり、この行為そのものはすでになされてしまった事柄ではない。自由の必然性を身をもって証明し、かつ完了させるのは、いまここにいる主体であり、またその行為である。この点を看過するなら、しかじかの意志をもって歴史を変化させるそれ自体歴史的な行為主体の存在が等閑視され、「進歩」は直線的自然過程として、ひとつの法則へと変質するだろう。

だが視点を変えるなら、現状を肯定するイデオロギー以外のなにものにも見えない「進歩」概念は別の様相を帯びる。この転回は、現在にあるそれ自体歴史的な主体の歴史的行為と関わっている。現在にある理性的主体が現在から過去を事後的・遡及的にふりかえることは、主体がみずからのいる現在からみずから身を引き離すことにおいて、言いかえればみずからを現在から後退させることにおいて、その主体の存在を現在において完成させようとする意志を意味するからである。それゆえ進歩は退歩である。進むことは戻ることであり、自己への回帰である。[8]「歴史」的主体は、一歩退くことにおいていまだ獲得していない自己を獲得し、したがって一歩進むことになる。このような視角からとらえた場合、理性の狡知とは、過去に生起した諸事象を事後的・遡及的に正当化するといった操作ではなく、逆に歴史的主体が積極的に歴史に関わってゆき、みずからを歴史化する運動をとらえるための概念としてあらわれる。この意味において歴史とは、ひとつの円周を永遠に循環しているかにみえつつ、さまざまな段階を上下動する螺旋状の運動である。

それゆえ歴史をめぐるヘーゲルの思考は、人類の水準と諸個人の水準を区別したカントの思考を継承し、さらにこの二水準間の連係を考察しようとしたと言えよう。その背景にはおのれが現実に存在していることとの確実性について、ほかならぬみずからがおのれに対して抱く異和がある。この異和は、非現実的世界のなかへと諸個人が各々の仕方で入りこみ、世界に介入するという行為において世界に確実性を与え、翻っては諸個人が各々の仕方で自己の現実的存在の確実性を取り戻すというかたちで作用する。ヘーゲルは現実との関係における自己への回帰という主題系を浮かびあがらせたのである。ヘーゲルは自己の取り戻しにおける現実的なものの実現を、『歴史哲学』において歴史の反復‐繰り返しとして把握する。国家のおこなう変革は、それが繰り返されたときはじめて人びとに正しいこととして承認される。最初（一度目）はたんに偶然ないし可能なこととみなされていたものが、繰り返されること（二度目）によって確かな現実と化すというのがその論拠である。現実とは可能なことがみずからを繰り返す‐反復することにおいて、みずからを取り戻す‐実現することである。そしてマルクスは『ルイ・ボナパルトのブリュメール十八日』でヘーゲルの視点をみずから繰り返す‐反復することによって、ヘーゲルとの差異を示した。たしかに歴史は繰り返すが、しかしこの反復において一度目が悲劇であるのに対して二度目は喜劇として出現するという但し書きを付加したのである。

反復の担い手における差異　遺産継承

付加された但し書きにおいてマルクスは、ヘーゲルにおける現実‐非現実という範疇から悲劇‐喜劇という演劇（芸術）的範疇へと歴史をめぐる視点を移動させる。歴史は演劇が上演される舞台の隠喩を通して把握されるのである（カントにおいても、人類の進歩には諸々の歴史的事象だけでなく、それらを客席から見物する観客による崇高な熱狂が不可欠であるとして劇場の隠喩が導入されていた）[9]。この移動において注視されるのは、反復における担い手の差異である。悲劇‐喜劇の範疇は、この差異を刻印するために用いられる。『ブリュメール』ではナポレオンが悲劇の主人公、そしてその甥ルイ・ボナパルトが喜劇の主人公として、歴史という舞台に登場したとみなされた。

ヘーゲルにおいて歴史的事象の担い手は、一般的理念（世界精神）とされていた。歴史上に出現する諸個人は、理性の狡知の作用によって犠牲とされることはあっても、反復する歴史的諸事象の真の担い手とはみなされなかった。その意味でヘーゲルは、カントと同じ地平にとどまると言えよう。ヘーゲルはカントから一歩を進め、諸個人がみずからの現実を獲得すべく世界のなかで、また歴史においてみずからを実現しようとする様相を示した。しかし理性の狡知に力点を置いたため、諸個人がどのように理性の犠牲者となるのかに関して踏みこんだ考察をおこなわなかった。

これをふまえてマルクスは、諸個人が実際にどのような仕方で「反復」をおこなうのか、あるいは反復のなかに巻きこまれ、翻弄されてしまうのかを考察した。マルクスは『ブリュメール』で、人間はおのれ自身の歴史を創造するが、おのれの思うまま自発的にみずから選択した状況において創造するのではなく、近い過去から与えられた状況のなかで創造すると考えた。[10] 所与の状況を条件・素材として創造されるがゆえに、歴史は反復の様相を呈するのである。おのれの歴史を構成するにもかかわらず、その素材をおのれに先行する他の人びとに求めるという逆説が、歴史の反復を招来する。ヘーゲルにおいて歴史的行為の担い手は一般的理念の犠牲となるが、マルクスにおいて歴史的行為の担い手はほかならぬみずからの犠牲となる。このことは、プロレタリアートという階級がみずからを消滅させるためにのみ出現するという点に示される。おのれの歴史を創造するにもかかわらず、人間はその諸条件・素材を他の人びと、先行世代から与えられるからである。[11]

マルクスの「おのれ自身」「自己」をどう把握すべきだろうか。マルクスにおいて人間は個として閉じたものではなく、「社会的諸関係の総体」である。ある個人のどこまでが自己でどこからが他者であるのかを明瞭に定めることはできない。その境界を定める主要因のひとつが所有権その他の法制度である。法制度は時代や状況・地域によってさまざまであり、歴史的に変化する場合もある。この境界画定において重要な機能を担うのが人間の労働に関わる生産諸関係（生産手段・技術・流通制度・商業形態など）の発展であり、変化である。生産諸関係の交替において政治的諸制度の刷新が可能になるとマルクスは考えた。具体的には旧来の生産諸関係にもとづく諸々の個別特殊な利益を享受し維持しようとする人びとと、それら旧来の生産諸関係を新たな生産諸関係がもたらす利益の桎梏とみなす人びとのあいだの抗争・交渉を介して、人間的個体における自己－非自己の境界線は移行・変化しうる（これは図式的かつ概観的な把握にすぎない。実際にこうした移行・変化が起こることは容易ではない。またそうした移行・変化が起きた場合にも、そこでの動向の推移は複雑である）。

労働行為を基軸に据えたマルクスの構想には、ヘーゲルの諸テクストの批判的読解から導きだされた部分がある。ヘーゲルも労働に注視して哲学体系を組み立てた。労働は、それを通して人間がみずからの据えたなんらかの対象（目的）を変化させることにより、翻ってはこの行為の動作主であるみずからをも変化させる実践的行為であり、この変化それ自体が人間の本質であった。哲学者であるヘーゲルにとって、労働のこうした実践的性質は、人間がみずからを知り自己を意識するという精神の領域に限定されていた。労働が精神においておよぼすこの自己意識化の作用をもって、ヘーゲルは哲学を定義する。これに対してマルクスは、ヘーゲルの思考を一歩推し進め、労働を精神の営為に還元せず、さらに人間がみずからを対象（目的）化して、みずからの生（活）をもつくりだす行為ととらえた。そしてこのような人間による労働を媒介とした自己の対象（目的）化の過程、およびその痕跡の総体として社会や歴史を把握することで、労働を哲学の領域に収まらない実践の一環としてとらえかえした。ヘーゲルにとって哲学は政治において完成するのに対し、マルクスにとって哲学は労働の社会的・歴史的実践において完成する（ここにコミュニズムをめぐる哲学と政治と経済の複雑な関係が生じる）。言いかえればマルクスは、哲学者または政治家の手にのみ政治を委ねるのではなく、労働者がみずから政治を担う可能性、労働者の政治という未知の領域を提起し、発案したのである。このような実践を通じて哲学は、おのれ固有の領域の外で完成する。マルクスは社会や歴史、経済、政治など多岐の領域におよぶ考察を通して、逆説的な仕方で哲学を完成させようとしたと言えよう。[13]

ルンペンプロレタリアートという桎梏

この構想の一環として『ブリュメール』は、歴史における反復の問題を、一八四八年二月革命によって打ち立てられたフランス第二共和制から同年十二月におこなわれた大統領選挙におけるルイ・ボナパルトの圧勝、さらに五一年十二月の大統領によるクーデタおよびそれに続く大統領独裁までの期間に起きた無数の政変や社会を構成する諸階層の分析を通じて、経済的変化がもたらす人びとの諸利害関係の変遷およびこの変遷に伴って変化する（とマルクスが考えた）統治制度の変遷を背景として考察した（その後ルイ・ボナパルトは翌一八五二年十二月から一八七〇年九月まで第二帝政を布き、「皇帝ナポレオン三世」を自称する）。大略このように推移してゆく状勢のなかでマルクスは、ナポレオンの甥という出自をもって政権を掌握したルイ・ボナパルトの出現に歴史の反復を読みとった。

この反復は、マルクスが望んでいた事態の到来とはほど遠かった。マルクスにとって十九世紀における革命、具体的には一八四八年二月革命は、旧来の革命とは異なり、人間の自由を観念的あるいは文言のみにおいてではなく、その内実において確固たるものとして実現しようとする動きだった、あるいはそのような革命であるはずだったからである。マルクスにとって歴史は反復すべきものではなかった。旧来の革命が先行する過去の事象を借り受け、その模倣または反復として再出現したのは、それらの革命の主張する内容が実際には実現されえない空理空論であったがゆえに、そのことを隠蔽するために過去の権威に準拠したからだと彼は考える。そして二月革命はマルクスにとって、言葉が内容を上回っている(観念が実態を隠蔽している)のではなく、ついに内容が言葉を上回る、すなわち「自由」ということを真に実現する可能性を伴った革命であった。

マルクスは『ヘーゲル法哲学批判序説』(一八四四年)ですでに、歴史は過去と決別するために進展すると述べていた(13)。近代における旧体制は真の主人公たちを欠いた道化役者のようなものであり、悲劇から喜劇へと移行していると述べられ、反復の問題は出てこないものの、歴史を悲劇-喜劇という対においてとらえる視点はすでにうかがわれる。この喜劇の上演において旧体制が解体されるとマルクスは考え、それをもって「過去との訣別」と呼んだ。マルクス自身、八年後の『ブリュメール』において「ヘーゲル法哲学批判序説」が提示していた思考を反復したのである。

自由を実現する可能性はルイ・ボナパルトの出現によって消去される。歴史はふたたび反復の相において出現したのである。ルイ・ボナパルトの支持層はルンペンプロレタリアートであり、ルイ・ボナパルト自身もそうであったと『ブリュメール』でマルクスは述べている。ルンペンプロレタリアートとは、定職に就かず、あるいは就けず、不安定な労働環境にさらされながら、さまざまな職業に従事してその日その日を流動的・浮浪状態で生き延びる都市雑業層の人びと全般を指す。彼らは国家や市民社会による庇護を受けられない、あるいは見放された貧困層であり、その意味で彼らはマルクスが理想とした革命とは無縁の存在であった。むしろ国家なり市民社会なりにおもねったり取り入ったりして恩恵を受け、できるかぎり働かずに安逸な生活を送りたいと考えるその傾向ゆえに、マルクスにとってルンペンプロレタリアートは反革命的存在でさえあった。マルクスが想定した革命の理想的担い手がおのれの労働力を売る労働者(プロレタリアート)だったのに対し、ルンペンプロレタリアートは、隙あらば富裕層や権力の施しを受けようと様子をうかがう寄生体のような存在だったからである。この存在を支持基盤として、ルイ・ボナパルトは第二共和制が四八年三月に布告した普通選挙制度(男子に選挙権を認める。有権者数約九百六十万人)に則って大統領に選出された。ルンペンプロレタリアートは国家や社会内部ではその利害を算定されえない、むしろそれらの埒外に遺棄された層である。したがって彼らの利害は、議会制や代表制といったいわゆる「民主主義」的政治形態においてはそもそも論議の対象とならない。彼らは社会に対してなんらかの寄与をおこなうどころか、逆に社会の寄生体だからである。『ブリュメール』におけるマルクスの関心のひとつは、このような人びとの支持を集めたルイ・ボナパルトがいかなる層のどのような利害の代表者として権力を掌中にしたのか、あるいはむしろ代表者を装い演じたのかという点にあった。

表象‐再上演の舞台

このような「代表‐再演‐表象(représentation)」の奇計は、いかにして可能になったのだろうか。

マルクスはルイ・ボナパルトがその代表のふりを演じた階級として、分割地農民（封建的土地所有形態から解放された土地を分割して各々の農地をもつことになったいわゆる「独立自営農民」）を分析している。分割地農民は当時のフランスにおいて膨大に存在していたが、その成員相互間には交流がなく、むしろ各々が孤立していたという。そのおもな理由としてマルクスは、分割地農民は各々にみずからの土地で自給自足的生産をおこなっていたため、生活の糧を社会的交換において得る機会がなかったと分析している。したがって統計的視点からみれば、分割地農民はひとつの階級をなしているにもかかわらず、彼ら相互のあいだには連帯や政治的組織などはなかったため、みずからの利害を集合的に表現することもなく、その意味で彼ら自身にとって、この階級は存在しなかった。マルクスふうに言えば「階級」という言葉と内容のあいだにずれが生じていたのである。このずれに乗じてルイ・ボナパルトは、あたかもこの階級の利害を代表しているかのごとく装い演ずることが可能となった。これがマルクスによる分析の骨子である。ここに代表制をめぐるルイ・ボナパルトの奇計が成立したことになるだろう。

「表象－代表するもの」としての政治的装置（国家）と「表象－代表されるもの」（階級的・社会的諸利害）とのあいだのずれは一致しなかった。ルンペンプロレタリアートは、みずからもルンペンプロレタリアートであるルイ・ボナパルトによってその利害を表象－代表されるどころか、逆に利用されたうえで（ふたたび）棄却された。プロレタリアートとブルジョワジーの「正しい」対決は成立せず、逆にルンペンプロレタリアートという表象－代表されえないものの不穏な切迫が際立った。(14)

偶然性と必然性

しかし、ずれは一致するのだろうか。逆に、ずれこそ歴史を駆動させる動因だとすればどうか。この視角から、言葉と内容のずれを精神分析が提示した記号表現（シニフィアン）と記号内容（シニフィエ）のずれと重ね合わせ、ルイ・ボナパルトにおいてこのずれが人間の表現（表象）行為そのものを基礎づける表象されえぬ不快にしておぞましい記憶の抑圧を解き、抑圧されたものを回帰（反復）させるといった議論もある。「不気味なもの」や「死の欲動」「反復強迫」「心的外傷」といった表象の亀裂と、そこからうかがわれる主体の欲望の動きを考察するにあたって真価を発揮するフロイトの諸概念によって、歴史をめぐるマルクスの考察はとらえかえされる。(15)

ルイ・ボナパルトを分析するマルクス自身の意志、言葉と内容の一致としての革命成就への請願がマルクスの筆致を駆り立てているという指摘もある。(17) この場合、ルイ・ボナパルト出現の経緯を分析するマルクスのテクストそのものが積極的・能動的に歴史に関わっていこうとする意志を示す。

その意味で、人間はおのれの歴史を創造するにもかかわらず、おのれの思うままにではないという言葉は、マルクス自身にあてはまる。言葉と内容のずれはけっして埋められない。逆にずれが反復を引き寄せる。それゆえに人間は、みずからの歴史をおのれに先行する他の人びと、死んだ世代が遺した状況・制約・条件を素材として構成するのだと言えよう。マルクスにおける歴史をめぐる諸問題は、過去の遺産または過去という遺産の継承と未来への伝達をその核心に据えている。このとき「反復」概念は、ヘーゲルが与えたのとは異なる規定を受ける。

ヘーゲルにおいて、一度目に生起した際には偶然的であった歴史的行為は、二度目に生起した際には必然と化す。この点で反復は、人間の自由という理念を正当化し、かつ実現する様相をとらえる概念であった。ヘーゲルにおける反復は、自由がみずからの偶然性を払拭し、歴史的に実現されて必然性へと移行するための概念装置である。一度目の偶然性、一度目という偶然性は、二度目以降に確認される必然性という事後的・遡及的な視点に対してのみ偶然であったとみなされる。必然性が必然性であると確認されるには、この必然性そのものからみた偶然性、この必然性にとってのみ偶然であるとみなされる偶然性、したがってこの必然性が事後的に構成する偶然性が要請されるのである。ヘーゲルにおける反復はこの必然性を、したがってまた偶然性を確定し、理念を現実的に実現させるための装置である。

これに対してマルクスにおける反復は、歴史的行為を一度目は悲劇として、二度目は喜劇として出現させる。人間はみずからの歴史を先行世代から継承した過去を条件や素材としてつくりだす。マルクスにおいて歴史は人間の自由という理念が実現される過程ではない。逆にその失敗の堆積である。失敗は必然性に対立すると同時に、必然性という事後的・遡及的視点が要請する偶然性によって逆に必然性の視点こそが事後的構成物であることを明らかにする。このことは、人間はみずからの労働に関わる生産諸関係の発展・変化に対して、言葉と内容がずれているのと同様にずれているということを意味する。労働と資本が相互規定しあう過程、その痕跡が描きだす軌跡は資本の傾向的法則を示す。しかし、それはけっして必然性を意味しない。それは政治過程としての自由をめざす人びとの意志と行為の無数の痕跡をつないで引かれる線であるということ以上の称号をもたず、その意味でむしろ人間の選択的自由を意味する。

最小限の差異

人間の意識はみずからの行為に対して遅れている。歴史とはこのずれ、遅れの痕跡である。偶然性は、たとえ理念が実現されたかにみえても、けっして払拭されない。偶然性は再出現する。しかしまた、それゆえに人びとは繰り返し理念の実現をめざして歴史的に行為し、歴史を反復するのである。その意味で偶然性が消滅したとき、歴史もまた消え去るだろう。マルクスにおける反復は、偶然性を必然性には回収されない人間の歴史的行為の基本条件として抽出するための装置である。[17] 反復は理念の実現を妨げるが、反復がなければ理念も見いだされない。反復において歴史をみることによって、マルクスは生産諸関係の発展・変化をめぐる人びとの抵抗の痕跡を反復として跡づけ、このような反復−抵抗がもたらす諸効果を未来の展望につなげようとした。現在を生きる諸個人の身体は、自由の理念を実現しようとする人びとの意志を妨げる障害であると同時に、彼らが継承−相続する過去を生きた諸世代の人びとの遺した記憶という遺産のアーカイヴでもあり、この遺産のなかから人びとは自由の理念を実現するための素材や手立てを引きだすのである。[18]

現在を生きる人びとが過去を生きた人びとにみずからの身体を貸与することにおいて、過去を現在において反復すると同時に現在から未来を変革する力を過去から獲得する機制は、『資本論』が描写する死んだ労働が生きた労働の血を吸うことによって資本として生き存える剰余価値発生の仕組みと同様である。これをマルクスは「死者が生者をつかむ」遺産相続の場面ととらえた。

ドゥルーズはニーチェの哲学を「仮面の哲学」と要約したうえで、力は仮面をまとわないかぎり効果を発揮しない（それゆえ仮面を剥いだ後にあらわれるのは顔ではなく、もうひとつの仮面である）というテーゼを立てた。[19] マルクスもまた、過去の英雄という人物形象を現在に召喚するという反復（仮面）の形態を通して、未来を変革する力（差異）は出現すると考えた。ルイ・ボナパルトを分析するマルクスを駆り立てた革命への意志そのものもまた、マルクス個人の主体性に属す意志ではなく、過去における解放の政治の試みの無数の挫折・失敗の堆積がマルクスの身体を通してひとつの集合的意志として出現していることの証左である。おそらくコミュニズムは、死者からの遺産相続の場面を経由しないかぎり出現することはない。コミュニズムはこの根源的受動性の経験なくして成立しない。

死んだ労働としての資本の限界は、資本そのものである。それゆえ生きた労働と接続することによって、死んでいるがままに資本は生き存える。限界の制限へのこの置き換えによって、剰余価値率がどれほど低下しても剰余価値は消滅しない。資本は労働との相互規定においてみずからの極限に限りなく近づいてゆくが、そこにはつねに無限に小さな距たりがあり、けっしてみずからに到達しない。資本の変動と労働の変動は一致せず、この距たりは消滅しない。限りなくみずからの極限に接近する資本、限りなくたがいに近づいてゆく労働と資本の相互規定の運動の分析を通してマルクスは資本の運動を支える最小の要素、それをこえると資本も労働も消滅する最小限の間隙－差異を把握しようとした。[20]

反復としての歴史において、最小限の間隙は言葉の過剰（内容とのずれ）として出現する。哲学の先験性とプロレタリアートとの関係として、この問題をすでに『ヘーゲル法哲学批判序説』はとりあげていた。プロレタリアートはみずからを形成するに際して先験的観念論哲学を用いる。その際、哲学がプロレタリアートをおのれの物質的武器とするのに対し、プロレタリアートは哲学をおのれの精神的武器とするとマルクスは述べている。哲学はその言葉の過剰ゆえにプロレタリアートに批判される。しかしプロレタリアートは余剰としての言葉を用いて批判をおこなう。このとき言葉は精神的なものとしての地位（身分）を逸脱し、自然発生的にではなく人為的に産出された貧民であるプロレタリアートの集合的な力を注ぎこまれて物体的威力と化し、プロレタリアートという階級そのものを完成させ、したがって解体する。問題は言葉に物体的力を注ぎこむこと、ドゥルーズふうに言えば人びとの力を結集させるためにプロレタリアートという仮面を被せてその効果を発揮させ、仮面をみずから打ち砕くことである。

無限小の政治

余剰としての言葉が哲学と呼ばれる物置の在庫品であるように、プロレタリアートは商品化されることを待ち受ける余剰としての労働（力）である。労働と資本がたがいを規定しあって、最小限の間隙－差異を出現させるように、哲学とプロレタリアートはたがいを規定しあうことによって言葉－物質という区分を双方が横断し、言葉がみずからの地位を物質の地位と転換し物体化して言葉の威力を顕現させる。革命とは言葉の物体的使用であり、その結果として「プロレタリアート」がその意味内容や参照物との関係を断ち切って、過剰としての言葉そのものと化すことである。最小限の差異にもとづく労働者の政治をマルクスは、『資本論』では労働と資本の相克として、『ブリュメール』では反復としての歴史の差異において描出したのである。

マルクスにとって、経済的審級あるいは旧来の表現を用いるなら、いわゆる下部構造が社会変革を規定する主要原因をなすことはたしかである。しかしそれは、「最終的な」審級であるというよりはむしろ資本主義の傾向的法則と歴史的諸条件とがぶつかりあう場を構成する原因であり、またこの原因はその場には不在である。その意味で政治は経済に還元されない。政治は経済の欄外－余白であり、両者の関係は無関係の関係である。重要なのはこの場において資本主義の傾向的法則とそれに抗う現存する労働者（派遣労働者・非正規労働者・労務者・失業者・未就労者なども含めた）のあいだに繰り広げられる闘争の政治過程である。「過程」という概念が政治的であるのは、資本主義的商品としての身分を労働者に圧しつけ従属（包摂）させようとする資本の論理－力と、これに抗いこの身分を免れようとする労働者とが出会い、組み合わさって相互規定しあうその結果を予測することができないからである。

いわゆる歴史とはこの過程の結果の堆積であり、それら結果の痕跡が描きだす軌跡である。この軌跡は、現在からふりかえればある一定の方向に一様に延びているようにみえ、またこの軌跡を観測する現在はその尖端に位置づけられるかにみえる。したがって歴史主義的思考は、この軌跡そのものを法則とみなし、労働と資本の相互規定における現実的矛盾を思考の外に置く。しかしこの線のある「瞬間（moment）」としての一点をとりだすなら、そこから現在という尖端にまでいたるのとは異なる方向に延びてゆく線が引かれる場合もある。また、現在を起点としてこれまでの軌道とは別の方向に線を引くことも可能である。そもそものような点をとりだし、現在とは別の方向に延びてゆく線を引こうとする試みそのものがすでに、私たちが現実的矛盾のなかにあることの証左である。政治経済学批判というマルクスの課題において「過程」概念が政治的であるゆえんがここにある。労働者の政治は政治過程に位置づけられる。

ある線の任意の一点を仮設された起点として、これとは別の方向に延びてゆく線を引く試行を、私は「無限小《フィクション》の政治」と呼ぶ。ある運動の平均速度はその距離と時間の比から求められる。平均速度の軌跡が一本の直線として描きだされると、運動はこの平均速度以外の速度を出していなかったかのように表象される（資本主義の傾向的法則または歴史の必然－進歩の表象）。

しかし、実際には運動がつねに平均速度を保つわけではない。ある一点における瞬間の速度が平均速度より高い場合も低い場合もある。瞬間はそれだけをとりだしてみれば停止した零地点・零時点である。ある瞬間における速度を調べるには、この瞬間の周辺における諸々の「運動量・推進力（momentum）」を、この瞬間に限りなく近づいてゆく運動ととらえ、この瞬間とこの瞬間に限りなく近づいてゆく運動の間の、限りなく小さい差異＝速度を探りだしてこの速度の平均値を求めれば、当初の線とは異なる線が描きだされるだろう。そのものとしては零である瞬間は、無限小の差異を析出する仮初の起点となるとき、現在に抗って現在とは別の様相に向かう契機（moment）となる。(21)

マルクスにおける労働者の政治は、労働と資本が遭遇する任意の瞬間に無限小というフィクションを導入して、この瞬間を変革の機縁とする。つまり資本主義社会において、変革はいつどこででも起こりうる。周辺地域であれ逆に先進地域であれ、そこが資本主義経済の欄外－余白であるかぎりで。そして革命に時熟や時期尚早は存在しない。

現在における現在に対する無限小の差異から、現在とはまったく異なる社会を描きだす「労働者の政治」には、無限小というフィクションが脈打っている。言葉の過剰（内容との不一致）としてのフィクションは、現実を参照、現実に準拠（référent）しないにもかかわらず（／それゆえに）、現実のみずからに対する無限小の差異を導出する政治的装置である。言葉が精神的属性を逸脱して物体と化す事態は、資本と労働の遭遇および相互規定において示される労働と資本の最小限の差異の寓意である。労働者の政治はこの属性の相互転換を通して固定された諸々の社会的地位から人びとを逸脱させる。

「絶対貧困」のほうへ　零度のプロレタリアート(1)

資本制の「着床」をめぐる地－時政学的複雑性

資本制において生起する社会的矛盾をひとつの契機－起点として、プロレタリアートとブルジョワジーというふたつの階級の敵対関係を析出し、双方のときどきの情勢に即した利害を検討し、両者の闘争を組織して資本主義社会からコミュニズム社会への過渡期を担うプロレタリアート独裁を敢行し、プロレタリアート階級の勝利を、同階級主導による国家権力掌握として歴史的・政治的に確定する。マルクス主義による革命構想を単純化すると、たとえばこのような単線的構図が描出される。実際にはこのような単線的物語よりはるかに複雑な事象が激発した。また、この物語を逸脱し、さらには破壊さえする多様な経緯が、マルクスの生きた十九世紀から今日にいたるまでの歴史において連鎖しつづけてきた。そして現状をみるかぎり、この単純な構想はいまだ実現しておらず、また実現は困難と映る。

その一因として、プロレタリアート「階級」を形成する装置の機能不全がある。『共産党宣言』(一八四八年)でマルクスとエンゲルスは、おもに農民のプロレタリアート化が進展するにつれて資本蓄積の規模も増大し、それと並行して労働と資本の矛盾も激化し、プロレタリアートの世界規模における連帯(階級化)と階級闘争が生じると予測して労働者(プロレタリアート)の「団結」を説いた。[2] だが『宣言』の意図とは裏腹に、今日、グローバル化と呼ばれる資本主義の進展のなかで労働者は「団結」するどころではなく、むしろ逆にいがみあい、蹴落としあっている。

この問題を考えるうえで示唆的なのが、たとえばジョヴァンニ・アリギの仕事である。アリギはいわゆる「世界システム論」の立場から、マルクスの資本蓄積分析を基礎に据えながらも、グローバル化による世界の均質化・画一化を自明視せず、むしろおもに地政学的差異に着目することでとらえようとする。

たとえば一九六〇年代、白人植民者の政党ローデシア戦線党によって領導されたアフリカ南部ローデシア政権下における農民のプロレタリアート化の様態を調査すると、プロレタリアート化は資本蓄積にとって好都合であるどころか、逆に矛盾や問題点を生みだしたことが明らかになったという。あるインタビューでアリギは、過去の自分の仕事を回顧するかたちでこのことにふれている。「実際それは結果的に、資本部門に利点よりも問題点を多く生みだしたのです。プロレタリア化が部分的であるうちは、アフリカ農民が資本蓄積を助けるような条件がつくりだされます。というのは、彼らが自分たちの生存のためのものの一部を生産するからです。しかし農民がさらにプロレタリア化すると、このようなメカニズムが崩れ始めます。労働が完全にプロレタリア化すると、生活賃金が完全に支払われないかぎり搾取できなくなるからです。したがってプロレタリア化は、労働の搾取を容易にするどころか、実際にはむしろ難しくし、政治体制をしばしば、より抑圧的にするのです[3]」

資本蓄積は農民の画一的・均質的プロレタリアート化に基礎づけられているわけではない。むしろ資本蓄積体制の確立に際してはその困難のほうが際立つ。この点についてアリギは、ローデシアでのプロレタリアート化には三つの段階がみられるとしたうえで、次のように述べている。「ローデシアについて、私はプロレタリア化の三つの段階があるとしましたが、そのうちのひとつだけが資本主義の発展に好都合だったのです。第一段階では、農民は農産物を供給することで地域の資本主義の発展に対応しており、高賃金と引き換えでないかぎり労働を供給しようとしませんでした。したがって地域全体にわたって、労働力不足が特徴でした。資本主義的な農業や鉱業が発達し始めると必ず、地方の生産物に対する需要がつくりだされ、アフリカの農民はただちにそれを供給するので、彼らは労働供給よりも生産物の売り上げによって、貨幣経済に参加することができたからです[4]」

このような農民のプロレタリアート化における複雑な様相をたどる作業から、なぜ労働者は団結できないのかという問いへの応答が、部分的にではあれ明らかになってくる。各地域において資本蓄積の様態は異なっており、一枚岩的な実体として「プロレタリアート階級」が存在するわけではない。複雑な現実をふまえたうえで労働者の団結を考えることはできるだろうか。さらには、プロレタリアート以外の人びとが団結に協働・参加することはできるだろうか。

アリギ自身はこの問いに直接とりくんでいないが、先に少しふれた彼の分析は、この問題を考えるうえで示唆的である。

間接的・迂遠にではあるが、この問いへの若干のアプローチを試みたい。それは「貧困」という問題、概念としての「貧困」の問題に関わっている。

プロレタリアート化の複雑性・多様性と関わる事態のひとつとして「貧困」がある。「貧困」の消滅を根拠あるいは理想として、マルクス主義と呼ばれる政治運動が革命を志向していたことも言うまでもない。そして「貧困」の消滅を根拠または理念として掲げてきたがゆえに今日、マルクス主義そのものが消滅しつつあることもまた確かである。しかし、いわゆる金融恐慌を経て以後の現在、「貧困」がふたたび浮上しつつあるようにも思われる。

それゆえ問題は、そもそも「貧困」なるものをどのように規定するのかを、はたしてそれを規定することが可能なのかどうかということ自体をも含めて考えることである。そのうえでマルクスをふたたび読みなおし、従来の「プロレタリアート」概念に還元されない人びとの団結を構想することである。

ルンペンプロレタリアートという融通無礙

マルクスは「プロレタリアート」概念をどのように構成したのだろうか。ある概念を定義する容易な方法のひとつとして、その概念に反する属性やその概念に属さない要素を列挙し、そこから反照的に当の概念を規定するという様式がある。それではマルクスにおける「プロレタリアート」に敵対する概念はなんだろうか。「ルンペンプロレタリアート」である。

賃労働者や貧農をいかに団結させ、国家権力掌握に向け組織化してゆくか。万国の賃労働者や貧農たちを団結させ、ひとつの大きな力へと集合させることができるのか。現実には多くの要因がこの団結を妨げてきた。これを妨げる要因のひとつにマルクスは「ルンペンプロレタリアート」という名を与えている。

『ルイ・ボナパルトのブリュメール十八日』(一八五二年)におけるマルクスの関心のひとつは、歴史の流れを司ると彼が考えた唯物論・下部構造・経済的審級などといった概念で規定される力と、観念論・上部構造・意識などと彼が呼んだ諸概念との錯綜した関係のなかで人間はおのれ自身の歴史をつくりだすが、たんに自分の思うまま自発的にではなく、過去から与えられた条件・状況といった諸々の制約のもとでつくりだすがゆえに歴史は反復されるという仮説にもとづいて、ナポレオンの甥であるということ以外になんら特筆すべき点をもたないかにみえるルイ・ボナパルトがいかなる層のどのような利害の代表者として出現し、国家権力を掌中にしたのかを分析するという点にあった。

マルクスの念頭にあったのは、歴史上の英雄を現在に召喚し、その形象をもって人びとの社会的力を結集させるという、世界史上しばしば見受けられる権力による資本化の手順だった。そして、そのかぎりにおいて歴史は前進するのではなく、逆に過去の形象に依拠し、それゆえ過去へと後退することと、したがって過去を反復することによって過去との差異(悲劇-喜劇)を露呈させるという逆説的様態において進展する運動である、とマルクスは理解していただろう。

つまり歴史の反復という仮説は、現在が過去に寄生し、それを利用するということを意味する。したがってこの仮説は、ルンペンプロレタリアート、さらにはブルジョワジーへの寄生を擬態している。

そして資本とは死んだ労働が生きた労働と接続されることで生き存らえる運動であることを想起するなら、歴史の反復において現在が過去に寄生する一方で、逆に過去のほうこそが現在に寄生することで再出現し生き存らえるという側面も、そこには関係していると思われる。

蘭が雀蜂の形象を擬態して、雀蜂を誘き寄せ、花粉を運搬させる一方で、雀蜂は蘭の蜜を吸うという相互作用[5]を髣髴とさせるこの事態が示唆するのは、プロレタリアートにせよブルジョアジーにせよ「階級」という範疇はルンペンプロレタリアートによる擬態‐模倣（simulacre）を経なければ成立しえない概念ではないかということである。

というのも、マルクスは『フランスにおける階級闘争』（一八五〇年）で、生産された富に寄生して投機・賭博をおこなう者たちを「金融貴族」と呼び、彼らはブルジョアジー最上層に再生したルンペンプロレタリアート以外の何ものでもないと規定したからである。[6]

すなわちプロレタリアートであれブルジョワジーであれ、諸階級を、そして歴史を横断してあらゆる時空に出現するという意味で「階級‐外（hors-classe）」にある「ルンペンプロレタリアート」というこの融通無礙な〈科学的虚構（science fiction）〉のごとき仕掛けが、逆に「階級」（また「貧困層」および「富裕層」）の規定を可能にし、「進歩」や「必然」と呼ばれる歴史法則をめぐる知（科学）を支えているのではないか。プロレタリアートにせよブルジョワジーにせよ、そうした「階級」は「ルンペンプロレタリアート」という仮想された零座標からの距たりにおいて対位法的または反照的に析出されるのだとすれば？　そもそも「歴史には法則があり、科学的に把握可能である」という確信を支えるのは「ルンペンプロレタリアート」ではないか。そしてマルクスもまた、賃労働者を雇って紡績工場を経営していたエンゲルスに寄食して資本制の仕組みの解明に没頭した「ルンペンプロレタリアート」のひとりではなかったか。ルンペンプロレタリアート、それはマルクスにとって魔法の言葉なのだろうか。

『哲学者と彼の貧者たち』のジャック・ランシエールはそう考えている。彼は同書所収の論考「手品によって消された革命」において、マルクスを「資本家と労働者を犠牲にして生きる乞食の王」と呼び、「ルンペンプロレタリアート」という「神話」に依拠してこそ、マルクスによる一連の階級分析という知（科学）の作動は可能となっており、またそもそも「階級」概念の規定をも可能にしていると主張した。そして『ブリュメール』における分割地農民の分析――ルンペンプロレタリアートとともにルイ・ボナパルト躍進の一因とされる――をとりあげ、この知が崩壊する様相を示そうとする。(7) 崩壊とは概念的統一性の解体であり、知の離散である。

分割地農民は収穫された馬鈴薯を数えあげ選り分けてゆくときのように加算される数量的なものではあっても、「階級」という組織された統一性または単一性‐単位（*unity*）をもたない。そして彼らは、自分たちが団結することで得られる「階級」的利害に気づくことなく、各々個別にルイ・ボナパルトを支持し、結果としてルイ・ボナパルトの君臨を支えることになるとマルクスは分析した。階級的利害に気づく‐気づかないという知（科学）的差異において農民を規定するマルクスの視点に、ランシエールは知（という権力）への意志を嗅ぎとる。そこには歴史の科学（歴史を因果性という論理的虚構に装填する非アリストテレス的詩学）を打ち立てるというマルクスの利害が見いだされる。

だが、革命は起きなかった。歴史の必然は証明されなかった。階級は形成されず、たんなる加算の総計によってボナパルティスムが勝利した。共和制はふたたび帝政に後退し、つまりは歴史を反復した。神話に依拠した科学は神話に出し抜かれた。「階級」は非階級的なルンペンプロレタリアートに敗北した。〈一〉は総計に還元された。「べき‐当為（sollen）」は足し算に挫かれた。革命は科学の視点にのみ浮上する、科学による自作自演の産物だった。革命は歴史の科学という手品によってわざわざいったん披瀝されたうえで、念入りにふたたび消されたのだった。その意味ではすでにマルクス自身が、不可能な（神話としての）「労働者の団結」という困難に直面していたと言える。

解放‐解体

ランシエールの主張にある程度の共感を抱きつつ、私はマルクスの思考に別の可能性を探りあてたい。というのも、科学的概念としての「階級」という単位‐統〈一〉性がたんなる足し算（馬鈴薯袋）に実体変化する様子をマルクスは忌々しく眺めたとランシエールが考えるのに対して、私は逆に、マルクスはむしろ知（科学）の自己解体を図ったのではないかと考えるからである。つまりマルクスは階級を析出するという目的を装って、あえて「階級」という概念装置を駆使し、そのことによって概念装置の抑圧的・拘束的機能をみずからの身をもって暴き、示したのではないかと思われるからである。そして知的装置からすればたんなる加算にすぎない労働者と農民を、知という捕獲装置の網目からあえてとりこぼそう（漏出‐逃走 fuite させよう）としたのではないか。文字どおりの自作自演であるこのふるまいにおいて、「乞食の王」は知の捕獲的操作を、身をもって批判したのだと思われる。知を解体するために知を擬装（simulacre）する知をマルクスは仕掛けたと言っていい。彼が構想した「政治経済学批判」をそのようにとらえることができるだろう。そして『資本論』における語り手もまた、正確にはマルクスではなく、マルクスの精神と身体を媒体とした資本、社会の唯一の主体を自称する資本であった。マルクスがみずからの精神と身体を酷使して、この霊媒的とも形容しうる実験をおこなったのは、社会的諸関係の総体から剰余価値を生産する資本が真に社会の唯一の主体となった（資本の実質的包摂が完了－成就した）とき、資本が社会的諸関係の総体もろとも消滅するということを資本みずからの口から言わせるためだった。余剰を原動力とする資本主義を批判するにあたって、知もまた無駄遣い－空費された。それはいわば「何も言うことがない」ということを言うために意と労を尽くすこと、沈黙するために喋りつづけるという逆説にも似た自作自演であり、知の解体と解放だった。(8)

そしてこの知の解放的解体において、農民と労働者が出会うための場所が開かれるのではないだろうか。歴史の進歩という科学法則ではなく、歴史の反復という忌まわしい様相において、私たちはこの不可能な団結－組織化に向けて、どれほど失敗を重ねようとも倦むことなく繰り返し、跳躍を試みるのではないだろうか。人間はみずからの歴史を、先行世代から継承した過去を条件や素材としてつくりだす。マルクスにおいて歴史は人間の自由という理念が実現される過程ではない。逆にその失敗の堆積である。この堆積が自由－解放をめざした過去の人びとの意志と行為を継承し、いまここでそれをふたたび反復することを、私たちに繰り返し鼓舞する。失敗は自由の証なのだ。

反復は理念の実現を妨げる。だが、反復が示す差異なくして理念は出現しない。現在を生きる諸個人の身体は、自由の理念の実現をめざす人びとの意志を妨げる障害であると同時に、彼らが継承－相続する記憶という遺産のアーカイヴでもある。この遺産のなかから人びとは跳躍するための力を借り受け、過去を解放すると同時に未来を切り開く。ルイ・ボナパルトを分析するマルクスを駆り立てる革命への意志もまた、マルクス個人に属すのではなく、過去における解放の試みの無数の挫折の堆積がマルクスの身体を通してひとつの集合的意志として出現した証ではないだろうか（おそらくこの遺産相続の場面を経由して、コミュニズムは到来するだろう）。

以上の歴史における反復と差異のとらえかえしを通して、「階級」概念を知の捕獲装置という地位から離脱させ、ひとつの政治的概念へと鍛えあげる方途が指し示されうる。その際に考えるべきことのひとつとして、社会的諸関係の総体において剰余価値を生産する「契機－運動量（le moment[um]）」としての労働と資本の遭遇および相互規定の場面がある。社会体内部のいずれの時空にも局所化されない剰余価値の生産は、労働力が商品化される機制において可能となるからである。資本による労働の捕獲の場面では正規－非正規、労働者－労務者、失業者、未就労者といった区分には無差別に、人びとが資本と対峙するからである。そこにおいて「階級」を所与または与件としてではなく、新たな類の発生、「類発生的（générique）」概念としてとらえかえすことはできないだろうか。「非正規」が増大し、「金融貴族」が跳梁する今日の状勢において、「階級」概念の組みかえは重要な政治的課題のひとつであると思われる。そしてこの政治的課題は、私たち各々が各々の仕方で生き、死んでゆくということとけっして切り離せない具体的課題である。

絶対的貧困

以上をふまえ、今日における「貧困」の規定という問題に近寄りたい。その踏み台として、ハートとネグリ共著『コモンウェルス』第一部「共和制（と貧者のマルチチュード）」三章「貧者のマルチチュード」をとりあげる。(9) 同節でハートとネグリは、彼らが「生政治的生産」と呼ぶ世界的現状における「貧困」の様相を、従来とは異なる仕方で規定しようとしているからである。そして貧者たち（従来、彼らが「マルチチュード」と呼んできた人びと）の協働的な〈共〉の生産を促すための政治経済体制の確立を提唱する。この確立をめぐって生起する政治闘争が、〈共〉を争点・賭金とする今日の階級闘争である。

〈共〉とは何か。著者たちの規定は以下である。「本書で「〈共〉」というとき、そこにはおもにふたつの意味があるが、まず第一は物質世界のコモンウェルス（〈共〉的な富）——空気や水、大地の恵みなど、あらゆる自然の賜物《たまもの》——である。古典的なヨーロッパの政治的文献は多くの場合、そのような〈共〉《コモン》的な富《ウェルス》は人類全体の遺産であり、人類がともに分かちあうべきものだと主張している。もうひとつは（こちらのほうがより重要であるが）、知識や言語、コード、情報、情動などの社会的生産の諸結果（これらは社会的相互作用や、さらなる社会的生産にとって必要なものである）という意味だ。この二番目の〈共〉の概念においては、人間は自然と切り離された搾取者〔=開発者〕や保護者として位置づけられることはない(10)」

このように規定された〈共〉が生政治的生産の中心となる。〈共〉は従来、経済の内部または中心に据えられてこなかったが、今日、これを中心に据えた政治経済が構想されるべきである。これが『コモンウェルス』全体を通した著者たちの主張である。「今日の経済的生産を理解するカギとなるのは、生産力としての、そして富が生産される形態としての〈共〉《コモン》である。〔…〕経済学者は〈共〉を認識してはいる。だが、概してそれを本来的な意味での経済的な関係の外側に追いやり、「外部経済」あるいはもっと簡単に「外部性」と呼んでいる。けれども生政治的生産を理解するためには、この視点を逆転させて、生産的な外部性を内部化し、〈共〉を経済生活の中心に据える必要がある。〈共〉の観点に立つことによって、現在進んでいる移行のなかで、経済的な価値増殖過程が社会生活の構造の内部に存在する度合が、ますます高まっていることが明らかになる」[11]

〈共〉は社会内部において集合的・協働的に生産・刷新される知・情動であり、数量的な価値の測定が困難である。それゆえ「〈共〉」は「公」「私」いずれとも区別され、従来の方法では私有財産として確定されることも困難である。そこで資本は「〈共〉」をいかにして捕獲するのかが問題となる。

資本には〈共〉の生産を組織化しえないと著者たちは言う。「資本は、生政治的労働を抑制するとともにその生産物を収奪‐収用し、場合によっては必要な生産手段を提供することもあるとはいえ、生産的協働〔協業〕を組織することはない」[12]。逆に生政治的労働は資本からの自律性を増大させていると著者たちはとらえる。「生政治的文脈においては、資本は労働だけでなく社会全体を包摂する、あるいは実質的に社会的生〔社会生活〕そのものを包摂するといえるかもしれない——というのも、生政治的生産において生は労働させられるものであると同時に、生産されるものでもあるからだ。／しかし、この資本と生産的な社会的生との関係は、もはやマルクスが考えた意味で有機的なものではない。なぜなら、資本はますます外的なものとなり、生産過程において果たす機能的役割はかつてないほど小さくなっているからだ[13]」

さて、『コモンウェルス』における「貧困」「貧者」の規定である。[14]〈共〉の価値測定の困難に並行するように、今日の「貧困」「貧者」もまた数量的・統計的に規定されない。「共和制の支配的な体制は所有財産によって規定されることから、マルチチュードは貧困によって特徴づけられるかぎりにおいて、共和制の対極に位置する。しかしこの対立は富と貧困という観点からのみ理解すべきではない。より重要なのは、そこで生産される主体性の形態という点から理解することだ。私有財産は、個人的（たがいに競争することにおいて）であると同時に、自分たちの財産を（貧者から）守るためにひとつの階級として統合された主体性をつくりだす。近代の大規模なブルジョア共和制の構成は、個人主義と財産に関する階級的利害との間のバランスに折りあいをつけるものだ。とすればこの観点からみたマルチチュードの貧困は、その貧窮や剝奪、あるいは欠如に言及するものではなく、個人主義、そして統合された財産という排他的な社会的身体の両方に抗う、根源的に複数の開かれた政治体をもたらす社会的主体性の生産を指し示す。言いかえれば貧者とは持たざる者を指すのではなく、社会的階級や財産とは関係なく社会的生産のメカニズムに挿入されたすべての人びとという、きわめて幅広い多様性をもつ集団を指す。これは概念的対立であるだけでなく、政治的対立でもある。貧者のマルチチュードはその生産性によって、所有財産の共和制にとって現実的で有効な脅威となるのである」[15]

「貧者」は「社会的階級や財産とは関係なく社会的生産のメカニズムに挿入されたすべての人びとという、きわめて幅広い多様性をもつ集団」と規定される。そしてこの意味におけるかぎりでの「貧者」には固有の力がある、と近世イタリアの政治家・歴史家ニコラ・マキアヴェッリを参照しつつ、著者たちは論じる。「貧者は排除されると同時に包含されるという矛盾した立場にあり、このことは一連の社会的矛盾——まず第一に貧困と富の間の矛盾、さらには従属と生産の間や階層秩序と〈共〉

の間の矛盾――を浮き彫りにしている。／しかし、マキアヴェッリが明らかにするこのオルタナティブな道筋でもっとも重要なのは、それらの社会的矛盾が、敵対性と抵抗によって活気づけられる力動的な性格のものだということである。彼の描く歴史や政治的分析の要は、憤激の情動から出発して社会的混乱や暴動（tumulti）の創出へといたる、漸進的な発展のプロセスにある。さらにそれによって、富から排除されているが生産には包含されているマルチチュードの、反逆のための条件が提示されることになる。人間性とはけっして裸のままのものではなく、剝き出しの生を特徴とするものでもない。人間性はつねに衣をまとっており、苦難の歴史を負わされているだけでなく、生産する能力と反逆する力を授けられているのだ(16)」

この「貧者」の規定は、マキアヴェッリとスピノザを経由してマルクスの「絶対的貧困」概念に架橋される。「マルクスはこう書く、「労働手段および生活手段を奪われた労働能力は……絶対的貧困そのものであり、また労働者は、そのような労働能力の単なる人格化（であり）……その概念からして、貧民である」と。ここでマルクスのいう「貧民」とは、餓死すれすれの状態で悲惨な生活を送る者だけでなく、その生きた労働が資本に蓄積され、対象化された労働から切り離されているかぎりにおいて、すべての労働者を指す。マキアヴェッリやスピノザと同様にマルクスもまた、生きた労働が資本主義社会における「物質的富の一般的可能性」であるという意味において、このプロレタリアートの貧困を、その力能と直接結びつける。したがって生きた労働は、対象としては「絶対的貧困」でありながら、同時に主体としては「一般的可能性」なのだという。マルクスはこの貧困と力能の起爆力を秘めた結合を、私有財産に対する――しかもそのまさに核心に存在する――究極的脅威だととらえる」[17]

こうした「貧困」概念の提起自体が〈共〉の生産の一部であり、価値創出のひとつの試みである。この提起により、従来プロレタリアートの外に置かれてきた人びともまたプロレタリアートの側に立つことができると著者たちは考える。

減算と譫妄

この「貧困」の新たな規定に、哲学はどう応答するだろうか。一般にどの科学にもなんらかの形而上学的前提は見いだされる。とくに近年の経済学において、その検討は急務である[18]。

ネグリとハートによる「貧困」規定には、どのような形而上学的前提が潜んでいるだろうか。その前提を構成する諸要素のひとつとして、スピノザからベルクソン、そしてニーチェを経てドゥルーズにいたる「生の哲学（bio-philosophie）」とも形容しうる思考の系譜があるだろう。

とりわけベルクソンの思考には、思弁的・観念的という意味における「主体－主観」的でもなく、数量的・統計的という意味における「客体－客観」的でもない、「生－生命－生活（vie）」に対する独自の視点がある。端的には『物質と記憶』（一八九六年）で提示された「イマージュ」概念である。

ベルクソンが提唱した意味でのイマージュは、哲学史上さまざまな仕方で変奏・反復されてきた観念論と唯物論の対立を脱け、いずれにも与さぬ「常識（sens commun）」によって知覚・認識された諸事物を指す。つまりベルクソンにとって知覚とは、世界に何かを付加したり変形したりするといった、主体－客体の区分を前提として成立する行為ではない。逆に知覚とは世界から諸事物をたんに差し引くだけの行為（減算 soustraction）である。

生体による知覚のこうした把握から、ベルクソンはたんに主観的または観念的ではなく、たんに客観的または唯物論的でもない生命へのアプローチを模索した。

だが、これはあくまで知覚という行為を、権利上の問題としてとらえた場合である。事実上、生命の有限性ゆえに、知覚とは生命にとって有用な事物・事柄以外のものを世界から差し引く（むしろ「遮断」する）行為であり、この場合、知覚はその純粋性を失い、各々の生命体固有の記憶と交じりあっている。その意味でベルクソンにおける知覚は、権利上のそれと事実上のそれに区分される。前者が「減算」的であるのに対し、後者は「縮約（contraction）」的と形容される。

「思弁的実念論（réalisme spéculatif）」の立場を標榜する哲学者クァンタン・メイヤスーは、ベルクソン－ニーチェ－ドゥルーズをつなぐ線上からこのアプローチを再把握する過程で、たんに主体的でもなく、たんに客体的でもない、いわば生命に内在的な「貧困」概念を提起した。[19] 彼は、生命体による知覚が従来の「縮約」的状態を逸脱し、「減算」的知覚に襲われたらどうなるかという思弁――これがニーチェ－ドゥルーズによるベルクソンの脱「共通感覚（sens commun）」化である――をおこない、生物を世界という「流動の局所的希薄化（raréfaction locale）」としての身体ととらえる。希薄化が限界に達したとき、生物は死ぬ。「生物とは、複数の遮断からなる非連続的な環《ループ》である。〔…〕流動のあらゆる局所的な貧困化、つまりあらゆる生物を〔私は――引用者〕「希薄化」と呼ぶ[20]」。この「希薄化」が生命に内在的――非主体的かつ非客体的――に把握される「貧困」である。そしてこの「希薄化」としての「貧困」が、有限かつ有用性にもとづく生物に、「縮約」から「減算」への移行を促す。それゆえ

「縮約」と「減算」に対応して、二種類の死を区別する必要がある。メイヤスーがニーチェの道徳の系譜を導入するのはここである。「減算」的知覚が全面的に開放‐絶対化されるとき、生物はみずからの有限性をこえる無限速度で渦巻く情報量に圧倒され、世界というカオスに巻きこまれて、譫妄と痴呆にさらされながら死んでゆく。ニーチェなら、この状態を「ディオニュソス的」と形容するだろう(21)。

他方、もっぱら「縮約」の原則に従って生きる生物は「反動的」である。「減算」的知覚がその絶対化において開く世界、圧倒的量の情報の渦巻く世界がもたらす眩暈と痴呆の状態にさらされる恐怖への絶えざる無関心によって訓育されるからである。メイヤスーはこの体制を補強する概念的人物を、ニーチェに倣って「司祭‐僧侶（prêtre）」と呼ぶ。「司祭」は生物に、「縮約」の原則に従ってほどほどに生き、死ぬことを説くからである。

かくして生命に内在的に規定された「貧困」、マルクスの「絶対的貧困」のひそみに倣うなら〈絶対貧困〉の概念が、ここにその存立可能性を垣間見せている。そして「減算」と「縮約」という、いまだ知覚の水準にとどまるとはいえ、ひとつの敵対的関係がここにはたしかに萌芽している。ネグリとハートが提示した〈共〉を争点とする今日の階級闘争、そして革命を考えるうえでメイヤスーがベルクソンから汲みとった「貧困」は示唆的である。〈絶対貧困〉概念の存立は今日の階級闘争の可能性、したがってまた従来「プロレタリアート」の範疇に含まれてこなかった人びととの協働‐団結の可能性にも関わってくる。〈絶対貧困〉は〈プロレタリアートの零度〉の水準にあり、いかなる属性ももたない存在に内在的に獲得される概念である。

そこでは譫妄に巻きこまれてゆくことを受諾するかぎりで、すべての生物に〈プロレタリアート〉を自称することが赦されるだろう。

「貧困」の価値転換

最後にニーチェの思考から、今日の階級闘争を考えるための可能性を素描しておく。前節で瞥見したメイヤスー論文はこの論点を扱っていないからである。そしてこの論点はニーチェが生涯の課題とした「諸価値の価値転換」に関わってくる。(22)

自己の生命を維持・保存するために外界からの刺激に対してさまざまな解釈をおこなう有機体(生物)とは異なり、無機的世界に誤解の余地はないと述べてから、ニーチェは生物における解釈の能力を、情動の触発という観点から検討する。(23)「あらゆる運動は、身ぶりとして、そのなかでさまざまな(衝動の)力が相互に理解しあう一種の言語として考えるべきである。無機的な世界には誤解がなく、コミュニケーションは完璧であるように思われる。有機的な世界で錯誤が始まる。「事物」「物質」「質」「活動」――こうしたものはすべからく無機的な世界に投影することを避けるべきなのだ! これらは、そのおかげで生物が生きている、特殊な錯誤である。「錯誤」の可能性の問題? 矛盾は「真」と「偽」のあいだにあるのではなく、「記号の略号化」と「記号」それ自体のあいだにある。本質的なのはこれである。つまり、数多くの運動を表象する形式の創造、記号の全種類のための記号の発明。あらゆる運動は、ある内部の事件をあらわす記号である。そして内部の運動のひとつひとつは、形式の同様な変更によって表現される。思考はまだ内部の事件そのものではなくて、それもまた、諸情動の力の代償に対応するひとつの記号論にすぎないのである。／自然の人間化――われわれ人間にしたがった解釈[24]」

この情動の記号論において、譫妄状態に陥ったかにみえる〈零度のプロレタリアート〉に内在的な「無限に広大な知性（*un intellect infiniment plus vaste*）」の可能性が提起される[25]。この可能性は、ベルクソンの語彙で言えば「縮約」原則からの離脱において開かれる。

「縮約」という、有限なる有機体の自己保存活動からの離脱を、ニーチェは「私」からの離脱（脱主体化そして脱我有化）の運動ととらえていた。この離脱において、身体は諸々の衝動・情動のせめぎあう戦場として出現する。そこはコミュニケーションという〈共〉を、無機物をも含めた領域において生産する工場あるいは工事現場であるとともに、今日における階級闘争の舞台でもある。ここに人間的意識や自我を凌駕する知性が開かれる。『ニーチェと悪循環』でピエール・クロソウスキーは次のように述べている。「身体が（隷属させられ、組織され、ヒエラルキーに組みこまれた）諸衝動の産物として認知されるやいなや、自我との統一性は偶然的なものとなる。諸衝動は別の身体に仕えることもできるのだし、そのための新たな条件を探しているとみなされる。諸衝動から出発して、ニーチェは（頭脳の）知性の彼方に、われわれの意識と混同されるような知性よりも無限に広大なひとつの知性があるのではないかと考えるのである[26]」

ニーチェの哲学は、ブルジョワジー的個人の一種の独我論ととらえられがちだった。クロソウスキーはこうした見解とは逆に、ニーチェに自我からの離脱の動きを見てとる。たしかにニーチェには集団的なものを蔑視し、個人を優位に置く傾向がある。しかしクロソウスキーは、ニーチェにおける自我への固執をむしろ脱自我の試みであるとして価値転換を図る。ニーチェが「コミュニケーション」という概念の意味を変え、逆に無機的なものにおけるコミュニケーションを「無限に広大な知性」において提起したように。

そして〈絶対貧困〉において「貧困」概念の価値転換が要請されているように、今日の階級闘争にもまた、たんなる優劣の逆転ではなく、優劣の位階そのものの転位が要請されるだろう。

たとえばニーチェは正午を日没の開始ととらえ、病を健康の萌しととらえる。この視点からすれば、ニーチェにとって反動的諸力の制度化にほかならないキリスト教道徳にも、あの「力への意志（Wille zur Macht）」が萌していることになる。人を衰弱させる力は有害である。だが道徳とは、そうした有害な力の侵入を防ぐための装置ではなかったのか。とすれば、このとき「力への意志」とは有害な力なのか。それとも有害な力に抵抗する力なのか。弱さとはなんであり、強さとはなんであるのか。こうした諸概念の揺らぎにおいて価値転換の諸条件が整備される。「力」「有害（悪）」「弱さ」といった諸概念が、たんに位置を逆転させるのではなく、各々の固定された意味から身をふりほどこうとする。

こうしたニーチェの態度について、クロソウスキーは次のように注釈する。「力への意志と貪欲さは、ニーチェにとっては明らかにポジティヴなものなのだから、〔…〕ひとつの視点がもうひとつの視点に置き換えられているようにみえる。第一の視点によれば、力とは有害なるものの侵入に対する抵抗だった。第二の視点によれば、弱さとは、貪欲さのなかに顕現する力への意志を前にして尻込みをすることだった。したがって、健康と病気の判断基準そのものが変化しているのである。それはたんに生のある状態から他の状態への「程度の違い」が問題であるからばかりではない――〔…〕、そればかりではなく、ニーチェ自身が伝統的道徳は生の否定であることを証明したいと思いながらも、生きることの力とはなんであり、無力さとはなんであるのかを知る直前で躊躇しつづけているからであり――したがって、自分自身に関して何がほんとうに有害なのかを決めることができないでいるからである」(27)

それゆえニーチェにおける表見上の個人または自我への没入・沈潜は、実際には集団的(なものの)変革への意志――クロソウスキーはそれを「陰謀(complot)」と呼ぶ――を萌していると考えることができる。集団が集団としてのみずからを維持・保存するために意識下に抑圧し、過去へと忘却し去ったものを個的なものが見いだし、現在へとその忘却・抑圧されたものをアナクロニックに(時系列に逆らって)回帰させるケースがありうる。そのようなケースによって現在の制度のほうを、逆に非現在的たらしめること――これがニーチェ的な価値転換という変革の要諦である。クロソウスキーはこう述べている。「こうした観点から言って、個別的ケースは先行する諸体験の忘却をあらわしている。それらの体験は、これまでは集団的欲動によって無意識状態にいたるまで同化され――したがって支配的な検閲機構によって抑圧され――あるいは逆に、種のなかで、種の存在にとってと同様に、個人にとっても同化不可能なものとして排除されていたのである。ニーチェにとって個別的ケースとは、こうして「時代錯誤的な」やり方でかつての存在条件を再発見するものである――そのかつての存在条件が彼のなかで目覚めるためには、現在の条件が、言ってみれば彼を通して顕現する欲動の状態に対応していないことが必要ではあるのだが。集団的制度の水準では時代錯誤であるこの個別的状態は、しかしながら、みずからのさまざまな強度にしたがって制度それ自体を非現在化し、今度は制度のほうを時代錯誤的なものとして告発することができる。現実という現実のすべてが個別的ケースとの関係において非現在化されること、そこから生じる感動が主体の活動をとらえて放さず、主体に行動を余儀なくさせること――これは出来事の流れを変えうるほどの大きな事件である。新たな流れは、僥倖《シャンス》の回路にしたがって流れるのであり、その僥倖の回路を、ニーチェはみずからの思考の世界そのものとするはずだ。そして、そこから彼が歴史における周期性を引き出してくるにしたがって、陰謀の計画が〈悪循環〉の記号のもとに具体化されてくるはずだ[28]」

　今日における階級闘争を、私はこの方向で構想したい。「歴史における周期性」または「〈悪循環〉」において、「僥倖の回路」を伝って〈絶対貧困〉が「時代錯誤的」に回帰し、現在を撃つ。革命とは零への回帰－再回転における価値転換《コミュニケーション》である[29]。この回帰が個別的ケースにおいて出現するには、「現在の条件が〔…〕彼を通して顕現する欲動の状態に対応していないことが必要」である。このずれは、マルクスが理念はその実現に必要な物質的諸条件が不在なら空文句にすぎないと言う場合の言葉と内実のずれという事態の裏面である。

　また、文化という知的蓄積の増大は逆に私たち各々を文化への隷属から解放するとクロソウスキーは述べている。「文化――（知識の総体）――すなわち教えようとし学ぼうとする意図――とは、魂の音調の、その強度の反対物であって、後者は教えることも学ぶことも不可能である。しかしながら、文化がより多く蓄積され、文化が自分自身への隷属を強めれば強めるほど――その反対物である魂の音調の沈黙の強度は、いっそう大きなものになる。そして最後には、魂の音調が教育者の心を襲い、教えようとする意図をついに打ち砕く。つまり文化の隷属性は、それがニーチェの言説の沈黙に行きあたった瞬間に、こなごなに砕け散るのである」[30]。この誇張法の修辞的論理は、経済的下部構造の変化が文化的上部構造の変革に先立つという標準的マルクス主義の主張の裏面をなす。その意味で、ニーチェ－クロソウスキーは、マルクスの思考そのものの価値転換を試みてもいる。今日において階級闘争と革命を再構想するためのひとつの示唆が、ここにある。

Ⅲ　「労働」とユートピアのゆくえ

レンタル・ライフ　ポストフォーディズム時代の労働

折り重ねの詩学

ふたつの事例の提示から始めたい。第一の事例は身近な事柄である。先日、私は某所で開催されたファカルティ・デヴェロップメント研修に参加する機会を与えられた。大学における教育方法・授業運営の研鑽を目的として、教育現場従事者がおこなってきた諸々の試みが紹介された。具体的なことにはふれず、個人的に抱いた全体的印象のみ記しておく。授業と呼ばれる場は、研究者が自分の研究を報告・開示するという点によりも、いかにして教育者としての研究者が自分の研究報告の技術を磨いて学習者の注意を惹き、学習者自身の研究動機なり意欲なりを引きだすか、ひいては学習者が自発的にみずからの研究・学習能力を向上させるという意味あい、または方向づけにおいて学習者自身に授業を運営させる、言いかえれば興味－関心に即して問題を立て、過去の研究を参照し、みずからの問題に解答を与え、さらにはその過程を他者に把握させることができるのか（いわゆる「アクティヴ・

ラーニング」[1]）という点に、重心が相対的に移動している。研究者には、みずからの研究をできるだけ多くの者に伝達し、理解させる能力が要請される。また学習者には、いずれこの能力を、高等教育機関においてでなくとも、みずからも操る能力の養成が求められる。ここから抽出できるのは、教える者が学ぶ者の位置に折り重なり、学ぶことが教えることに限りなく近づいていくということである。これが教育－研究の境界線上から抽出されるひとつのモデルである。

　第二の事例はメディアで耳目にふれる事柄である。近年「副業」に注目が集まっている。たとえば旅行者や出張者のための宿泊施設提供者がホテルのみならず民間からも出てきている。民間の提供者は自分の所有する空間を一定時間、宿泊希望者（ゲスト）に貸し出し、その期間だけホストとなってその時空を共有する。人間の移動サービスを提供する動きもある。サービス提供者は予定の入っていない時間を使って、自分の所有する乗用車を空間移動希望者のために、提供者と利用者双方の都合が合えば提供する。宿泊施設と乗用車、いずれにおいても自分の所有物を他者による利用に供する点が共通する。

　ふたつの事例の共通点はなんだろうか。第二の事例では自己の所有物の他者のための活用、第一の事例では学ぶ者自身が自己の能力を、教える者（他者）の立場への限りない接近を通して自発的に引きだすことが問題とされている。ところで、学ぶ者にとって自己の能力は自己の所有である。あるいはそのようにみえる。いずれも所有されたものに焦点が当たっており、そして所有されたものをいかに利用するかが標的とされている。言いかえると第二の事例では所有されたものが貸し出されており、第一の事例では何を研究するかより、むしろその研究をいかに他者に伝達－理解させるかに重点が相対的に移動している。

なぜ研究そのものより他者へのその伝達が重視されるのか。その知識が自己のみならず他者によっても活用されうるためだろう。この目的は、第二の事例における自己の所有物を他者も活用できるということに等しい。したがって第一の事例にかいま見える「教育」の「転換」は、第二の事例の背景にある、自己の所有物の他者とのあいだでの一時的共有技術に長けた「他者とのコミュニケーション」能力の高い人間の養成または生産を担っていることになる。

これが二事例の切り結ぶ点である。では、共通点はなんだろうか。教えることと学ぶことが限りなく折り重なる。ここではしかじかの知識そのものと、その知識の提示との重なりあいにアクセントが置かれている。何かがあるということと「何かが（ここに）ある」と言表することとの強い結合が、今日の教育においては「知」について求められている。たとえば〈モダニズム絵画〉において〈平面〉なるものが強調されるのと同じように。そこではたんに平面があるだけではすまず、そのことを観賞者に気づかせる必要がある。そこでは平面と「平面（のみ）を見よ」という命令が折り重なっている。[2] そして〈教育〉において今日この国に見いだされる、知識とそのありかの提示（プレゼンス）との強い結合を指示するのは、ＭＥＸＴと略称される国家装置の一機能を担う機関である。指示の目的は、先述した「他者とのコミュニケーション」能力の高い人間の生産にあると考えていいだろう。知と権力の結合様式のひとつがここにある。そしてこの指令が、資本の動向の現状を理解する手がかりを私たちに提供している。

「能力」なる曖昧なものをも含めた自己の所有物を他者に売るのではなく、「レンタル」すること。

売買と貸借、いずれも売る者と買う者あるいは貸す者と借りる者のあいだを貨幣が媒介する。ある物の所有権を貨幣と引き換えに、売買においては譲渡したり取得したりし、「レンタル」においてはこれを一時的に貸し出したり借り受けたりする。

この局面において、教えることと学ぶこととの折り重ねに対応するものはなんだろうか。〈所有物の活用〉に手がかりがある。活用とは所有物に潜む〈能力〉を外に引きだし、そのつどの現在において作動させること（現働化）である。ある物の能力がある時間にしかじかの場所で現働化されることを望む人のため、その時間帯に言わばその身体が「空いている－閑な（disponible）」物をその場に連れていき、その能力を現働化させることである。それには物の空き時間を、その現働化を望む人たちに提示する必要がある。この提示を見て人びとは、自分の都合と折りあわせて現働化した物の能力を利用し、その対価を支払う。支払われる対価には、その能力の提示に関わる諸々の費用も含まれる。

このように所有物の一時的活用においては、その「利用可能性（disponibilité）」に関する情報の告知が要となる。何かが使用可能状態にあることと、その提示とが折り重なってひとつの経済的モデルを構成する。この提示という行為をより広く、「活用可能でありながら、それ自体によってはその能力を現働化することができないか、あるいは困難なものを、諸条件に応じて現働化させるための技術」のひとつととらえることができるだろう。新たな「仕事」の形態としてあらわれつつある社会的生産行為のある種のものに、この技術が関与している。「生産」概念の正確な規定は私の手に余る。ただどのような行為が「生産」となりえ、「仕事」や「職業」として、社会的諸関係において価値あるものと承認されうるかは、社会的諸事情のさまざまな変化とそれに応じた要請によって、ある程度決定される面があるとは言いうるだろう。[3] ふたつの事例には、この「折り重ねる」技術が共通する。今日の資本には、この局面に積極的に介入する面がある。

光景を重ね描く

ここで〈資本〉とは、マルクスが『資本論』で考察したそれを指す。資本とは「価値」であり、また「おのれ自身を増殖させる価値の運動」である。『資本論』第一巻第一部三篇九章「剰余価値率と剰余価値量」から引く次の文言には、ここまで私がたどたどしく述べてきた、貨幣を媒介とする生産物の現働化と資本との連関が、断片的にではあるが描出されている。[4] 十九世紀イギリスにおける、いわゆる「産業資本主義」を舞台（?）としていながらも、その議論はこれに限定されず、今日の資本主義的生産を把握するための基礎たりうる広く深い射程をもつ。

生産手段は、労働者によって彼の生産的活動の素材的要素として消費されるのではなく、労働者を生産手段自身の生活過程の酵素として消費するのであり、そして、資本の生活過程とは、自分自身を増殖する価値としての資本の運動にほかならないのである。溶鉱炉や作業用建物が夜間休止していてもはや生きている労働を吸収しないならば、それは資本家にとっては「ただの損失」（„mere loss“）である。それだからこそ、溶鉱炉や作業建物は、労働力の「夜間労働に対する要求権」を構成するのである。貨幣が生産過程の対象的諸要因すなわち生産手段に転化されるというただそれだけのことによって、生産手段は他人の労働および剰余労働にたいする権原および強制力原に転化さ

れるのである。(KI 329)

引用部に読まれる「資本家」「生産手段」といった(一見)古い形象、「溶鉱炉」「作業用建物」が喚起する光景に惑わされてはならない。ここでの議論は今日の「生産」の場面をたしかにとらえている。そこでここに描出された場面から、先述した局面をそこに重ね描くようにして今日の資本主義的生産の一面をとらえたい。

労働者は生産手段をもたないため、みずからの労働力を資本家に売り、これと引きかえに資本家が所有する生産手段を用いて何か(を通して価値)を生産する。労働者と生産手段の結合において価値が生産される。このとき消耗するのは生産手段だけではなく、労働者である。彼の労働力は生産手段との結合によって生産に供されたからであり、この使用における主体は、労働者ではなく資本だからである。労働者における「生きている労働」は貨幣で購入された生産手段の一部分である。また「夜間休止」している間、生産手段は「生きている労働」を吸収しない。引用の直後でマルクスは生産手段を「死んでいる労働」と言いかえている。生産とは「死んだ労働」と「生きた労働」の「強制」的結合から成り立つ行為である。

今日では「夜間」においても「休止」せず、「溶鉱炉」「作業用建物」といった空間にも限定されず、この結合は形を変えておこなわれている。「現働化」と呼んできた現象がそれである。時空上の制約が今日の資本主義的生産にあっては大きく(完全にではなく)解除されたうえで、同じこと——「価値の増殖」——がおこなわれている。

先述した「副業」を、この光景に重ね描くことはできるだろうか。自分の所有物を他者に一時的に貸し出すという場合、貸し出す者は生産手段を所有しているかにみえる。が、ここでも依然「死んだ労働」と「生きた労働」が結合されて価値が生産されている。ここでの生産手段は、利用可能な宿泊施設としての民間住宅や乗用車といった空間的延長物だけではない。これに加え、従来、観光業や接客業において蓄積されてきた諸々の職業的知識の習得が貸出者に求められる。また貸出者と利用希望者とを「出会わせる」仕組みの準備も必要である。資本はこれら一連の生産手段をそろえて結合し、新たな生産手段として、この系列のなかにおいて空間提供者を一時的に働かせ、価値の自己増殖運動を継続する。

相違は、生産手段の一部が貸し出す者の所有権のもとに存在するという点である。言いかえれば、彼は労働者として資本家に雇用されてはいない。そうではなく、ときに「副業」としてその生活の一部分において労働することもあるだろう、「本業」に就いた人間として、言いかえれば原則的にはその生活のいつどこからでも価値の自己増殖運動に寄与する要素を提供することのできる私的所有権を携えた市民社会の一員として、したがって本業‐副業、正規‐非正規といった区分をも含めた「労働者」のカテゴリーをこえて、その生活時間すべてを資本家に譲渡する契約を「資本」と交わした（ことになる）者である。

相違を別の視点から述べると、展開した産業資本主義においては労働と資本の関係を主軸に資本が運動するのに対し、ここでは非‐労働者（働かざる者）に資本は言わば「寄生」しているかにみえる。彼は産業資本主義的生産には往々にしてふさわしからぬとされる「金利生活者（rentier）」の形象に似ていなくもない。金利生活者として知られているのは、「地代（rente）」収入で生活する土地所有者である。

それゆえ彼に似つかわしいのは、「労働者」の形象よりむしろ「資本家」のそれであるかにみえる。半ば「賃金労働者」（みずからの労働力を商品として売る）にして半ば括弧つきの〈金利生活者〉（みずからの生を貸与する）。言いかえれば今日の資本主義的生産下では、労働者と資本家――〈資産（家）〉と表記すべきか――が折り重なり、両者はたがいに限りなく接近してゆく。「限りなく」ということは、けっして一致しないということでもあるだろう。資本はこのようにして先述した「折り重ね」を、「所有者に代わって貸家・貸地を管理する」という意味で文字どおり「差配」していると言っていい。

人間の生（活）は資本によって、原則的にはいつどこからでも、そこから価値増殖の要素を抽出可能なものとなったのだろうか。だとすれば、労働時間外においても、存在しているというただそれだけで価値を増殖させられるという魔法のごとき仕組みがここにはあることになる。この仕組みが私たちに提案した生、自在に分割可能かつ貸与可能なものとして突きつけられた生を、私は「レンタル・ライフ」と呼んでみたい。

「説明能力」の習得が高等教育機関において指示される事情にも、この仕組みの影を確認できる。先述したように、そのねらいのひとつは「コミュニケーション能力の開発」にある。教えることと学ぶことの折り重ねにおいて、知っている者と知らない者、教える者と学ぶ者のあいだの序列は平らに均されているかの印象を受ける（この外見の裏面でメディアは教育者と学習者のあいだに生じる軋轢を報道する）。だが、序列は依然保たれている。何かについての説明が説明する者と説明を受ける者のあいだを透明化するようにみえるのは、表面上のことにすぎない場合が多い。今日では透明性の名のもとに「解説」できる者（＝専門家）の、解説を受ける者に対する優位が強化される。このとき、とくにメディアを介して解説される場合、解説を受ける者における感性、たとえば「なぜそれを、いまこのときに解説するのか」と問いかける感覚を減衰させる効果を、この優劣の分割は伴いがちである。(5) ここに知と権力の結合の一端がかいま見える。この結合を打ち砕くこと。

レンタル・ライフの政治

マルクスによると、知をめぐる階層の展開は資本主義的生産下の分業、とりわけ肉体的労働‐精神的労働の分割と密接に関わる。(6) この分割の突破は、「コミュニズム」の実践を構成する基本的要素のひとつである。

マルクスは生産手段をもたず、あるいは奪われて賃金労働への従事を余儀なくされた人びとが「プロレタリアート」と彼が呼んだ存在の様相と重なりあう時期に生き、思考した。(7) 青年期に執筆された『ヘーゲル法哲学批判序説』（一八四四年）で彼はプロレタリアートを、あらゆる身分を解消する逆説的な身分と規定している。(8) このことは、資本主義的生産下の社会では血統や出自といった「自然‐本性（nature）」によって人間の地位が規定されるのではないということを意味する。したがってプロレタリアートの〈政治〉には、あらゆる身分制の正統化という意味での「自然主義」への批判が含まれるだろう。プロレタリアートは「何ももたない」「何ものでもない」という否定の様態から、「いつどこでも」「何ものであっても」という任意であることの「平等」もしくは「普遍」に移行する肯定の相においてみずからを構成する。

コミュニズムの実践が試みるのは知的序列の廃棄であって、知性のそれではない。知性を、人びとを分断する階層化のほうにではなく、協働のさらなる展開に促す作業がコミュニズムの実践には含まれる。[9]

では「レンタル・ライフ」において、知はどのようにとらえられるだろうか。先述した「死んだ労働」と「生きた労働」の結合による生産手段の構成を想起されたい。生産手段は、時空を含めた延長としての一連の物の組み合わせからなっていた。物そのものは物質的であり、壊れたり滅びたりするが、これらの物に具体化されたアイディアのほうは他の物体にふたたび具現されうるだろう。

イタリアの経済学者カルロ・ヴェルチェッローネは、マルクスの仕事のなかでも『資本論』とあわせて、とくに『経済学批判要綱《グルントリッセ》』（一八五七―五八年）を参照しつつ、こうしたアイディアや生産手段を組み合わせる方法を含めた広義の〈知識〉に資本が注ぎこまれる現状を分析する。[10] 彼は資本がこのような傾向を帯びるまでの流れを、「資本主義的分業の発展は知識と権力の敵対関係によって規定される」という視点から三つの局面に整理した。ここでの議論に関わるかぎりで簡潔に紹介する。

第一の局面は「資本による労働の形式的な包摂」である。「包摂」とは労働が資本に従属する形態を指す。「形式的」とは資本主義的生産出現以前からあった労働過程が、資本に包摂されながらも、いまだ資本主義的生産から直接、生産に関する指示を受けていない様態を指す。そこでは労働者の協業的関係が資本から技術的に独立しているため、資本は融資や商人の形態で労働過程に間接的に介入して資本を蓄積する。この局面の特徴は、労働者が労働過程における資本による統制から自律している一方で、貨幣によって労働の代価を受けとるという矛盾にある。

第二の局面は、産業資本主義の展開にみられる「資本による労働の実質的な包摂」である。資本が労働過程を掌握し、工場および社会における分業を構造化する。生産を計画的・効率的におこなうための科学的知見の資本による適用が賃金労働者の伝統的知識を解体しようとするとき、資本と労働の対立は激化する。この局面の特徴のひとつは、知的生産力の支配をめぐる資本と労働の闘争が資本主義的生産に活気を与えてきた点にある。「フォーディズム」と呼ばれる生産の仕組みは、この局面で機能した。

第三の局面は、フォーディズムの危機による包摂における「形式」の再帰である。ここでの資本蓄積はふたたびおもに融通と商人の形態によっておこなわれる。資本と労働の闘争を介した知的生産力の増大（失業の増大でもある）によって、生産手段の一部であった労働者が当の生産過程の外に（ほぼ）出てしまったからである。生産に費やされた労働時間を尺度とする価値法則は動揺する。労働者は労働時間の外で（も）生産しているからである。労働は物の具体的生産より、物に具体化されるアイディアの生産のほうに比重を置くようになった。アイディアの基礎には知識がある。知識に私的所有権を想定することはできない。それはつねにすでに集合的・協働的である。かくして知的生産力はみずからに折り返され、知による知の生産にいたる。このとき、資本蓄積される利潤は労働過程から得られるのか、それとも知という「共有財産（common）」（から）の貸与‐地代《レント》であるのかが識別できなくなり、労働（者）が「死んで」いるのか「生きて」いるのかも識別できなくなる——労働（者）のゾンビ化？　利潤とレント、死んだ労働と生きた労働、各々が限りなくたがいに折り重なってゆくなかで、知的生産力を挟んで労働と資本が対峙する。[11] 知的生産力という共有財産を、私有権にもとづいて恣意的に（任意ではなく）囲い込み、そこからの略取を企む資本に抗う労働者と、「これは私的所有にもとづく資本蓄積であるから「搾取」——「等価」交換とされる——であって「略取」ではない」と主張する資本との争いである。ここからヴェルチェッローネは、労働者の側から争点を明確化する戦略目標として、不労所得《レント》に限りなく近似した「保証社会所得」——「基本所得（basic income）」にほぼ相当すると考えてよいだろう——請求を掲げる。正規－非正規、本業－副業などを問わず、人間は労働していないときでさえ知識をレンタルして価値の増殖をおこなっているのだから、その対価を要求するのは正当であるという理路になる。

以上、簡単にヴェルチェッローネの議論を紹介した。要求されている基本所得は、彼の場合、一国内においてではなく、全世界で（理想的には一挙に）実施されなければ、その大義を失う。支払うのは国家ではなく、多国籍資本であろう。要求の根拠となる知的生産力という「富の源泉」は定義上、私有権を斥ける「全人類」の共有財産だからである。知識が限りなく分散し、人間各々にランダムに分布した「ビッグデータ」的状況と言ってもいいだろう。それゆえ「知による知の生産」は、「人間による人間の生産」とも重なりあうことになる。多かれ少なかれ知を体化していない人間、かつて体化してこなかった人間、これから体化しないだろう人間は存在しないからである。生きていること自体がレンタル可能な元手（資本）となるこの次元では、労働－非労働の境目が、労働（者）－資本（家）のそれと同じく、どこまでも曖昧になる。問題は「ワーク－ライフ・バランス」以前（以後？）の次元に突き抜けているようだ。資本と労働は対立していたのではないだろうか。

あるいは対立しているからこそ曖昧になるのかもしれない。ヴェルチェッローネはこの点を自覚しており、アントニオ・ネグリとともに執筆した「認知資本主義における〈資本－労働〉関係」（二〇〇七年）で、保健・教育・職業訓練などの「人間にとって基本的な構成要素」を「人的資本」ではなく「無形資本」と呼ぶことを提唱している。(12) 本稿の文脈からすると、これは基本所得を人的資本の成長ではなく、労働者の生活（人間の再生産）の権利ととらえる姿勢の表明と映るが、どうだろうか。

ともあれ資本主義的生産の現状においては、労働と資本がほとんどたがいの分身であるかに見えてくる。ヴェルチェッローネ、ネグリらと並んで「利潤のレント化」を研究してきたクリスティアン・マラッツィは二〇〇一年に発表した著作で、慎重であることの必要を強調したうえで「労働」という範疇そのものが消えるかもしれないと述べている。(13) 彼はフォーディズムの危機に加えて国際通貨システムの変動相場制への移行を「利潤のレント化」の主要因ととらえ、この視角から現状における金融経済の仕組みを考察する。ここでの文脈に即すかぎりで彼の議論において重要な点は、彼がマルクスによる「剰余価値の実現」論にもとづいて植民地主義と福祉国家を同一の地平で把握したことにある。(14) 新たに生産された剰余価値（利潤）は貨幣所得を通して実現されるが、このとき貨幣とは一般的等価物としてのそれではない。資本主義的生産においては価値が増殖する以上、あらかじめ分配された給与所得だけでは生産された剰余価値を実現できないからである。それゆえ将来なされる（べき）（賃）労働を指図する貨幣、「即自的にはすでに資本である貨幣」を、流通と消費を含めた資本主義的生産過程に注ぎこむ必要がある。(15) 先進諸国は資本主義的生産過程の「外部」に位置する貧しい国に長期間の融資（借款）をおこない（即自的資本としての貨幣）、購買力をつけさせたうえで自国の生産物を輸出し、（即自的資本としての貨幣から所得の量としての一般的等価物と化した貨幣で）購買させることによって剰余価値を実現させる（植民地主義・帝国主義）。また、福祉国家は（理想的には）赤字財政支出によって生産過程の「内部」で剰余価値を実現する。これも未来への融資（公共事業で雇用を増やし、好況時に増税して「収穫」する）であり、内－外の相違はあるものの、仕組みの基礎は植民地主義と変わらない。知的生産力の高まりに伴う「人間による人間の生産」からすれば、内－外の相違の過剰な強調を抑え、半ば「労働者」でもある（？）人間の資本への従属からの脱却を内－外両側の人びととともに構想する地平を開くことができるだろう。

こうした視角からマラッツィは金融経済の現状を把握する。二〇〇九年発表の論文「金融資本主義の暴力」では、金融があらゆる財そしてサービスの生産と同質的かつ不可分になっているとして、ヴェルチェッローネの名をあげつつ、利潤とレントの識別不可能性を指摘する。[16]「株主資本主義」とも呼ばれる「フォーディズムの危機」と「変動相場制」以後の知的生産力への投資・融資の傾向は「剰余価値実現の仕組み」にもとづいているというふうに、彼の議論を理解してよいと思われる。彼も「保証された所得」という概念を通して広義の「基本所得」導入を検討している点を付け加えておく。[17]

労働というカテゴリー

ヴェルチェッローネらによる〈資本－労働〉の抗争的関係を基礎とする仕事には少なからず触発される。そこで最後に、限りなく接近しあう利潤とレント、あるいは労働と不労の「間隙」に注視してみたい。この「間隙」にはコミュニズムの実践をめぐって考えさせることがある。[18] 問題は先にみた剰余価値の「実現」に関わる。

仮に「保証社会所得」あるいは「保証された所得」が支払われうる諸条件が整ったと仮定してみる。このとき利潤－レントの決定不可能性を根拠として要求される、それ自体不労所得と識別できない「基本所得」は、どのように支払われるのだろうか。貨幣によってであるとすると（どの通貨で支払うのかも問題だが、とりあえず措く）、マラッツィが指摘するように、この利潤－レントに見あう〈対価〉は、将来における労働を指令する「即自的に資本である貨幣」によって支払われるのだろうか。未来を先取るこの貨幣は、いつかどこかで必ず一般的等価物としての貨幣として、言いかえれば貨幣所得の量として実現されなければ利潤－レントの対価にはならない。したがって賃労働から離脱して金利生活に入った瞬間、当の賃労働が回帰する。資本は支払った「対価」を補って余りある、新たな剰余価値のありかを追求しつづけるだろう。対価が一般的等価物としての貨幣によって支払われても同様である。この場合、「即自的に資本である貨幣」をふりだすにふさわしい別の時空で資本主義的生産が続くだろう。対価を受けとる者が自分のことだけを考えているかぎり、事態は変わらない。利潤とレントの限りない相互接近を想像的に一致させるとき、待ちうけているのはこの逆説ではないか。

マルクスの剰余価値（価値増殖）論を確認する。価値は生産と交換の言わば〈交差点〉で増殖する。生産と交換いずれかのみでは価値は増殖しない。『資本論』第一巻第一部三篇五章「労働過程と価値増殖過程」二節「価値増殖過程」から引用する。

労働力の価値と、労働過程での労働力の価値増殖とは、ふたつの違う量なのである。この価値差は、資本家が労働力を買ったときにすでに彼の眼中にあったのである。〔…〕決定的なのは、この商品の独自な使用価値、すなわち価値の源泉でありしかもそれ自身がもっているよりも大きな価値の源泉だという独自な使用価値だった。〔…〕実際、労働力の売り手は、他のどの商品の売り手とも同じに、労働力の交換価値を実現してその使用価値を引き渡すのである。〔…〕労働力の使用価値、つまり労働そのものはその売り手のものではない〔…〕という事情は、買い手にとっての特別な幸運ではあるが、けっして売り手にたいする不法ではないのである。（KI 208）

労働者（「売り手」）は資本家（「買い手」）にみずからの労働力＝商品を売る。「労働力の価値」と「労働力の使用価値」の差異が剰余価値である。「価値差」の分を資本家は労働者から「搾取」しているにもかかわらず、これは「けっして売り手にたいする不法ではない」。労働力の使用価値ではなく労働力が売買されているかぎりで、この交換は確かに「等価」である。マルクスは「搾取」を擁護しているのではない。資本主義的生産が終わらないかぎり、「搾取」は「不法ではない」ままだということである。

利潤－レントの「間隙」に戻ろう。価値の増殖では交換が生産との「交差」において価値を増殖させ、増殖した価値は貨幣への交換によって「実現」される。だとすれば、両者の識別不可能を根拠とした「保証所得」の要求は、「働いているのに支払われていない」という通常の意味においてではなく、「働いていないときに働いている」という逆説的な意味での「時間外労働」分の対価要求というかたちをとった「不法」な「価値差」分の支払要求ではないだろうか。

「ドイツ労働者党綱領評注」[19]（一八七五年）でマルクスは、ドイツ社会主義労働者党（後のドイツ社会民主党）綱領草案を評注し、そのひとつとして「労働収益〔の〕公正〔な〕分配」を掲げた箇所をとりあげ、「労働収益」という語の曖昧な使用と、「公正」という語がブルジョワジーのそれと同じ意味で用いられている——先の引用における「不法ではない」に該当する——ことを指摘する（R 31-34）。そして先の引用に確認された、生産と交換の「交差」における「労働力の価値」と「労働力の使用価値」の差異が剰余価値になるという『資本論』第一巻での認識をふまえ、コミュニズムにもとづく社会では生産物は交換されず、それゆえ「労働収益」という言葉自体が無意味になると述べる（R 47, 35）。しかしまた、いまはまだ資本主義社会であるため、交換にもとづく賃労働制度の枠組みにおける資本との闘争は当面のあいだ——とはしかし、どれぐらいなのか——不可避であるとも述べる（R 36-38）。逆に言うと、「公正」を装ってはいても賃労働制度はコミュニズムではなく、むしろ奴隷制度である（R 47）。賃労働制度からの脱却は、「各人はその能力に応じて、各人にはその必要に応じて」というコミュニズムの定式と切り離せない[20]（R 39）。その萌芽は「価値差」を論じた『資本論』第一巻にすでにみられると言ってよい。

利潤とレントの不可識別化にもとづいた先述した意味での「時間外労働」への対価要求は、ドイツ労働者党綱領草案にみられる「労働収益〔の〕公正〔な〕分配」、先の『資本論』からの引用で言いかえれば「不法」な「価値差」分の要求の今日的な反復であるかにみえる。仮に「不法」な「価値差」分を資本側が支払ったとしても、「保証所得」の場合と同じ仕組みが働いて、資本主義的生産は継続する。ここでは生産物がブルジョワジーの用いる意味で「公正」に交換されているからである。

だから、ここまでみてきた側面のみに限って言えば、今日におけるコミュニズムの実践はマルクスが生きていた当時と同じ地点にある。「コミュニズム」というアイディア（理念？　観念？）は、その意味でいまだ生きている。マルクス主義の終焉を語ることによって自己同一性を支えてきた反マルクス主義の失効とともに、「コミュニズム」の理念を再考すべきときが来ている。[21]

しかし、いったいどうすればこの状態を離脱できるのだろうか。おそらく手がかりは生産と交換を「交差」させる貨幣、ひいては「貨幣を介した剰余価値の実現」にある。「貨幣」概念を批判してその限界を探り、その新たな定義または意味を生産する作業が必要とされていると思われる。ヴェルチェッローネらの議論から引きだしうるのは、このような展望である。

賃労働の現実が、賃労働の廃棄＝コミュニズムという夢を私たちに見せる。それは近づいている。しかしそれを私たちに見せてくれた賃労働それ自体はコミュニズムではない――この循環から想起されるのが、パウロの語った「カテコーン」である。イエスが降臨する直前、その先ぶれとして「不法の者」があらわれ、世界を破壊するという。「カテコーン」とはこの破壊を抑止する力の形象である。それゆえイエスの降臨を遅らせて（も）いるのは、ある意味で当の「カテコーン」である。この両義性のなかで、私たちは当面のあいだ――とはしかし、繰り返すがどれぐらいなのか――「労働」から遠ざかることができそうにない。

生そのものがレンタル可能とされる「この期」におよんでなお、「労働」は帰ってくる。利潤がどれほどレントに接近しても、ついにその「間隙」が消えないように。「知的生産力」の展開によって「仕事」と「雇用」の形態が大きく変わるとされる未来、「労働」はなお残存するだろうか。レンタル・ライフにおける「政治」は、依然「労働」と結びついているだろうか、それとも切り離されているだろうか。いずれにせよ、私たちをいまも翻弄する「労働」のディレンマを発見したのはマルクスであり、それゆえ彼の仕事は「コミュニズム」のアイディアと同じくそのアクチュアリティを失っていない[22]。

労賃とは別の仕方で　『経済学批判要綱』から『生きた貨幣』へ

タイムカプセルとその解凍

一八八一年、カール・マルクスは、ロシアの職業的革命家ヴェーラ・イヴァノーヴナ・ザスーリチに宛ててロシアにおける資本主義の発展に関する手紙を送っている（三月八日付）。そのころ友人たちとともに「労働解放団」という名の政治組織を創設していたザスーリチは、『資本論——経済学批判』第一巻（一八六七年）をフランス語版（一八七五年）で読み、そこでマルクスが論じている資本主義の傾向的法則は、はたしてロシアにおいても該当するのだろうかという疑問を抱き、彼にその旨を問う手紙を書き送った。彼女の問いかけへのマルクスによる応答が、いわゆる「ザスーリチ書簡」である。フランス語で書かれた同書簡には三つの草稿があることも知られている。[1] いずれの草稿にも見てとれるのは——ザスーリチに送った手紙のなかでは明記されていないが——当時のロシアにおいては資本主義的生産と農村共同体とが共存しているという論点である。

同書簡で問われている主題を説明しておく。『資本論』第一巻でマルクスは、資本主義的生産様式が成り立つ基本的条件のひとつとして、生産者と生産手段の分離をあげている。ここで述べられている生産者とは、端的にはみずからの土地を所有し、その土地を耕作して農作物を収穫して生きる農民であり、そして農民を資本主義的生産の担い手、すなわち賃労働者とするためには農民から土地を含めたその生活手段を収奪し、労働力以外なにも所有していないという状態に追いつめることが必要とされる。そのような状態に追いこまれた人間には、資本制のもとでみずからの労働力を商品として資本家に売るよりほかに生きるすべをもたないからである（労働者から労働力を購買した資本家は、労働者にみずからの生産手段を提供し、これを使用させて商品を生産させ、生産された商品を売ることによって、利潤を獲得する。これが資本主義的生産の体制であり、この体制を作動させるための前提条件として、生産者と生産手段の分離が必要とされる）。

マルクスは実際にザスーリチに送った手紙のなかで、この分離が「根底的に遂行されたのは、まだイギリスにおいてだけである。……だが、西ヨーロッパの他のすべての国も、これと同一の運動を経過する」と述べた箇所をフランス語版『資本論』から引いたうえで、「だから、この運動の「歴史的宿命性」は、西ヨーロッパ諸国に明示的に限定されているのです」と述べ、その理由として、ふたたびフランス語版『資本論』から「自己労働にもとづく私的所有……は、やがて、他人の労働の搾取にもとづく、賃金制度にもとづく資本主義的私的所有によってとって代わられるであろう」と述べた箇所を引き、「こういうしだいで、この西ヨーロッパの運動においては、私的所有のひとつの形態から私的所有の他のひとつの形態への転化が問題となっているのです。これに反して、ロシアの農民にあっては、彼らの共同所有を私的所有に転化させるということが問題なのでしょう」とザスーリチの問いを整序している（19:238）。

生産者から生産手段を分離させる場合にも、すでに私的所有が形成されている状態でこれを遂行するのか、あるいは共同所有の状態において遂行するのかという点で差異が生じる。生産手段を奪われた農民は、資本制においてふたたび私的所有の形態を——その内実は深く変質させられているにせよ——与えられる。だがロシアには農村共同体が依然存立しており、この点、すでに私的所有形態が浸透していた西ヨーロッパ農民の場合とは事情が異なる。第二草稿ではロシアにおける「共同所有」の具体的説明として、土地が農民たちによって共同で所有されるとともに、耕作は農民各々の計算にもとづいておこなわれ、その収穫物は耕作者各々によって所有されるという「内的な二重性」をもってされる（19:402）。

ロシアの場合と完全に同じではないにせよ、西ヨーロッパにも共同所有はあったが、これは「たえまない外戦と内乱とのなかで死滅した」と第一草稿では推測されている（19:389）。他方、第二草稿で、ロシアは「近代の歴史的環境のうちに存在し、〔…〕資本主義的生産の支配している世界市場に結びつけられている」と同時に共同所有が広大に全国規模で維持されており、したがってその原初形態を破壊されることなくその「全系列の発展をそれ自身で経過してきた原古的な型の最近代的な形態」としてのコミュニズム的所有の形態へと発展・転化させる可能性があるという（19:401）。第二草稿では、共同体には地層の堆積が地球の歴史を一覧させるようにその構成の全経緯を折りこんだまま現存するケースがありうるという旨の文言も読まれる。「われわれの地球の原古期《アルカイック》〔古世代〕すなわち第一紀の地層《フォルマシオン》は、それ自体、つぎつぎに累積してきた、さまざまな時代に属する一系列の単層《クシュ》をふくんでいる。それと同じく、社会の原古的《アルカイック》構成は、前進的諸時期を画する〈相互にひとつの上昇系列を構成する〉、さまざまな型の一系列をわれわれに啓示している。ロシアの農村共同体は、この連鎖のもっとも新しい型に属している」(19:401-402.〈 〉内はマルクスによる草稿への再書きこみ、ルビおよび〔 〕内は訳者)。ここでマルクスは歴史を複数の層の堆積という比喩でとらえようとしている。歴史は単線的に進行せず、諸要素の配置の変更というかたちで新しいものと旧いもののあいだの関係がそのつど規定しなおされる過程である。(2) ロシアでは「原古的な」共同体構成が近代のただなかに、言わばタイムカプセルのなかに保存されているかのごとくに残存しており、資本主義的生産がもたらす諸々の効果を通して「最近代的な形態」へと転化しうるということである。マルクスは「私的所有の要素が集団的要素に打ち勝つか、それとも後者が前者に打ち勝つか」(19:391)という第一草稿で述べられる試練を、共同性の「最近代的な」形態に向けて克服しえたならば、ロシアは「コミュニズム的所有の形態」への革命をなしとげられるだろうと考えたと言ってよい。

だが、これは理論的可能性以上のことではない。慎重なマルクスは、実際にザスーリチに送った手紙では未来に関する具体的・明示的・肯定的言及を周到に避け、この共同体が「ロシアにおける社会的再生の拠点」として機能するには、これを脅かす諸々の作用を除去し、その自然成長を促す諸条件の確保が必要だろうと述べるにとどめており、今後ロシアが資本主義的生産の(西ヨーロッパとは異なる)もうひとつの形態を展開するかもしれないという危惧をうかがわせる(19:239)。資本制が世界を——各地の地政学的諸条件に応じて変形・分岐するかたちで——席巻している今日からみて、マルクスはロシア、ひいては世界の未来について両義的な思いを抱いていたと想像される。そもそも各地諸共同体の構成を比較し、ある型の複雑な変形・分岐として分析するという世界史的視座そのものが、資本主義的生産の傾向的法則の浸透によって事後的-遡及的に成立したものであった[3]。ヘーゲルの思考の批判的検討から自分の仕事を開始したマルクス自身、そのことを自覚していた[4]。また古代共同体が非-資本主義的要素であると言っても、タイムカプセルを不用意に解凍するなら、それが資本主義の体制のなかで商品と化す危険も見逃せない。課題は山積している。

資本制のループと過去への前進

しかしながら、理論的可能性以上ではないにせよ、資本主義の傾向に鑑みて、漠然とではあれ何がしかの理念的指針をつかんでいなければ、変革への意志もまた痩せほそってゆくほかない。そこで「ザスーリチ書簡」への参照のみではその内実が若干不明瞭であった「所有」の非-資本主義的形態について、少しだけその理解を深めておきたい。そこから資本主義的所有形態を批判する展望が多少とも開かれるだろう。

「ザスーリチ書簡」でマルクスが提起した資本主義的生産と(古代共同体という)非-資本主義的要素との緊張を孕んだ共存という視角は、『経済学批判要綱《グルントリッセ》』と称される一八五七年から翌年にかけて書かれた膨大なノート——後に『資本論』に結実する——のなかに、とりわけ「資本主義的生産に先行する諸形態」(以下「諸形態」)と題された論考において、すでに見てとれる[5]。同論考は資本主義がどのように成立したかを考えるうえで示唆に富む。周知のように、資本主義の出現をどう考えるのか、それはどの地域でも成り立ちうるのかという問いは、マルクスに触発された歴史学者や経済学者、哲学者たちのあいだで議論を引き起こした(6)。なお、ロシア共同体へのマルクスの関心は、多分にザスーリチの問いに触発されたものであり、「ザスーリチ書簡」執筆に約四半世紀先立つ「諸形態」は、ロシアをじかに扱ってはいない。焦点は西ヨーロッパにおける資本主義的生産以前・以後の所有形態の比較に定められている。しかしながらそうであるだけにいっそう、資本主義的生産のただなかに非–資本主義的要素を探りあてるという課題にとって、同論考は示唆的である(7)。

「諸形態」における論点を、マルクスの言葉に寄り添いつつまとめてみよう。古代共同体において財(富)は生産の目的ではなかった(「諸形態」137)。所有とは「自分の自然的生産諸条件にたいして、いわば延長された自分の身体をなすにすぎない自分自身の自然的諸前提にたいする様態で関わること」(「諸形態」144)だからである。言いかえれば諸々の身体(その集合が「部族」または「共同体」と呼ばれる)とその身体をとりまく環境——そこから身体は生産の素材と手段を汲みとる——は一体化しており、それゆえ所有とは、「なんらかの部族(共同体組織)に所属すること(これのなかで主体的・客体的存在をもつこと)を意味」するからである(「諸形態」144-145)。所有は共同体がみずからを再生産するための諸条件と密接している(「諸形態」149)。なお言語もこの意味での所有のひとつであり、所有とは個人のある共同体への所属を媒介する形態である(「諸形態」141)。これが生産手段と生産者が分離していない所有形態である。

(この意味での所有形態は定住民族以外にも見いだされる。この場合、大地との連関に焦点が当てられる。具体例としてマルクスは、アジアのステップや高原における遊牧民族の所有形態、またアメリカ先住民の狩猟地との連関をあげている。彼らにとって「大地は、その他の自然条件と同様に、無限の大自然としてあらわれるのであって」「彼らは大地にたいして、自己の所有物にたいする様態で関わる、――ただし彼らはこの所有をけっして固定しないのではあるが」(「諸形態」142)。つまりマルクスがここで考察している所有は、定住‐遊牧といった区分を前提とせず、むしろ双方を横断する性質をもつ。別の箇所で彼は、「資本（Capital）」はもともと家畜を指しており、その意味では遊牧民が「最大の Capitalist〔資本家〕である」と述べている(「諸形態」174)。資本主義を批判するにあたり、遊牧的なるものを資本制に安易に対置し称揚する姿勢をすでにマルクスが牽制している点に留意したい(8)

富が生産の目的と化す体制が、資本主義的生産のそれである。そこでは生産者と生産手段が切り離され、所有は言わば抽象化される。解明すべきは「歴史的過程の結果」としての、この「賃労働と資本との関係においてはじめて完全なかたちで措定されるような分離」(「諸形態」140)である。この分離は個人の共同体からの離脱を助長する。みずからの生存〔生命の再生産〕を共同体に媒介されて支えていた個人は、その支えを自分の生産手段にではなく、他の生産者の生産物に見いだすようになる。生存は生産物の交換を通して支えられる。「交換そのものが、こうした個別化の主要な一手段なのである。交換は、群棲的存在〔群棲体〕を不必要にし、それを解体する」(「諸形態」150)。資本制においては「労働する個人が土地、大地にたいして、自分自身の土地、大地にたいする様態で関わる状態、すなわち、土地の所有者として労働、生産している状態が否定されているのである」(「諸形態」153)。これは支配形態の変化でもある。共同体における支配とは異なり、資本制においては交換という媒介を経由した「他人の意志の取得が支配関係の前提なのである。だから〔…〕その持ち主を支配者にすることはない」(「諸形態」156)。資本制においては、共同体的「隷属諸関係〔Hörigkeitsverhältnisse〕の解体」(「諸形態」158)と引き換えに、等価交換そのものが「支配者」と化す(9)。そして前述した意味での所有の否定、言いかえれば労働者たちの「無所有性」を促進するのが、交換の媒体でありかつ資本へ転化するものとしての貨幣である(「諸形態」165-166)。貨幣または貨幣財産のたんなる定在のみでは資本とは言えない(「諸形態」164)。資本とは生産物の価値(いわゆる「使用価値」)ではなく、交換によって生じる価値(いわゆる「交換価値」)の蓄積だからであり、貨幣が資本に転化するには、使用価値の生産が優勢にある生産関係から交換価値およびその生産の優勢への変化が前提とされる(「諸形態」159)。この前提に立ってのみ、富(財産)は貨幣形態において現存することができる(「諸形態」162)。「所有」は——生産手段から切り離されているという意味で——その定義を一新する。逆に言うと生産手段が「まだ、生きた労働そのものと癒着していて、生きた労働の領域としてあらわれる」状態では、資本へと転化しうるものとしての貨幣は「ほんとうの意味で流通することはないのである」(「諸形態」163)。

このように資本とは、抽象化された所有形態にもとづいて生産の目的を富に定めた体制を作動させる過程であり、その作動を補助するのが貨幣である。貨幣はただそれのみで資本に転化可能なものではなく、生産者と生産手段の切り離しという歴史的過程を経てその機能を付与される。資本は局所的・具体的に時空を限られた定在ではなく(ただしこれは、資本が非歴史的なものであるという意味ではない)、ここでは厳密に展開することはできないが——それには『資本論』第一巻に加え、第二巻と第三巻をも読解する必要がある――生産と交換と消費と分配が複雑に連関した循環運動、これらの要素すべてを寄せ集めて結合させ、「現実の蓄積〔Anhäufen〕」（「諸形態」167）をおこなう支配の機能であり、またこの過程それ自体でもあって、貨幣はその重要な一時的停留所である。所有や富もまた、この関係のなかにおいて規定されているかぎりでのみ意味をもち、機能する。別の組み合わせに置かれるならば、それらは同じ要素でありながら、資本に敵対する体制を構成する可能性がある。「同一の物象〔Sache〕が、あるときは資本の規定のもとに包摂されており、あるときはなにかほかの、しかも資本に対立する規定のもとに包摂されうるのであり、それに従って、資本であったり、なかったりするのである。資本とは、このように、明らかにひとつの関係であり、しかもひとつの生産関係でしかありえないのである」（「諸形態」176）。富の資本主義的生産を目的とした循環の外に出るなら、資本は非-資本となる。運動が停止するとき、資本も富も財も貨幣も所有（権）も、今日それらが用いられている際の意味を失う可能性がある。マルクスは、この運動が円環を描く様子を次のように表現する。「これまで見てきたように、貨幣の資本への転化は、労働者にたいして労働の客体的諸条件を引き離し自立化させた歴史的過程を前提するが、他方で、すべての生産を資本に従属させ、いたるところで労働と所有との分離を、労働と客体的諸条件との分離を発展させ、貫徹させるものは、ひとたび成立した資本とその過程とがもたらす効果〔Effect〕である」（「諸形態」173）。分離を前提としてみずからを産出しながらも、この分離を結果（effect）として産出する。このループ状の運動が資本主義的生産の円環たるゆえんである。資本主義の〈起源〉が歴史上・地理上のいたるところに見いだされるかのごとき感覚を私たちにもたらすのもこのループである。それは、資本主義は不滅であり普遍的であるという錯覚によって、私たちを資本制のなかに閉じこめる罠である。この循環において、目的化した富の生産はある意味では何も生産しておらず、無目的である。「この歴史的過程は、これまで結合していた要素の分離であった。だからこの過程の結果は、これらの要素のうちのひとつが消滅するということではなくて、それらのいずれもが〔…〕他のものにたいして否定的に連関するというかたちであらわれる、ということである。自由な労働者に転化させられた階級の側からの客体的諸条件の切り離しは、同時にまた、その対極でのこの同じ諸条件の自立化としてあらわれざるをえないのである」（「諸形態」160）。労働者にとっての所有と労働との分離は、資本家にとっては所有の自立化としてあらわれる。その意味で両者は非対称的である。言いかえれば資本制における「この交換および交換価値の発展が、一方では、自己の存在諸条件にたいする労働の所有諸関係の解体をもたらすとともに、それ自体が生産の客体的諸条件のなかに組み入れられていた労働の解体をもたらすのだ、ということである。〔…〕交換価値にもとづく生産とこの交換価値の交換にもとづく共同体組織とは、労働の客体的諸条件の分離を前提し、またそれを生産する」（「諸形態」168）。

この「共同体組織」すなわち資本制においては、所有が労働の成果であるかにみえても、それは外見上のことでしかない。この等価交換システムは実際には何も生産しておらず、労働と所有は分離しつづけ、非対称化が進む。「このように等価物の交換がおこなわれるのは、交換なしに、しかし交換の外観のもとで他人の労働を取得することに基礎をおく生産の表層にすぎない。〔…〕だから、交換価値の体制《システム》——労働によって量られる諸等価物の交換——が、転変して、というよりはむしろ、その隠された背景として、交換なしでの他人労働の取得、労働と所有の完全な分離を顕わすことは、もはや驚くにはあたらない。〔…〕労働がふたたび、自己の客体的諸条件にたいして、自己の所有物にたいする様態で関わるためには、〔…〕交換なしでの生きた労働の取得を措定する私的交換の体制《システム》に代わって、それとは別の一体制《システム》が登場しなければならないのである」(「諸形態」169)

このように交換価値は、労働に支えられながらも労働から離脱してゆき、労働を要さずともそれ自体の力で価値を産出しうるかのごとき様相を呈する。交換(という外観)なくして価値は実現されない。そして交換の背後に所有から切り離された労働は埋もれてゆく。等価交換という対称性の外見のもとで、労働と所有の非対称性がその度合を深めてゆく。

私たちはこのような目的 - 無目的の体制「とは別の一体制《システム》」に移行できるだろうか。システムの深部、むしろ外部に沈んでゆく労働を、目的 - 無目的あるいは価値 - 無価値のいずれにも還元することなく、生産と交換の双方を斜めによぎりつつ、資本制的所有形態を経由した後の非 - 資本制的所有形態においてとらえなおすことができるだろうか。資本制に先行する所有形態についての考察の途上で書きつけられた人間にとっての真の〈富〉に関するマルクスの次の言葉は、この点を考えるうえで示唆的である。

富は、先行の歴史的発展以外にはなにも前提しないで、人間の創造的諸素質を絶対的に表出すること〔Herausarbeiten〕でなくてなんであろう? そしてこの歴史的発展は、発展のこのような総体性を、すなわち、既存の尺度では測れないような、あらゆる人間的諸力そのものの発展の総体性を、その自己目的にしているのではないのか? そこでは人間は、自分をなんらかの規定性において再生産するのではなく、〔…〕生成の絶対的運動の渦中にあるのではないのか?(「諸形態」138)

資本制における富の生産は、非対称化(そして非対象化)された労働を、すなわち既存の価値基準ではけっしてとらえられないがゆえに言わば「負の労働」とでも呼びうる生産を、その裏面につねに随伴させている。資本制において蓄積されながらも資本制によっては評定されえないこの未踏の「富」が、資本制を離脱するための私たちにとっての理念的指針となるだろう。

以上、所有形態の変遷を考察してゆく過程でマルクスが突きとめた資本制の円環における無目的性を、ピエール・クロソウスキー(一九〇五―二〇〇一)は『生きた貨幣』(一九七〇年)で「倒錯(perversion)」という視点から把握する。(10)以下、その理路を追っていこう。

ワープとしての倒錯　未来への逆進

クロソウスキーにとって倒錯とは、人間がみずからを再生産する円環(もっとも広い意味でのエコノミー)からの錯時的《アナクロニック》逸脱を指す。人間にみられる諸々の倒錯的なふるまいは人間と人間以外の生命体のあいだで揺動する欲動(pulsions)であるとともに、この揺動の解釈としての表現である。そこにおいて欲動は、類としての人間がみずからを再生産するという目的に従う生殖行為と、この目的に先立つ(正確にはこの目的が定める目的―無目的という分割そのものに先行する)性的欲動とにいったん分解されたうえで、あらためて人間各個体の統一性において(正確にはこの統一性を構成しながら)再生産―倒錯という一見対立するふたつの性向の混合として出現する。

なぜ欲動はセクシュアリティにおいて、いったん分解されたうえで統一されるという迂回路を経るのだろうか。一見したところ無目的な性的快楽への個体の忘我‐没入は、じつは類としての人間の再生産という目的に従ってなされる生殖の営みだからであるとクロソウスキーは考える。そのかぎりで快楽は再生産のためのおとりであり、快楽の擬装（simulation）である。快楽と再生産は同じものの表と裏である。現代産業社会（マルクスが考察した産業資本主義体制）において快楽‐再生産という表裏一体は、副次的上部構造‐経済的下部構造の表裏一体としてあらわれ、欲動の諸力は両者を横断しつつ両者を構成する。言いかえれば欲動はみずからへの抑圧をみずからつくりだしつつ、これをふたたび破壊する。クロソウスキーは次のように述べる。

> 欲動の諸力が経済（économie）において、つまるところ私たちの産業社会においてみずからを表現するその仕方は、これらの力が支配的諸制度の組成（économie）において取り扱われるその仕方に対応する。アルファにしてオメガであるこの下部構造が、既在する副次的諸構造に対するみずからの反応によってその都度規定されるものであることは否定できない。だが眼前にあらわれている諸力は、下部諸構造から副次的諸構造にいたるまで同じ戦いを続けている諸力である。だから、これらの力がまずは経済的諸規範にしたがって特種な仕方でみずからを表現するとしても、諸力はおのれ自身に対する抑圧をみずから創造し、またおのれがさまざまな度合で被る抑圧を破棄する手段をも創造する。（MV 14-15）

社会体を構成する、抑圧とその解除というふたつの性向は、既述したように個体においては快楽－再生産の緊張としてあらわれる。個における両者の巧妙な均衡（分解を経ての統一）によって、人類はみずからを維持しつづけてきた。この均衡が崩れたとき、倒錯(者)が出現する。倒錯は再生産という人類史総体に先立つ前史への固着として、現在時において錯時的に出現し、再生産の円環を撹乱する。サドの倒錯論をふまえつつ、クロソウスキーは次のように述べる。

このふたつの性向の取り違えによって自己再生産能力を備えた個体の統一性は基礎づけられる。そしてこのふたつの性向は、個体が有機的生体として完成した後もなお継続的に分離されると、個体固有の生命機能を危険に曝す。だから倒錯という言葉は生殖活動に先在する段階への情欲の固着を指し示すにすぎないが、相互に組み合わされて複雑な諸情念を形成する単純な諸情念というサド的な意味での単純な諸情念という語は多様な策略を指し示す。この策略によって元初の情欲は、その解釈能力を通して、有機的生体の多様な機能のなかから、興奮をもたらす感覚の新たな諸対象を選びだす。その目的は、感覚の新たな諸対象を唯一なる生殖機能の代わりに据え、この置き換えによって生殖機能をはてしなく宙吊りにしつづけることである。これらの置き換えや策略は、繁殖本能に対して行使される力の天引き以外の何なのか。天引きされた欲動の力は、それゆえひとつの幻想の質料〔素材〕を形成し、この質料〔素材〕を情欲が解釈する。そして幻想はここで、製造された対象物の役割を担う。欲動の力による幻想の使用がその価格を、この使用と一体化する情欲に与える。そして倒錯の場合には、情欲を引き起こす幻想の使用は、その幻想がまさしく交換不可能であることを欲する。ここには感覚された情欲への、最初の価値づけが介入している。群居に適った個体的統一性の完成を、すなわち個体の生殖機能を拒絶するがゆえに私たちが倒錯的と述べたひとつの衝動〔内化した欲動 *impulsion*〕は、その強度を通して、交換不可能な、それゆえ価格外 - 法外な価格のものとしてみずからを提示する。(MV 17-19)

倒錯(者)による円環の攪乱は、再生産の停止を目的として、「繁殖本能に対して行使される力」を「天引き」する。この「天引き」された欲動が、倒錯(者)特有の幻想の素材となる。この幻想は人類(「群居」)の再生産という営みから逸脱しているがゆえに、「群居に適った」他の諸個体とのあいだに交流は成り立たないかにみえる。少なくとも資本制下の交換の仕組みでは、それを評価することはできない。倒錯者がおのれの抱く幻想の「交換不可能〔性〕を欲する」とは、このことを指している。

マルクスが「先行する諸形態」で考察したように、資本主義下における交換は共同体を解体し、「群棲的存在」としての人間を諸個人に分解する。逆説的にも倒錯者がみずからの幻想の交換不可能性を欲するほどにまで個体化を推し進めうるのは、現代産業社会を支配する、私有権にもとづいておこなわれる諸個人の交換行為に拠っている。この視点からすれば、資本主義は目的と無目的の相違、再生産と純然たる蕩尽の差異がもっとも識別不可能化する体制である。そこでは目的と無目的はたがいを擬装しあい、たがいがたがいの分身となる。クロソウスキーが言うように、資本制はおのれを抑圧しては解放する欲動によって駆動する。[11] 生存を目的とするエコノミーと過剰な濫費がたがいの擬態(simulacre)となる様相を、彼は次のように描きだす。

諸々の衝動〔内化した諸欲動 impulsions〕が、本来なら道具として利用されるものをことごとく無差別にみずからに奉仕させるのだとすれば、諸対象物がなんの擬装であるかを識別するには、諸対象物というこの範疇を考察すればよい。つまり、その本性上、擬態からもっとも遠い〔はずの〕道具類は、効率性のみを目的として厳密に制限された〔それら道具類の〕使用法を指示するという点で〔すなわち、その諸効果－結果において不可逆的なひとつの操作を――たとえその操作がどれほど複雑に分岐可能であっても〔その操作を用いてなされる〕模擬実験から得られるあらゆる〔実験〕結果を排除しつつ――規定するという点で〕非－擬装の、したがって実現された事実〔既成事実〕の擬態となるだろう。この既成事実によって、情念的生のなかから、このようにして使用物の製造という目的へと方向転換を余儀なくされる〔迂回させられる〕部分が天引きされる。ところで芸術における擬態が諸情念の用いる道具のひとつであるとすれば、その擬態もまた、まさしく効率的操作のひとつたらざるをえない。それがひとつの擬装された擬態にすぎないなら、この擬態はおのれの〔もたらすべき〕効果を欠落させていることになる。擬態の効果とはまさに、みずからの行使する操作においてつねに可逆的で、情念的生と同じく、拡張された可変的な使用法に存するというのに。(MV 48-49)

資本主義的生産が進展した産業社会では、効率性の増大に向けて生産手段〔「道具」〕の生産およびそのための実験も大規模化する。先の引用に出てきた衝動の倒錯は、この「道具」を効率性とは逆の仕方で用いて再生産を「宙吊り」にする。そのとき、最大効用を目的とするはずの「道具」が、逆に効率性の擬態であることが明らかになる。他方、産業社会にあっては芸術——しばしば効率性に対立する純粋な贈与の領域と把握される傾向がある——においても、一見蕩尽と映る芸術作品が、逆に蕩尽を擬態するものであることがわかる。効率性－蕩尽という非対称性の裏面には、そのいずれをも横断する可逆的な衝動が触知されるわけである。ここで非対称性に関して想起すべきは、マルクスが資本制における所有と労働のあいだの非対称性を洞察し、そこに資本制を支えながらも資本制から排除される負の労働をみていた点である。そして資本としての富は、資本の円環の外ではなんら価値をもたない。マルクスはこの事態を肯定的にとらえかえし、資本制においては負としか評価されない労働がもたらす、あらゆる評価尺度を逸脱する「富」としての「生成の絶対的運動の渦中にある」「あらゆる人間的諸力そのものの発展の総体性」へと、資本としての富を反転させる可能性を示唆した。

そしてこの負の労働または「富」を、クロソウスキーは「情念から使用物の製造という目的へと方向転換を余儀なくされる部分」の「天引き」として抽出したと言ってよい。この「天引き」を手がかりとしてクロソウスキーは、密室に閉じこもり他者と断絶した怪物という倒錯者についてのサド的イメージから離れ、共同体への従属から諸個人を解放した資本主義の力を基礎としつつ、あらためてこの諸個人による共同性の再生を構想したマルクスと同じく、倒錯者たちが各々に抱く幻想の交換－交流（communication）の実現可能性を探ってゆく。[12]この「交換」には、資本制下の所有形態を逸脱し、新たな規定のもとに置かれる可能性がある。倒錯(者)は人類の前史に固着するという意味で太古的・錯時的でありつつ、資本主義的生産力の増大によって現在へとワープ（回帰－再来）する可能性を手にしてもいる。クロソウスキーはサド的な倒錯者について、他者と断絶した倒錯者の身体は逆に自己の所有権を放棄して、さらには他者に憑依される様相を呈するという。「自己の身体の所有権を他者のそれと同様に破棄すること、これが倒錯者の想像力に固有の操作である。彼は他者の身体におのれのものであるかのごとくに棲みつき、それゆえおのれの身体を他者に配分する。言いかえれば固有の身体なるものは幻想の領域として回復される。かくて身体は幻想の等価物、幻想の擬態にすぎないものとなる」（MV 57）。固有性－所有権という概念は、産業社会における倒錯者のふるまい（「操作」）によって、諸々の身体間の相互擬態という形態において共同性を帯びたものに変質する可能性を含んでいる。その意味でサドの倒錯(者)は、産業社会を支える価値評定の枠の臨界（交換不可能性の閾）を先駆的に示しているとクロソウスキーは考えたのである。だとすれば、この共同性の回復－再帰の可能性は、さしあたり奇抜な空想の域を出ないにせよ、私たちが資本制を離脱するための理念的指針のひとつとして検討と錬成の対象となりうるだろう。そしてクロソウスキーは、この身体間の相互擬態を、「生きた貨幣」という概念を提起しつつ考察してゆく。

「生きた貨幣」

しかしながら、衝動から「天引き」された部分をはっきりと局所化し、明確にここにあると同定することはできない。目的－無目的という対立を斥ける衝動の領域では、生産はただちに消費だからである（MV 38）。貨幣の価値尺度が機能しない、あるいは尺度そのものが変化しつづけるゆえんである。局所化不可能性によって価値評価の尺度を逸脱しながらも、しかし資本制または産業社会を支える〈力〉をとらえていたという点で、クロソウスキーは、その思考対象がどれほどマルクスのそれとはほど遠いものにみえたとしてもマルクスと同様、特異な労働価値説の立場を採っている。「特異な」と述べたのは、マルクスにとって労働が価値たりうるのは交換の局面、交換という契機を経た場合に限られるからである。言いかえれば、貨幣が介在しないかぎり成り立たない労働価値説であるという意味でマルクスの立場は特異である。[13] 同様にクロソウスキーにおいても、交換という価値評定の枠——具体的には言語活動——が否定的にであれ機能しないかぎり、衝動の所在を触知することはできない（MV 58-59）。これは所有が共同体への個体の帰属を意味するとして、言語活動に関してもその側面を指摘したマルクスと同じ視角である。

そしてクロソウスキーはこの局所化不可能な、したがって価値標定の枠そのものを変化させる「生成の絶対的運動の渦中」にある力、資本制において蓄積されながらも資本制によっては評定されない「あらゆる人間的諸力そのものの発展の総体性」としての「富」を私たちが享受し、さらに豊かなものとしてゆく一助として、「生きた貨幣」の導入を提案する。このように彼はマルクスの思考の一面を継承したと言ってよい。[14]

「生きた貨幣」は、所有と労働を切り離し、さらには所有の意味を変質させたうえで労働者に労働の対価として支払われる資本制下の貨幣、括弧つきの「等価交換」を担う貨幣に対し、当の資本制における生産力の高度化を背景として、資本が切り離した生産手段と労働者を逆にふたたび結合させ、かつての所有形態（所有は個人における共同性の徴であった点を想起されたい）の更新された回復を担う貨幣、富の等価物でありかつその富そのものでもある貨幣を指す（MV 75）。すでに述べたように、この貨幣はたがいを擬態しあう諸々の身体である。局所化不可能な衝動を局所化不可能なままに担い、価値評価の枠組みそのものの転換をおこない、所有と労働をふたたび結合することができるのは、私たち各々の身体においてのみだからである。(15)

しかしながら、身体が貨幣となる世界は、いまだ空想の域を出ていない。クロソウスキー自身、従来の貨幣によっては支払いも価値評価も不可能な諸衝動における「天引きされた部分」を、諸個人の身体によって支払うことが可能となるユートピアの実現には、まずは人びとの生活水準へのきわめて高度な保証が前提とされ（MV 68）、そもそもこれは「一見したところ不可能な退行（une régression apparemment impossible）」の想像にすぎないと断っている（MV 67）。また、身体を貨幣にするという奇想が、かつての奴隷制と変わらぬものに陥りかねない危険にも彼は自覚的である（MV 69）。サド的倒錯（者）が他者の身体への暴力行使を通して成立するものであった点に鑑みれば、やはり「生きた貨幣」には検討の余地が多分にあり、安易な称揚は許されない。私たちとしては、この奇怪な想像力が産業社会の進展に随伴しつづける「退行」または「倒錯」として、タイムカプセルのごとくに現在へと浮上、あるいはワープしてくる点に資本制の臨界を見通す展望を開く（ささやかながら）可能性が含まれていることを、さしあたり確認するにとどめるほかない。私たちにはいまだ資本制「とは別の一体制」を構想する思考も表現する言葉も、そしてその経験も乏しい以上、それは致し方のないところである。その意味で、生活あるいは生産様式が私たちの思考を規定するというマルクスの洞察は、さまざまな留保がつけられてきたにせよ依然正しいと言わざるをえない。

その点をふまえつつ、資本主義的生産の体制下で、マルクス的に言うならば所有と労働を切り離されて生きる私たちの営みをクロソウスキー的に述べるなら、そこで「天引き」された欲動を労働賃金

「とは別の」仕方で私たち自身がなんとかして正当に評価――否、価値尺度そのものの生成変化が問われている以上、むしろ「翻訳」[16]――しようと努力するクロソウスキーとマルクスの試みは、いまなお切実であると言ってよいだろう。

以下に引くクロソウスキーの問いかけは、「産業社会」が変化した今日もそのアクチュアリティを失っていない。「道具的諸対象の製造（現代世界にその相貌を与える）は、経済的主体がおのれの個体的統一性、つまりおのれを生産し、かつ再生産する能力から出発して、自分の欲動の状態の等価物（芸術的擬態のような）を欠くがゆえに、労働賃金とは別のある等価物を用いて、みずからの生存のためにその〔欲動の〕状態の放棄を宣言するということだけでも示しうるだろうか。ただ生存するためだけに主体は〔道具的諸対象を〕製造するのだろうか。それとも放棄された欲動ないしこの欲動を表現する能力は、道具的諸対象の製造行為を通じて、道具的諸対象が命じる使用を利するために〔欲動が〕被る損失の価値が明らかになることを要求するのだろうか」（MV 46）。資本制が「負の労働」または「衝動の天引き」と引き換えに可能にした生産力の増大を背景にして、産業社会のなかに錯時的に出現した倒錯（者）のふるまいを手がかりに、「太古」共同性の更新と復活をめざす一環として「労働賃金とは別のある等価物」の実現が、〈生きた貨幣〉という概念を通してクロソウスキーによって提起された。マルクスが「ザスーリチ書簡」草稿に書きつけたように、この実現可能性は「私的所有の要素が集団的要素に打ち勝つか、それとも後者が前者に打ち勝つか」という試練と切り離せない（なお、ここで言われる「集団的」と「私的」のいずれも、数的な多い－少ないを意味するものではない点に注意されたい[17]）。

またこれに加えて、あえて言うなら労働力「供給源」であった農業人口のいわゆる先進諸国における減少——その主要因はほかならぬ資本主義的生産の浸透にある——をも考慮する必要がある。人類史において、これまでおもに土地との連関——定住的であれ遊牧的であれ——において育まれてきた、所有と共同性との身体における結合の感覚を、生まれながらにしてすでにもたずして育った人びとが増えつつあるかにみえる現状において、この試練は、困難の度合をさらに高めているように思われる。(18) 所有と共同性との身体における連結を今日、私たちはいかにして育んでゆくのだろうか。資本制「とは別の一体制」を構想する思考、表現する言葉、そしてその経験をいまだ持ち合わせていない私たちには、手探りでこの困難にとりくんでゆくほかない。「所有」「共同性」「身体」といった概念が従来と同じ意味をもっているかどうかも、労働力「供給源」の枯渇と矛盾を来たすことなく並走する常態化した失業——それ自体が搾取の形態と化しているかにすらみえる——にとりまかれた今日、もはや自明ではないからである。

労働と芸術

ベンヤミンとクロソウスキー

ナチスが台頭した一九四〇年、『歴史の概念について』断章十一でベンヤミンは、労働を「あらゆる富と文化の源泉」とみなす立場を、体制順応派として批判する。(1) ベンヤミンみずから意識するように、この批判はマルクスがおこなった批判の反復である。一八七五年、ゴータで開かれた合同大会で、労働を価値の源泉とする見解、あるいは労働を至上の価値とする見解を、社会民主労働者党と全ドイツ労働者協会（合同後、ドイツ社会主義労働者党）はその綱領に採択した。だが『ゴータ綱領批判』において、みずからの労働力をしかもたない人間は有産者の奴隷たらざるをえないとして、マルクスはこの見解に反対する。この批判は、労働者を中心とした組織とは異なる形態の運動の可能性を示唆するだろう。ここでマルクスは労働を価値の源泉とみなしていないからである。また、ベンヤミンが批判するドイツ社会民主党の前身はマルクスが批判した社会主義労働者党である。この反復された批判においてて、ベンヤミンはマルクスによる批判から、「労働」概念そのものの批判的認識を引き出してくる。先行してなされた批判を、諸条件を違えた現在において反復し、そこから新たな認識を引き出して現状の困難にとりくむこと。これが批評的実践であり、反復のもたらす強度は新たな認識をもたらす。批評家ベンヤミンの使命を、ここで私は再反復し、私たちの現在へと投げ返したい。

十九世紀の哲学者ヨーゼフ・ディーツゲン（元皮なめし職人であったという）の「労働とは新時代の救世主にほかならない。労働の改善のなかにこそ富が存している」という言葉を引いて、ベンヤミンはこのような見解を批判する。労働を富の源泉とみなす発想は「自然支配の進歩」を認め、「社会の退歩」を認めない。この発想は労働を人間の本性（nature）とみなしたうえで、人間を自然（nature）との連続性においてとらえるからである。それは「技術万能主義」的態度とも呼ばれる。この場合、技術は自然から人間に有用なものをつくりだすものとして扱われるからである。技術は労働と組み合わさって有用性を産みだす。ここで自然は無償の所与としてあらわれ、人間はそこから有用性を汲みとる。労働‐自然‐技術の、有用性の名における三位一体の円環である。労働は技術を介して自然から有用性をつくりだすかぎりで「自然」である。そして自然は、有用であるかぎりで人間の本性である。この円環の論理のなかにいるかぎり、労働が人間の本性‐自然だとされる以上、技術による労働‐自然の改善が人間の救済となる。これが「自然支配の進歩」である。

だが、労働は救世主だろうか。「自然支配の進歩」に伴う「社会の退歩」を、ベンヤミンはファシズムと呼ぶ（アウシュヴィッツの壁に「労働は人間を自由にする」という標語が記されていたことが想起される）。そしてベンヤミンは労働＝救世主論が前提とする「自然」――有用性にもとづく搾取の対象であるかぎりでの――に、十八世紀の思想家シャルル・フーリエの「自然」を対置させる。フーリエ的「自然」は、無償・無尽蔵に与えられる開発の対象ではなく、みずからに可能性としてまどろむ創造性をみずから発現させる。自然とはみずからを展開する運動であり、労働と技術は自然を支配するのではなく、むしろ自然の自己発現を手助けする。ベンヤミン＝フーリエにおいて、「救済」はこの方向で構想される。先の標語をあえて捩れば、「労働は自然を自由にする」となるだろうか。それはまた労働の有用性からの解放をも意味するだろう。その創造を手助けすることにおいて有用性から解放された労働は自然を言わば模倣して、みずからもまたおのれの特異な運動を展開することになるからだ。

自然はさまざまな類似をつくりだすとベンヤミンは考えていた。(2) 万物が照応一致（感応）する「象徴の森」において詩作をおこなったボードレールを彼は好んだ。芸術は自然の模倣——再現ではなく——と密接に関わる。語や音やイメージが一瞬、自然と一致（感応）して、みずからを展開する運動としての自然を断片的に仄めかす。芸術とはそのような視聴覚記号の使用である。またボードレールは「天才とは自在に取り戻される幼年期である」とも述べていた。ここに芸術と子供の遊戯が「自然の模倣」を介して隣接し、不可識別ゾーンを形成する。

人間のもつあらゆる機能は模倣の能力を重要な因子とするのではないか、そして子供の遊びとはこの能力を学習する場ではないか、とベンヤミンは「模倣の能力について」で述べている。子供は人間を模倣するだけではなく、風車や汽車さえ模倣する。模倣の能力には、視覚的形態にとらわれずに成立する類似——これをベンヤミンは「非感性的類似」と呼ぶ——も含まれるのだ。非感性的類似においては擬音や声帯模写を介して模倣がおこなわれる。だとすれば、言語を非感性的な模倣行為ととらえることはできないだろうか、とベンヤミンは言う。「同一のものを意味する異なった言語の語を、その意味されたものを中心にしてそのまわりに並べてみるなら、それらの語はすべて――それぞれのあいだに、多くの場合ほんのわずかな類似さえ認められないとしても――その中心にある意味される対象には類似している、ということを究明できるだろう」。この言葉は、「翻訳者の使命」に出てくる器とその破片の比喩を想起させる。破片がどれも同じ形態なら、器を組み立てることはできない。破片はたがいに類似しているのではなく、器に非感性的に類似している。だから、破片各々の相違を際立たせ、それらの破片をして砕けた器をほのめかせることが照応となる。逐語訳を通して諸言語の相違を際立たせることが、翻訳者の使命である。意訳は諸言語の差異を消す。むしろ諸言語の差異を際立たせれば際立たせるほど、器はよりいっそう現出する。諸言語は器との類似、器の模倣を通して器の存在を示す。器をここでの「意味される対象」と解しうるなら、それは諸言語が多様であればあるほど、みずからを現出させるだろう。それは諸言語が各々の特異性を明らかにすることに等しい。自然を模倣することは、模倣するものがみずからの特異性をおのずと展開させることである。ベンヤミンにとって自然とは、確固として存在する何かではない。それはみずからを展開する運動であり、かつ他の自然を促し、作動させる。人間の本性は労働ではない。そして労働は自然ではない。人間の本性が自然である。模倣の能力はそれ自体、能力の自己展開＝自然である。

ベンヤミンの「複製技術時代の芸術作品」をフランス語訳したのは、彼の友人ピエール・クロソウスキーである（一九三六年）。彼の回想によると、ベンヤミンは逐語訳の原則をみずからのテクストにも貫徹させようとしたらしく、この翻訳はほとんど共同作業の様相を呈していた(3)。フランス語における語順の規則を守らず、ドイツ語のそれをフランス語に導入しようとしたのである。その徹底ぶりにはクロソウスキーも辟易したようだが、しかし彼自身、後にウェルギリウスの『アエネーイス』を翻訳する（一九六四年刊行）にあたってラテン語の語順を大胆にフランス語に導入している。ふたりを貫くこの奇妙な翻訳作業の手順は、彼らの思考様態にも反映されている。ある個体の特異性が発現すればするほどいっそう諸個体間の交流（コミュニケーション）――「自然」の照応（感応）としての――が活性化されるという奇怪な回路を構成する実験である。

産業社会における交流のゆくえを探る『生きた貨幣』で、クロソウスキーはフーリエの社会構想にふれている。(4) フーリエが提唱する生活協同体（ファランステール）では、生産手段・諸個人をも含めた私有財産が共有化される。ファランステールは年齢・財産・性格・知性などあらゆる点で不均質な諸個人からなる複数の集団（系列と呼ばれる）の複合体である。系列内および系列間の交流は産業上の要請ではなく、諸個人の情念を介してなされる。諸個人における特異な情念は抑圧されるのではなく、肯定され、解放される。フーリエにとって情念の解放は交流と対立しない。みずからの情念の特異性が発揮されるのに応じて、他の情念もまたその特異性を発揮する。諸情念は特異であればあるほど増大し、結合し、調和する。その場合、労働は罰則的性格を消去され、諸個人の情念にもとづく自発的な創造活動となるだろう。情念にはとくに性に関わって、攻撃性・暴力が含まれるが、フーリエは暴力の単純な否定を説いてはいない。情念の諸状態を否定するのではなく、創造活動へと方向転換させる方途を構想する。暴力は抑圧されるのではなく、他の情念との接続によって転用される。社会的編制によって情念は、本性ではなく方向を変える。フーリエにとって情念は可逆的である。この暴力の転用をクロソウスキーは《jeu》(演技・遊戯・ゲーム等の意味)と呼び、フーリエの協同体を演劇・舞台装置ととらえる。暴力は《jeu》のマチエールであり、演出され、舞台に配備される。つまり暴力は演じられる(模倣される)。演じられるからには、それを受容する観客が存在する。情念にはつねに演劇的側面が含まれており、他の情念に開かれている。情念の特異性は他の情念との接合関係(ここでは演者－観客の関係)において十全に展開され、ひいては他の情念をも触発し、その特異性の展開を促す。このように転用された情念を、クロソウスキーは複製された情念(シミュラクル)と呼ぶ。暴力の演劇(遊戯)的組織化によって、シミュラクルは生産される。

ベンヤミンが「複製技術時代の芸術作品」で考察した複製技術による社会ならびに私たちの知覚の変容を、クロソウスキーは以上のような問題構制において敷衍した。だがそれは、フーリエ的な情念の集合的配備ではなく、スペクタクル体制における大量の映像の氾濫と、その受動的な消費という事態の到来を予見するものでもあった。スペクタクル体制における政治的争点は、受動的消費主体(観客)を構成するための美的・感性的・感覚的なもの(の操作)である。それはファシズムでさえない「新たな自由」の体制における政治である。現在、たとえばランシエールやスティグレールが個々にこの問題にとりくんでいる。だがすでにガタリは、美的・感性的・感覚的なものにもとづく新たな主体性の定式化を試みていた。(5) 彼はクロソウスキーの弟の画家バルテュスの『街路』シリーズを、クロソウスキーのバルテュス作品への言及を引きつつ、分析してもいる。(6)

主体性はみずからの実存感を基礎として構成されるが、逆に実存感をみずから創造していく過程でもある。それは自己という対象を構成してゆく過程そのものであり、そのために多様な異質的諸要素を組み合わせる。組み合わせられた諸要素の集合、たとえば絵画作品は対象でもあり、主体性でもある。諸要素の集合は連続的に変化してひとつの系列、たとえば連作（シリーズ）を構成する。『街路』シリーズは、複数の人物の視線が複雑に構成された遠近法のなかを行き交う様子（これをガタリは「主体も対象も目的もない視線の支配」「一望監視的超自我」と規定する）を描いた作品から、舞台を思わせる仕方で配備された建物の無数の窓が眼のように開かれ、視線が緊張感を漲らせつつ、穏やかな色彩に湛えられた空間全体に拡張してゆくように描かれた作品へと展開する。表現の過程において構成要素を変化させるのは表現された内容であり、内容が表現を変形させる。主体性は空間全体に拡張し、新たな実存を獲得する。ガタリはこれを「フラクタル状のプシュケ」と呼ぶ。主体性としての内容（対象）は、表現を異質な次元（遠近法から色彩）に移行させる。「プシュケ」とはこの移行の回路（パサージュ）であり、その移行は諸次元（眼から窓）を分裂的に横断する自己相似的な実存感である。これはベンヤミン的「非感性的模倣」の、視覚表現における形成ではないか。表現される内容（実存感）が相互に異質な諸要素を表現として使用する、あるいは表現を変化させるのであり、それを促す内容は、表現の各々に相似している。相似を介して諸要素を横断してゆく主体性の実存感とは、まさに人間における自然－本性（情念）である。

だが「歴史の概念について」が述べる過去の自由な引用（自在に取り戻される幼年期！）としての民衆の解放は、もはや過去の修正さえ不可能ではないという不遜や、懐古への耽溺（それも浄化された）にのみ生を費やす人間を形成する消費の体制、受動的消費行為において完全に実現されたのだろうか。ベンヤミンが愛した路上の遊歩者がその視線を消費の回路に組みこまれるか、さもなければ異物として街頭から抹消される消費－スペクタクル－監視の体制において、労働は芸術と一致したのだろうか。労働から創造への移行は、手作業から脳の知的活動のパルタージュへの万人の移行（「必然の王国から自由の王国」）というマルクスの理念でもあった。ジャン＝リュック・ナンシーはこの移行をポイエシス（目的をもつ制作）からプラクシス（行為の自己目的化）への移行と整理したうえで、では労働に伴う汚れや苦痛は「自由の王国」では消えてしまうのかと問う(7)。手も脳も身体であり、単純には分割できない。技術の進展によって労働が主として頭脳活動に移行したと仮に言えるにせよ、そこにおいて心身の疲弊・苦痛・磨耗が解消されるとは言えない。労働は救世主ではない。だが消費も救世主ではない。むしろ消費－監視体制下の労働者における生産（労働？　芸術？）の様態をあらためて問う必要がある。ガタリ的主体化の過程は、その手がかりとなるかもしれない。消費－監視体制下の人間の本性－自然としての不安定な実存感から、みずからを生産するポイエシスを走らせる新たな生の発明である。ベンヤミン的〈自然〉の潜勢力は、現在そのように息づいているだろう。「労働」の否定ではなく、〈批判〉を通した革命の回路をそこから導きだせるかもしれない。

可能世界のドゥルーズ

ネグリが語る『マルクスの偉大』

諸君が〈イデア〉に達する好機をつかみとるのは、現出を迂回したり、潜在的なものを誉めそやしたりすることによってではない。現出を現出として、したがって見ることの幻滅であるかぎりで、現出へと到来しつつ、存在についての思考を与えるものとして思考することによってである。[1]
――アラン・バディウ「寓話の弁証法」

生

十四年におよぶ亡命生活。生に対するアントニオ・ネグリの思いは強い。『亡命』[2]を読み返し、そのことを再確認した。「監獄と生」と題された一節はこう始まる。

私はマゾヒストではない。じつのところ、監獄と余生とのあいだに、それほど本質的な違いがあるとは思わない。生は、それが構築されなかったり、生の時間が自由に把握されなかったりする場合には、ひとつの監獄である。監獄の外にいても中にいても、同じぐらい自由であることもできる。人生――少なくとも労働者たちの人生が自由でないのとまったく同様に、監獄は自由のひとつの欠如ではない。[3]

監獄とその外に差異はない。監獄はその外でありうる。亡命を終え監獄に帰還する直前の状況下、ネグリはこのテーゼを提示する。〈帝国〉[4]では、生は外も内もない場所で展開され、ときに窒息する。亡命と生が切り離せない。このような次元における生とは何か。

「生政治」は、この次元では、不思議な快活さをもってあらわれる。近代社会における人口の再生産を司る政治は、資本のもとに社会全体が実質的に包摂されるというポスト近代にあっては生産的な生政治に変貌する、とネグリは言う。

〔社会全体の資本のもとへの実質的包摂の局面に資本主義が入った〕この瞬間から、社会の組み立てと生産組織の組み立ては同一化する傾向を帯び、生政治は相貌を変える。それは生産的生政治となるのだ。能動的人口統計のさまざまな集合（教育、援助、健康、輸送等）と、それらを俯瞰する行政諸構造とのあいだの関係がある生産的な力の直接的表現であることをそれは意味する。[5]

この議論については、すでに多くの分析がなされてきたし、今後も検討すべきだろう。いまは「生」と「生政治」が肯定的なものとしてあらわれる点を注視する。資本による社会の実質的包摂は、監獄のなかでも生の自由が可能であるのと同様に、生政治を肯定的とする。世界を限りなく閉じられているると同時にどこまでも開かれたものととらえ、そのなかに生を位置づける思考である。内と外をじかに等置し、反転させる思考である。それは言葉において可能となる。そして亡命が生に投げかける翳りは、この言説からは消去されている。だがその翳りは、生を照らしだす彼の言葉自体に回帰し、憑依しているように思われる。彼の言葉は明るすぎる。この強い肯定、不穏なポジティヴィスム。光としての言葉？　理論家としてのネグリにとって、世界はみずからの生の写像である。世界と私を過不足なく重なり合わせる言語使用がそこにある。世界を見ることが観照《テオリア》-理論の基本機能なのか。いずれにせよ生を讃えるこの言葉は過剰である。

「老イニツイテ（De senectute）」という節で、ネグリはドゥルーズへの違和を表明する。

老いにおいて私を魅惑するのは、活動力の減衰である。そう口にするときのドゥルーズの省察は、私には老いというよりはむしろ病を対象としたものに思える。ドゥルーズがおこなってきたあらゆる価値評価は、病をめぐる省察である。私はいつもそんな印象を抱いてきた〔…〕。老い、それを私は待ち受けている。だが、じつのところ、それは〔ドゥルーズの言う老いとは〕完全に異なるものだと考えている。老いとは活動する力能のひとつの拡張、単純さと穏和さにおけるひとつの拡張である。〔…〕死の克服は、ひとつの大いなる進歩である。死は生に必然の事柄ではない。それは生以上の何かである。(6)

老いは力の拡張である。生がその引き際を失う〈帝国〉下で、このテーゼは強く響く。「私はマゾヒストではない」と言ったネグリは、その意味ではたしかに倒錯していない。生を肯定する力が、ここでの言葉には漲っている。光を放つこの言葉に照らせば、老いを力の減衰の放つ魅惑ととらえる思考はたしかに倒錯的にみえる。それは、いわゆる有機的な生から身を引き、無機的な生（器官なき身体）を構成する悦びである。ネグリが待ち受けているのは老いではなく、むしろ死という「生以上の何か」、死に向かう病という生の過程である。そんな印象を、この言葉からは受ける。老いにおいて活動力を拡張し、病を斥けるこの「生」。「生」はひとつの過程ではなく、光り輝くひとつの概念（言葉）であるかのようだ。

多数者

「多数者（multitude）」も肯定的にとらえかえされる。『亡命』によれば、かつてこの名詞は否定的・侮蔑的に、そこから社会状態へと移行すべき前社会的な状態に生きる人々の集合、政治的陶冶の対象としての野蛮な群れを指していた。近代にはこの群れは「平民」や「民衆」と呼ばれ、諸社会階級としてあらわれ、独自に政治的組織化をおこないもした。しかし、資本のもとに社会全体が実質的に包摂されるというポスト近代にあっては――

諸社会階級がそれ自体としては崩壊する以上、諸社会階級が自動的に集合して組織化するといった現象は消滅する。したがって、われわれはふたたび諸個人の〔未組織の〕ある集合に直面するのだが、しかし、ここでの多数者は〔以前とは〕絶対的に異なる。それは知的大衆化の結果生じた多数者なのだ。それをもはや平民や民衆とは呼べない。それは富裕な多数者だからである。私は多数者という語をスピノザから奪い返した。彼は巨大なオランダ共和国というこの並外れた変則性の枠組みで論を展開したからである。ブローデルはオランダ共和国を世界の中心とみなしていた。そこは十二世紀初頭から、すでに義務教育の存在した社会だった。共同体の構造化がそこでは極端に強力におこなわれており、きわめて大きな「福祉国家」の一形態もまた存在した。諸個人はすでに富裕だったのだ。ところでスピノザはまさに、民主制とはこの豊かな多数者による創造活動の最大限の激化であると考える。(7)

具体的にどの程度の富裕を指すのかはおいて、ポスト近代の富裕な多数者の出現は、知的大衆化の結果であるとされる。そしてこの規定はいわゆる「民意（opinion）」にも一部妥当する。(8) 近年の民意のトピック－紋切型（topique-lieu commun）のひとつに「公務員は税金の無駄遣い」がある。この見解の妥当性への検討もさりながら、それが選挙制度という手段を介して代議士の「公選」に貢献する点が、いまは興味深い。投票しない場合でも、事態は変わらない。民意は国家や政府に圧力を加えて何がしかの措置を実現させうるが、国家や政府といった「公的」枠組み自体は変化せず、逆に国家を強化するからである。民意は不満を吸収するが、不満を解消する具体的行動にはならない。逆に、募る不満は国家権力の温存・強化に反映される。民意は国家装置の外に出ず、何もせずにいる口実となる。民意は日常生活（へ）の違和をその再生産に転ずる。ところで、民意を反映する国家は民主制国家と呼ばれる。現在、日々書きかえられる百科全書（wikipedia）と自己表明の場（site）を与えられた人々の一部が、知を流用、ときには偽装しつつ、日々の不満（を通して自身に潜む情念）をその表明の場で誰に宛てるともなく放流している。それはたしかに組織化も規律訓練もできない諸個人の集合である。そこ（とはどこか?）には当事者がいないからである。そして放流された情念は、民意を反映する民主制という匿名の経路を、その経路を強化しつつ、循環しつづける。「この豊かな多数者による創造活動の最大限の激化」という民主制の規定は、この点で民意に通ずる。そこに不在であるがゆえに、民意は強力に作用する。多数なる彼らは各々の場を離れず、ときどき指を動かしては、みずからの脳－スクリーンを見ている。その場にいるだけで効果を発揮する民意は、「知的大衆化の結果生じた多数者」の力でありうる。

普通名詞－共通の名前

ネグリが言及したドゥルーズは『シネマ2＊時間イメージ』で、無力ゆえにいっそう強力に作用する力を「情報」と呼び、現代世界を「情報が自然にとってかわった世界」と規定したうえで、ジーバーベルクの『ヒトラー』を現代の問題の先取りとしてとりあげ、そこでの問題は、ヒトラーが（／を）われわれを（／が）生んだということ（われわれに潜在するファシズム分子）だけでなく、ヒトラーがわれわれのなかに、ヒトラーの映像をつくりだす情報によってのみ存在している点にもあるとして、情報の圏域を抜けだすには、情報の送り手と受け手を特定し、純粋な発話行為とその受け手を抽出することが必要であると述べている。[2] ファシズムとは情報の問題であり、ヒトラーとは情念を束ねる装置（fascio）の別名である。そして多数者という民意の時代の(無)力は、情報－知を介して、情念を放流する装置を欲望する。

ところでドゥルーズ自身どこかで仄めかしていたが、彼は生前、マルクスを称賛する書物を準備していたという情報がある。そしてどうやらそれは嘘だったという情報もまたどこかで流布していたのだが、『亡命』でネグリはその内容を知悉している様子で、この幻（？）の書物に言及している。それによると、ドゥルーズ－ガタリは『千のプラトー』で労働形態の変化〔大規模な工場での集団労働から、フレキシブルでより個人的な労働環境への移行〕によって生じる新たな労働運動を萌芽的に描きだしており、その延長線上に『マルクスの偉大』は構想されたにちがいない、と言う。長くなるが引用する。

現象についての分析という視点からすれば、『千のプラトー』による〔「富の生産と搾取が工場から溢れ出し、社会総体に備給されるようになった」ことに起因する、一九七〇年代半ばにイタリアで「社会的労働者」と呼ばれた新たな労働運動の〕政治的－社会的特徴づけは、それ以上先には進んでいない。とはいえ、ドゥルーズとガタリはその発生について、多数者（la multitude）のこの系譜について、今日では見いだすことの困難な語彙で思考していたと私は信じている。諸少数派（des minorité）の構成の肌理細かな分析を通して、意味を変えつつある多数派（majorité）についての新たな概念を構築するのに彼らは寄与した。以降、多数派は諸生産力、諸協働、諸々の欲望の複数的な集合〔総体〕となるからである。〔…〕ジルとフェリックスの議論の展開はこの方向に向かうと私は信じている。しかもドゥルーズの最後の仕事である『マルクスの偉大』をとりあげてみれば、あるすばらしいアイディアがそこに見いだされる。なぜなら問題は、「普通名詞（le nom commun）」〔共通の名前〕の定義〔ひとつの概念を構成する諸知覚のひとつの集合〕が表象するそれとしての、ひとつの認識論的立場〔位置〕の奪取〔凝固〕を、ひとつの認識論的共同体の言語学的構成に翻訳することだからである。したがって問題は、この「普通名詞」の生産過程をひとつの存在論的過程に翻訳することである。コミュニズム（le communisme）とは、共同化する多数者である。とはいえ、これはある前提、あるイデア、形而上学的に隠された何か、あるいはひとつの単位〔統一性〕があるという意味ではない。一に対立するのが共（le commun）であり、それは極限化されたひとつの反プラトニスムである。ここでは多数者こそが共を構成する。私の理解が正しければ、ドゥルーズの未完の書物『マルクスの偉大』で構成されたのはコミュニズムの概念である。[10]

普通名詞－共通の名前とは何か。たとえば「多数者」である。今日、それ自体が普通名詞と化したそれは、見るだけの者たちの名前である。この名前は指示される個体をもたないが（ゆえに）強力である。[11] 実体として名指しうる「一（ひとつ）」の身体－物体（le corps）をもたないがゆえに、特異性（正確には匿名性）を保持したままの多数者－多数派であり、その意味で、たしかに反プラトニスム的である。名を与えることはひとつの世界創造（la Bible）であり、「一（ひとつ）」の身体の諸部分を数えあげずになされる名前の生産である、とネグリは言う。[12] 強い光を放つ言葉の使用法、それは理論と言うよりはむしろ、命名という実践である。

近代ブルジョワジーの興隆を、名前だけが先行して個体の追いつかない状態ととらえ、名前と実態（物）の一致を革命と規定したマルクスは、たしかに偉大だった。[13]「ポスト近代」には社会体の表面を名前が循環し、名前の生産と流通が革命と呼ばれる。そしてネグリは、規律も組織もなしとなる多数者の「共」の様式に、「ポスト近代」にふさわしいイメージを与える。「共」は孤独の相で構成されるからである。『亡命』中の「監獄という「選択」」から引用する。

人生においては少しばかり本筋から逸れることもあるし、多かれ少なかれひとりで、また別のやり方で存在することもある。だが真の孤独、重要な孤独は、スピノザの孤独である。自己に近しい存在や共同体を構成する行為でもあるような孤独、現実の原子各々の具体的分析を横断してゆく孤独、分裂や断絶や敵対とは区別され、各原子の核心にあり、突き進むべき過程を突破してゆくために原子たちに作用する孤独である。[14]

組織も規律も集合場所もなく、分裂も葛藤も紛糾もなく、いつでもどこでも誰であっても、孤独に（のみ）各自の脳－スクリーン上（とはどこか？）で構成されるこの共同体は、民意に通ずる。孤独と共同（協働）は生－世界、監獄－その外と同じように容易に重なりあい、反転する。この共同（協働）は孤独に見ているだけだからである。そしてこの孤独は、束ねる装置に隣接していないだろうか。普通名詞の共同体は、無力ゆえに強力である。見る者はその場に釘付けにされるという意味で無力であり、しかし、たとえば遠隔地（もまたその場であるが）をその場（とはどこか？）で燃えあがらせうるがゆえに全能である。[15] この力（民主制の／というパルマケイア？）を「プラシーボ」と呼ぶことはできないだろうか。

見ることとの幻滅

ドゥルーズの「未完の遺作」を語るネグリを、ドゥルーズが同じく『シネマ2＊時間イメージ』で論じた「贋者（贋物）の力」とみなしうるか。[16] 情報からの脱出は、情報をかいくぐるという試練を経てなされることを理解していたがゆえに、ドゥルーズは贋者の力を語ったはずである。

民意であるかぎりでの情報の圏域をいかに抜けだすか。見るのではなく、見ることに幻滅し、その場を離れることとである。見る必要があるとすれば、そのためである。イデアは現実を見ないことではなく、見ることへの幻滅である。イデアはプラトンの洞窟の幻影ではなく、逆に幻を滅ぼす。ではなぜ、イデアの擁護者は洞窟に帰還するのか。光に中心化された思考の体制を変形させるべく、眼ではなく声を洞窟にもたらすためである。そこで言葉は観照をやめ、全能（感）を失い、見ることの幻滅を引き起こす寓話を仮構する。それが理論の機能である。光の体制としての言葉を脱臼させ、光と音声を新たに配備（agencement）することである。どこにもいない多数者の情念を煽る「共通の場」を提供し、全能感を贈与するふるまいではなく、純粋な発話行為とその受け手（たとえばプラトンの対話編に出てくる〈概念人物〉——ソクラテスとその論敵たち）を抽出し、イデアの寓話を語りだす身ぶりが、情報が自然と化した世界における理論の機能である。生と世界が重なり合わない地点で、全能感への幻滅は始まる。「人間の生まれながらの詭弁！　名前を変えることで事物を変えるなどという！」と警告したマルクスに倣えば、ここでの見ることは、名を変えれば事物（事態）が変わるという「詭弁」である。[17] 詭弁が効力を発揮するのが「ポスト近代」だとしても。贋者は現代のソフィストたる民意の待つ洞窟に帰還し、今度はみずからの寓話を流通させるべく語りだす。[18] 洞窟の寓話もまた、脳－スクリーンに映る幻影だからである。したがって、贋者であるかぎりでの哲学者が帰還するのは洞窟の外からではない。哲学とは帰還それ自体である。〈帝国〉がネグリの言説のなかにのみ存在するのと同様、洞窟はプラトンの仮構した寓話のなかにのみ存在する。この寓話は、束ねる装置とは別の経路を脳‐スクリーン上にうがち、情念を走らせるだろう。

帰還

十四年の亡命を経て、ネグリはどこでもない多数者たちの場所に帰還したのだろうか。その言説においてて彼は幻滅せず、肯定する。生、生政治、生と世界の一致、〈帝国〉、多数者を。亡命と切り結ぶ生は、ネグリの言説において、みずからに幻滅し損ねた幻影となる。ドゥルーズの幻（？）の書物を語る贋者の力は、あたかも彼が未来からの帰還者であるかのような印象を与える。未来と言うより可能世界か。『マルクスの偉大』が刊行され(え)た世界から帰還し、この世界でその世界を想像し、ふたつの世界をこの世界で混交させる亡命者である。『帰還』でネグリは、ウィトゲンシュタインの重要性を語っている。彼が「記号」と「現実」の共同体を構想したとされるからである。

ウィトゲンシュタインは、記号と現実の無邪気な関係を決定的に破壊しました。現実を取り戻そうと試みるべく、彼は言語に賭けるのです。しかしもっとも重要なのは、記号から現実へと送り返す過程ではなく、言語活動における記号と現実の共同体です。ウィトゲンシュタイン、それは言語活動のただなかに潜む諸情念の現象学の並外れた再発見であり、より適切には、言語活動をこえた、生きた労働と諸々の情動が現実を生産するという認識です。(19)

フランス語版では、文法上「ウィトゲンシュタイン」は「再発見」「認識」と等置されている。それは再発見や認識を担う動作主ではなく、繋辞（である est－存在 être）を介して補語と置換されうる名詞である。ここでの動作主はネグリ（という名の情念）なのだ。「言語活動をこえた、生きた労働と諸々の情動が現実を生産するという認識」は、ウィトゲンシュタインではなくネグリによる認識である。繋辞の魔術によって諸々の名詞を等置する思考、対立項を往還する思考である。見るだけの無力は命名的実践によって、それ自体として全能に反転する。見るだけで世界は私となり、監獄の外は内となり、〈帝国〉は私（たち）となり、生政治は生産的となる。見（え）るものすべてが力強く肯定され、多数者は存在しているだけで革命的である。記号と現実の混交、新たな共同体の誕生である。

繋辞による等置操作からなる世界では、私が世界であり、すべてである。亡命者は命名する創造主（光アレ fiat lux）として帰還する。全能に光り輝く者は、従来「子供」という名で呼ばれてきた。このプラシーボには、幼年期に回帰する効果もあるのだろう。

見ること（新たな名の贈与）で世界を一変させる薬の猛威は、当分やみそうにない。だが贋物（者）の力は、見ることの幻滅を喚起しないだろうか。世界は「繋辞（est）－存在（être）」ではなく、無数の「接続－と（et）」からなる。この公理を採用する（贋）者にとって、哲学者の亡命と帰還、その言説化作業は別の効果－帰結を産出しないだろうか。束ねる装置のほうではなく組織する機関－器官に情念の奔流を転轍するコミュニズム寓話によって。

注

ドゥルーズ＝ガタリと歴史

（1）以下『アンチ・オイディプス』（Gilles Deleuze et Félix Guattari, *Anti-Œdipe*, Éditions de Minuit, 1972）『千のプラトー』（Deleuze et Guattari, *Mille plateaux*, Éditions de Minuit, 1980）からの引用はそれぞれ「AO」「MP」と略記し、該当ページ数とあわせて本文内に表記。日本語訳も参照させていただいた。

（2）Deleuze, «Gilles Deleuze, Félix Guattari»（entretien avec Michel-Antoine Burnier）in *L'île déserte et autres textes: Textes et entretiens 1953-1974*, édition préparée par David Lapoujade, Éditions de Minuit, 2002（ジル・ドゥルーズ「資本主義と欲望について」杉村昌昭訳、『無人島 1969-1974』小泉義之監修、河出書房新社、二〇〇二年、所収）. ドゥルーズが指摘した「資本主義に夢中になったマルクス」という論点を展開した長原豊『われら瑕疵ある者たち——反「資本」論のために』（青土社、二〇〇八年）を参照。

（3）«je me souviens» de Gilles Deleuze in *Le Nouvel Observateur*, N°1619, Du 16 Au 22 Novembre 1995.

（4）«Gilles Deleuze, Félix Guattari», *op-cit.*（前掲ドゥルーズ「資本主義と欲望について」）

（5）*Ibid.*（同前）

（6）ここでは『アンチ・オイディプス』と『千のプラトー』の間の文体上・論点上の移動＝不連続性の強調にではな

く、連続性にもとづいた視点の提示をめざす。

（7） Michel Foucault, La vie: l'expérience et la science, in *Dits et écrits*, Gallimard, 1994, vol. IV, pp. 763-777.（ミシェル・フーコー「生命――経験と科学」廣瀬浩司訳、『ミシェル・フーコー思考集成10』筑摩書房、二〇〇二年、二八九―三〇七ページ）

（8）『千のプラトー』では「本源的蓄積」は、第十三プラトー「捕獲装置」でのストックの「三位一体――土地‐労働‐貨幣――の定式」で考察されている。また『アンチ・オイディプス』『千のプラトー』双方にみられる、資本蓄積と並走する本源的蓄積の再生産がいわゆる「第三世界」‐周縁のみならず、いわゆる「先進国」‐中心にもプロレタリア層を生じさせているという論点も重要である。

（9） Deleuze, *Présentation de Sacher-Mazoch*, Éditions de Minuit, 1967（ドゥルーズ『ザッヘル＝マゾッホ紹介』堀千晶訳、河出文庫、二〇一八年）; *Spinoza et le problème de l'expression*, Éditions de Minuit 1968（同『スピノザと表現の問題』工藤喜作、小柴康子、小谷晴勇訳、法政大学出版局、一九九一年）. また「悪との遭遇」に関しては、蓮實重彦「遭遇・強度・否定――ドゥルーズとスピノザ」（「現代思想」一九七四年一月号）を参照。

（10） この点に関わって Gayatri Chakravorty Spivak, *The critique of Postcolonial Reason*, Harvard University Press, 1999（ガーヤットリー・チャクラヴォルティ・スピヴァク『ポストコロニアル理性批判――消え去りゆく現在の歴史のために』上村忠男、本橋哲也訳、月曜社、二〇〇三年）および Antonio Negri, *Marx beyond Marx*, Autonomedia, 1991（アントニオ・ネグリ『マルクスを超えるマルクス――『経済学批判要綱』研究』清水和巳、小倉利丸、大町慎浩、香内力訳、作品社、二〇〇三年）さらには Michael Hardt, Antonio Negri, *Empire*, Harvard University Press, 2000（アントニオ・ネグリ、マイケル・ハート『〈帝国〉――グローバル化の世界秩序とマルチチュードの可能性』水嶋一憲、酒井隆史、浜邦彦、吉田俊実訳、以文社、二〇〇三年）を参照。

（11）『アンチ・オイディプス』でも展開されている捕獲装置としての「集合論」に関しては Jean-Claude Dumoncel, *Le pendule du Docteur Deleuze: Une introduction à l'anti-Œdipe*, Cahiers de l'Unebevue, E.P.E.L, 1999 を参照。

（12）『アンチ・オイディプス』の時点では、ドゥルーズ‐ガタリは労賃闘争や労働者の生活保障要求をとりあげていない。

(13) Louis Althusser, Trois notes sur la théorie des discours (1966), in *Écrits sur la psychanalyse: Freud et Lacan*, IMEC, 1993, p. 129.
(14) ドゥルーズによるスピノザの「表現」論をめぐっては、國分功一郎「総合的方法の諸問題――ドゥルーズとスピノザ」(『思想』二〇〇三年六月号)を参照。
(15) この仮定ないし条件節「もし――ならば(si...)」と帰結節「それならば――である(donc...)」の組み合わせにおいて展開されるスピノザ-ドゥルーズの「総合」およびその「現実的区別」との関係について前掲、國分功一郎「総合的方法の諸問題」を参照。なおアルチュセールは、この論理をマキャヴェッリに見いだしている。市田良彦「ルイ・アルチュセールはどのように仕事をしたか」(『批評空間』一九九五年、第二期第五号、太田出版)を参照。
(16) Deleuze, *Pourparlers*, reprise, Éditions de Minuit, 2003, p. 39.(ドゥルーズ『記号と事件 1972-1990』宮林寛訳、河出文庫、二〇〇七年)

公理と指令

(1) Gilles Deleuze et Félix Guattari, *Mille Plateaux*, Éditions de Minuit, 1980. ジル・ドゥルーズ、フェリックス・ガタリ『千のプラトー――資本主義と分裂症』宇野邦一、小沢秋広、田中敏彦、豊崎光一、宮林寛、守中高明訳、全三巻、河出文庫、二〇一〇年。以下MPと略記し、原書該当ページ数・日本語訳該当ページ数を指示。
(2) Robert Blanché, *L'axiomatique*, Presses Universitaires de France, 1955. 以下AXと略記し、該当ページ数を指示。
(3) Deleuze, *Logique du sens*, Éditions de Minuit, 1969(『意味の論理学』小泉義之訳、全二巻、河出文庫、二〇〇七年)は、準-原因が(/を)起こす出来事として「意味(le sens)」をとらえている。
(4) Deleuze et Guattari, *Anti-Œdipe*, Éditions de Minuit, 1972.『アンチ・オイディプス――資本主義と分裂症』宇野邦一訳、全二巻、河出文庫、二〇〇六年。以下AOと略記し該当ページ数・日本語訳該当ページ数を指示。
(5) Deleuze et Guattari, *Qu'est-ce que la philosophie ?*, Éditions de Minuit, 1991.『哲学とは何か』財津理訳、河出文庫、二〇一二年。以下QPhと略記し該当ページ数・日本語訳該当ページ数を指示。
(6) この理解については Jean-Jacques Lecercle, *Deleuze and language*, Palgrave Macmillan, 2002 を参照。
(7) Alain Badiou, The flux and the Party: In the margins of Anti-Oedipus, translated by Laura Balladur and Simon Krysl, in

Polygraph, Vol. 15-16. 2004, pp. 75-92. 以下 FP と略記し該当ページ数を指示。

（8） Badiou, *L'être et l'événement*, Seuil, 1988. 以下 EE と略記し該当ページ数を指示。

（9） Badiou, *Conditions*, Seuil, 1992, p. 201. 以下 CO と略記し、該当ページ数を指示。

（10） アラン・バディウ『聖パウロ――普遍主義の基礎』長原豊、松本潤一郎訳、河出文庫、二〇〇四年。

（11） «sens» と «meaning» の区別は Lecercle, *op. cit.* に拠る。したがって私はルセルクルが強調するほどバディウの「出来事」概念とドゥルーズのそれとのあいだに断絶があるとは考えない。ただしルセルクルが言うように、バディウの「出来事」に神秘的・宗教的気配が濃いのもたしかである。Lecercle, «Cantor, Lacan, Mao, Beckett, même combat: The philosophy of Alain Badiou», in *Radical Philosophy*, no. 93, 1999 を参照。

（12） Badiou, *L'éthique, essai sur la conscience du mal*, Éditions Hatier, 1993（バディウ『倫理――〈悪〉の意識についての試論』長原豊、松本潤一郎訳、河出文庫、二〇〇四年）

（13） 以下にあげるレーニンの事例は、ヴィクトル・シクロフスキイほか『レーニンの言語』（桑野隆訳、水声社、二〇〇五年）より。なおレーニンの政治言語を先駆的に分析した長崎浩「言語の永久革命――レーニンにおける政治言語の構造」（『日本の過激派――スタイルの系譜』海燕書房、一九八八年、所収）を参照。

（14） シルヴァン・ラザルス「レーニンと党の形態」堀田義太郎訳、『別冊情況　レーニン〈再見〉――あるいは反時代的レーニン』長原豊、白井聡編、情況出版、二〇〇五年、所収。

「原国家」の射程

（1） カント「人倫の形而上学」第一部第二編第三章第一項第二十四―二十七節（『カント全集』第十一巻、樽井正義、池尾恭一訳、岩波書店、二〇〇二年、所収）を参照。

（2） イスラーム国という国家建設の経緯および建設者にとっての意義について、臼杵陽「「イスラーム国」を読み解く――その来歴と原理」（聞き手・土井敏邦、「現代思想」二〇一五年三月臨時増刊号「特集シャルリ・エブド襲撃／イスラム国人質事件の衝撃」所収）を参照。

（3） ジル・ドゥルーズ、フェリックス・ガタリ『アンチ・オイディプス』全二巻、宇野邦一訳、河出文庫、二〇〇六年。以下同書からの引用はAOと略記して巻および引用ページ数を表記。
（4）カール・マルクス「経済学批判への序説」秋山憲夫訳、『マルクス＝エンゲルス全集』第十三巻、大月書店、一九六四年、所収。以下13と略記し同日本語訳版該当巻数と該当ページ数を表記。
（5）中田考「価値観を共有しない敵との対話は可能か――イスラーム国との場合」、前掲「現代思想」二三二ページ。
（6）前掲の臼杵陽「「イスラーム国」を読み解く」および酒井啓子「「それは誰のイスラームなのか」」、前掲「現代思想」所収を参照。
（7）マルクス『資本論1』（第一巻第一分冊）岡崎次郎訳、国民文庫、一九七二年を参照。
（8）拙稿「ピエール・クロソウスキーにおける身体と交換」（北海道大学大学院文学研究科映像・表現文化論講座「層――映像と表現」第七号、二〇一四年）を参照されたい。

矛盾は失効したのか

（1）この「対話」は社会的包摂を目的とした相互承認や意見交換といったものではない。そうではなくて複数の時間の交差を指しており、その意味では対話者の現前を必要としない。
（2）Gilles Deleuze, *Différence et répétition*, Presses Universitaires de France, 1968, p. 64. ジル・ドゥルーズ『差異と反復』財津理訳、河出文庫、二〇〇七年、上巻一三一ページ。以下同書からの引用はDRと略記し、引用ページ数を原書・邦訳の順で表記する。
（3）ドゥルーズによる差異の把握をヘーゲルとライプニッツの対比から際立たせたFrançois Zourabichvili, *Deleuze: Une philosophie de l'événement*, Presses Universitaires de France, 1994（フランソワ・ズーラビクヴィリ『ドゥルーズ・ひとつの出来事の哲学』小沢秋広訳、河出書房新社、一九九七年）に本稿は多くを負っている。以下同書からの引用はDPEと略記し、引用ページ数を原書・邦訳の順で表記。
（4）「結合 combiner」（ヘーゲル－矛盾）と「不可識別化（rendre indiscernable）」（ライプニッツ－副次的矛盾）という対比はDPE 60/128による。
（5）『差異と反復』では、ライプニッツにおける複数の世界が共存する様態（同一性には還元されないとされる「共可能性 compossible」）としない様態（矛盾には還元されないとされる「非共可能性 incompossibile」）のいずれもが表象－再現前化の機制に回収されるとされており、結局ライプニッツもヘーゲルの側に位置づけられる（DR 339/下 249-250）。後にドゥルーズは『襞――ライプニッツとバロック』（一九八六年）でふたたびライプニッツをとりあげ、現代を「非共可能性」そのものの世界として論じている。しかし「無限小の方法」が「それ自身における差異」を把握するための有効な方法とみなされている点は『襞』でも変わらない。

（6） Peter Hallward, *Out of This World: Deleuze and the Philosophy of Creation*, Verso, 2006, p. 3.（ピーター・ホルワード『ドゥルーズと創造の哲学――この世界を抜け出て』松本潤一郎訳、二〇一〇年、青土社、一六ページ）

（7） *Ibid.*, p. 24（同前、六二ページ）.「生命の火花」はイギリスの小説家チャールズ・ディケンズの作品『我らが共通の友』（Charles John Huffam Dickens, *Our Mutual Friend*, 1864-1865）に出てくる言葉。ドゥルーズは生前最後に公表された「内在性――一つの生……」（一九九五年）で同作品に言及している。

（8）「時効（prescription）」「政治の歴史的様態（mode historique de la politique）」「飽和（saturation）」はいずれも Sylvain Lazarus, *Anthropologie du nom*, Seuil, 1996 が提起した概念である。同書は「政治」をいわゆる「社会」的事象や特殊個別的経験対象（政府、議会制、国家など）から峻別し、特異な意味を込めた「思考」に固有の領野であることを、著者が実際に入った中国やフランスの工場での調査とその抽象化された方法論に沿って主張する。こうして上述の概念を用いた「主体性における政治」が構成される。政治は非客体・対象的であり、特有の効力の範囲と限定された期間をもつ。著者にとって政治は「レア（rare）」なものだからである。

（9） この点については、バディウとドゥルーズを「多数性（multiple）」の把握の仕方にみられる相違において対比させつつ、ポスト福祉国家的現在における哲学的「差異」の政治的意味の変容を考察した篠原雅武「不同意と脱紐帯化としての政治的なもの――包摂と合意の政治を批判するために」（『情況』二〇〇九年三月号）が示唆的である。

（10） マルクスの「上向（Aufstieg）」（一八五七年執筆遺稿「経済学批判への序説」集中「3 経済学の方法」に出てくる）と歴史の連関について、私は翻訳という観点から若干の考察をおこなった。松本潤一郎「上向と翻訳――言葉の身体化」（『立教大学ランゲージセンター紀要』第三十三号、二〇一五年）を参照。

（11） Alain Badiou, «Le flux et le parti (dans les marges de *l'Anti-Œdipe*)»（以下 FP）, «Le fascisme de la pomme de terre»（以下

FPT), *La situation actuelle sur le front de la philosophie: Cahiers Yenan 4*, Maspéro, 1977. 後者「馬鈴薯のファシズム」はドゥルーズとガタリ『リゾーム――序説』（一九七六年）――のち『千のプラトー』（一九八〇年）に収録――の書評。いずれも http://archivescommunistes.chez-alice.fr/ucfml/ucfml9.pdf で読むことができる。本稿ではこのＰＤＦ版を参照する。引用ページ数は同ウェブ版のもの。

（12）Slavoj Žižek, «Introduction : Mao Tse-Tung, The Marxist Lord of Misrule», Mao Tse-Tung, *On Practice and Contradiction*, Verso, 2007, pp. 26-27.（スラヴォイ・ジジェク「毛沢東――無秩序のマルクス主義的君主」、『ロベスピエール／毛沢東――革命とテロル』長原豊、松本潤一郎訳、河出文庫、二〇〇八年、五八―六〇ページ）

（13）Alain Badiou, *Théorie de la contradiction*, Maspéro, 1975. 以下 TC と略記。ここでは Alain Badiou, *Les années rouges*, Les prairies ordinaires, 2012 再録版を参照する。

（14）その経緯については Bruno Bosteels, *Alain Badiou, une trajectoire polémique*, La Fabrique, 2009 を参照。

（15）Alain Badiou, Joël Bellassen et Louis Mossot, *Le noyau rationnel de la dialectique hégélienne* (1972), Maspéro, 1978. 以下 NRDH と略記。前掲 *Les années rouges, op-cit.* 再録版を参照する。

（16）カール・マルクス『資本論1』（第一巻第一分冊）岡崎次郎訳、国民文庫、一九七二年、四一ページ。

物語と襞

（1）後述するように、怪盗紳士アルセーヌ・ルパンの生みの親であるルブランがダニエル書から着想を得ている点は興味深い。イギリスの推理作家ドロシー・L・セイヤーズは、ダニエル書外典に収められた「スザンナ」「ベールと竜」を、ヴェルギリウスの『アエネイス』そしてヘロドトス『歴史』とともに世界最古の三大推理小説としてあげているからである。

（2）Maurice Leblanc, *La vie extravagante de Balthazar*, Le livre de poche, 1979. 同作品の日本語訳版は二種存在する。『バルタザールの風変わりな毎日』三輪秀彦訳、創元社、創元推理文庫、一九八七年。『バルタザールのとっぴな生活』竹西英夫訳、偕成社、一九八七年。また保篠龍緒による翻案『刺青人生』（「宝石」一九五〇年二月号）もある。

（3）カール・マルクスおよびフリードリヒ・エンゲルス『ドイツ・イデオロギー　最近のドイツ哲学――それの代表

者フォイエルバッハ、B・バウアーおよびシュティルナーにおける――およびドイツ社会主義――それのさまざまな予言者たちにおける――の批判』真下信一訳、『マルクス＝エンゲルス全集』第三巻、大月書店、一九六三年、所収、および Étienne Balibar, «Division du travail manuel et intellectuel», in *Dictionnaire critique du marxisme*, 2e édition, Presses Universitaires de France, 1985 を参照。

（4） Gille Deleuze, *Le pli: Leibniz et le baroque*, Éditions de Minuit, 1988（ジル・ドゥルーズ『襞――ライプニッツとバロック』、宇野邦一訳、河出書房新社、一九九八年）. ドゥルーズはルブランのこの作品を論じている。引用はPと略記し原著のページ数を表記。

（5） Jacques Derrida, *Glas*, Éditions Galilée, 1974, p. 248. 継承と虚構の問題を物語論の文脈で分析した J. Hillis Miller, *Ariadne's Thread: Story Lines*, Yale University Press, 1995（J・ヒリス・ミラー『アリアドネの糸――物語の線』吉田幸子、太田純、杉村寛子、室町小百合、兼中裕美、林千恵子訳、英宝社、二〇〇三年）も参照。

（6） Balibar, *La philosophie de Marx*, Éditions La Découverte, 1993.（エティエンヌ・バリバール『マルクスの哲学』、杉山吉弘訳、法政大学出版局、一九九五年）

（7） カール・マルクス『哲学の貧困――プルードンの『貧困の哲学』への返答』第二章「政治経済学の形而上学」第一節「方法（第七の最後の考察）」石堂清倫訳、『マルクス・エンゲルス全集』第四巻、大月書店、一九六〇年、一四三―一四四ページ。

（8） Balibar, *Lieux et noms de la vérité*, Éditions de l'aube, 1997.（エティエンヌ・バリバール『真理の場所／真理の名前』堅田研一、澤里岳史訳、法政大学出版局、二〇〇八年）

（9） 二十世紀、政治の場所を空けるために尽力した哲学者にルイ・アルチュセールがいる。市田良彦『アルチュセール――ある連結の哲学』平凡社、二〇一〇年、および同『ルイ・アルチュセール』岩波新書、二〇一八年を参照。

（10） バリバールはヘーゲルにおける「感覚的確信」の考察を、言語学者バンヴェニストの言表行為における「指示子」についての考察と比較対照している。Balibar, «Constructing and Deconstructing the Universal: Jacques Derrida's *Sinnliche Gewissheit*», in Costas Douzinas ed., *Adieu Derrida*, Palgrave Macmillan, 2007.（エティエンヌ・バリバール「〈普遍的なもの〉の構築と脱構築――ジャック・デリダの感覚的確信」、『来たるべきデリダ――連続講演「追悼デリダ」の記録』藤本

一勇監訳、澤里岳史、茂野玲訳、明石書店、二〇〇七年）

（11） ウィリアム・モリス『ユートピアだより』川端康雄訳、岩波文庫、二〇一三年。

（12） Derrida, *Spectres de Marx : L'État de la dette, le travail du deuil et la nouvelle Internationale*, Éditions Galilée, 1993（ジャック・デリダ『マルクスの亡霊たち——負債状況＝国家、喪の作業、新しいインターナショナル』、増田一夫訳、藤原書店、二〇〇七年）および *Marx & sons*, Presses Universitaires de France, 2002（デリダ『マルクスと息子たち』國分功一郎訳、岩波書店、二〇〇四年）を参照。

（13） 本書第I部の「公理と指令」は、ドゥルーズ＝ガタリの「指令語（le mot d'ordre）」にこの（不）一致＝実践をあらためて探る試みだった。またその続編として、松本潤一郎「自然とその倒錯——黒田喜夫の離接的綜合」（「ゲストハウス」臨時増刊号i、二〇一〇年一月）が書かれた。語と事柄の不一致は、レーニンの「指令語（スローガン）」にとって本質的事態である。長原豊、白井聡編『別冊情況 レーニン〈再見〉——あるいは反時代的レーニン』（情況出版、二〇〇五年）を参照。Jean-Jacques Lecercle, *La violence du langage*, Presses Universitaires de France, 1996（ジャン＝ジャック・ルセルクル『言葉の暴力——「よけいなもの」の言語学』岸正樹訳、法政大学出版局、二〇〇八年）も参照。

（14） Terry Eagleton, *Why Marx Was Right*, Yale University Press, 2011, p. 146.（テリー・イーグルトン『なぜマルクスは正しかったのか』松本潤一郎訳、河出書房新社、二〇一一年）

（15） ヴァルター・ベンヤミン「物語作者」三宅晶子訳、『エッセイの思想——ベンヤミン・コレクション2』浅井健二郎編訳、ちくま学芸文庫、一九九六年、所収。また宇野邦一「物語の死線」（『物語と非知』書肆山田、一九九三年、所収）を参照。ベンヤミン自身は物語を、経験の衰退と相即して消滅の途上にある伝達媒体としてメランコリックにとらえていたが、本稿ではこれを積極的にとらえかえす。

（16） Claude Lévi-Strauss, *L'histoire de lynx*, Éditions Plon, 1991（クロード・レヴィ＝ストロース『大山猫の物語』渡辺公三監訳、福田素子、泉克典訳、みすず書房、二〇一六年）. また渡辺公三『闘うレヴィ＝ストロース』（平凡社新書、二〇〇九年）第四章を参照。

（17） イーグルトンは、なぜ人間は「歴史＝物語 history」をもつのかという問いをコミュニズムと結びつけている。これはリオタールの「大きな物語」（マルクス主義という「解放の物語」）とは異なる意味での、交通＝伝達形態としての歴史－物語である。Eagleton, *op-cit.*, p. 139.（前掲イーグルトン『なぜマルクスは正しかったのか』）

（18）この点はすでにバディウが指摘している。Alain Badiou, «Gilles Deleuze: *Le Pli: Leibnitz et le baroque*», in *Annuaire philosophique 1988-1989*, Éditions du Seuil, 1989, p. 162.（アラン・バディウ「ジル・ドゥルーズ『襞――ライプニッツとバロック』」小谷晴勇訳、宇野邦一編『ドゥルーズ横断』河出書房新社、一九九四年所収）

（19）Derrida, *Éperons: Les styles de Nietzsche*, Éditions Flammarion, 1978.（デリダ『尖筆とエクリチュール――ニーチェ・女・真理』白井健三郎訳、朝日出版社、一九七九年）

（20）松本潤一郎「ニーチェと遠隔妊娠――のちに生まれる者へ」、『KAWADE道の手帖　ニーチェ入門』河出書房新社、二〇一〇年、所収。そこではニーチェにおける交通－伝達も論じられた。

（21）遺産相続における「父の名」の〈／という〉存在論的虚構と、懐妊における入れ子状の贈与－所有の経験（expérience）とは、人為と自然といった対立関係にはない。

（22）堀千晶「ヘンリー・ジェイムズ――幽霊の知らなかった二、三の事柄」、宇野邦一、堀千晶、芳川泰久編『ドゥルーズ 千の文学』せりか書房、二〇一一年所収を参考にした。

（23）Badiou, *op-cit.*, pp. 178-179. ドゥルーズ哲学のアレゴリー的様相については松本潤一郎「クロソフスキー――思考の名前」（前掲『ドゥルーズ 千の文学』所収）を参照。

（24）ベンヤミン『ドイツ悲劇の根源』浅井健二郎訳、全二巻、ちくま学芸文庫、一九九九年。

（25）Badiou, *op-cit.*, pp. 169-170. さらにバディウは概念による個物の抱握を「可能なる叙述的因子 le décrivant possible」による「世界の生命の思想的叙述」であるとしたうえで、「流れ・欲望・襞といった概念は、思考が生きた世界、現在の世界に仕掛けた生の狩人であり、記述のための罠である」と述べている（*Ibid.*, pp. 178-179）。

（26）Balibar, *La philosophie de Marx*, *op-cit.*（前掲バリバール『マルクスの哲学』）

（27）このような知をミシェル・フーコーの言う「従属させられた知（savoir assujettis）」のひとつととらえることができるかもしれない。これは科学として制度に承認されることのない知であり、フーコーはこの知を解放することの重要性を説いている。Michel Foucault, *«Il faut défendre la société»: Cours au Collège de France 1976*, éd. François Ewald, Éditions du Seuil et Gallimard, 1997（『社会は防衛しなければならない――ミシェル・フーコー講義集成6』石田英敬、小野正嗣訳、筑摩書房、二〇〇七年）を参照。

（28）ジャンルとアレゴリーについて、松本潤一郎「サブ（プ）ライム、サブ（プ）ライム！——諸ジャンルのアレゴリー」（『現代思想』二〇〇八年十二月号）を参照。

（29）Badiou, *Cinéma*, Éditions Nova, 2010 を参照。

（30）特異性の特異な理解と解放について Balibar, *Lieux et noms de la vérité*, *op-cit.*（前掲バリバール『真理の場所／真理の名前』）また Raymond Williams, *Culture and Society, 1780-1950*, Harmonds worth, 1985（レイモンド・ウィリアムズ『文化と社会 1780-1950』若松繁信、長谷川光昭訳、ミネルヴァ書房、二〇〇八年）、Félix Guattari & Antonio Negri, *New Lines of Alliance, New Spaces of Liberty*, Autonomedia, 2011（フェリックス・ガタリ、アントニオ・ネグリ『自由の新たな空間』杉村昌昭訳、世界書院、二〇〇七年）を参照。

（31）Deleuze, «Post-scriptum sur les sociétés de contrôle», in *Pourparlers*, Éditions de Minuit, 1990.（ドゥルーズ「追伸——管理社会について」、『記号と事件——１９７２-１９９０年の対話』宮林寛訳、河出文庫、二〇〇七年、所収）

（32）固有名は最小単位の物語である。前掲、松本潤一郎「クロソフスキー——思考の名前」、村上靖彦「固有名とその病理」（『現代思想』二〇一一年二月号）を参照。

分裂と綜合

（1）Gilles Deleuze et Félix Guattari, *Anti-Œdipe : Capialisme et schizophrénie*, Éditions de Minuit, 1972（ジル・ドゥルーズ、フェリックス・ガタリ『アンチ・オイディプス』宇野邦一訳、全二巻、河出文庫、二〇〇六年）; *Mille plateaux : Capitalisme et schizophrénie 2*, Éditions de Minuit, 1980（ドゥルーズ、ガタリ『千のプラトー』宇野邦一ほか訳、全三巻、河出文庫、二〇一〇年）.

（2）Félix Guattari, *Les trois écologies*, Éditions Galilée, 1989（ガタリ『三つのエコロジー』杉村昌昭訳、平凡社ライブラリー、二〇〇八年）; *Cartographies schizoanalytiques*, Éditions Galilée, 1989（ガタリ『分裂分析的地図作成法』宇波彰、吉沢順訳、紀伊國屋書店、一九九八年）; *Chaosmose*, Éditions Galilée, 1992（ガタリ『カオスモーズ』宮林寛、小沢秋広訳、河出書房新社、二〇〇四年）.

（3）同書読解にあたり、吉沢順「フェリックス・ガタリ『分裂分析的地図作成法』」（福本修、斎藤環編『精神医学の名著50』平凡社、二〇〇三年、所収）が参考になった。

（4）たとえばJean Vautrin, *Groom*, Éditions Mazarine, 1980（ジャン・ヴォートラン『グルーム』高野優訳、文春文庫、二〇〇二年）は、パリ郊外の団地の窓が眼と化す幻景を描きだしている。これは郊外の人間に対する社会の威嚇的な視線を象徴する。

（5）渡辺慧『知るということ——認識学序説』ちくま学芸文庫、二〇一一年。

（6）ヴァルター・ベンヤミン「模倣の能力について」、山口裕之編訳『ベンヤミン・アンソロジー』河出文庫、二〇一一年、所収。以下、同テクストからの引用は同書より。

（7）ベンヤミン「翻訳者の課題」、前掲『ベンヤミン・アンソロジー』所収。

（8）ベンヤミン「類似の理論」、前掲『ベンヤミン・アンソロジー』所収。

（9）ベンヤミンにおける「理念」を「差異の酵母」と規定した宇野邦一の「悪魔の記号」（『混成系——死と批評』青土社、一九八八年、所収）および「アレゴリーと複製技術——ヴァルター・ベンヤミン」（『外のエティカ——多様体の思想』、青土社、一九八六年、所収）を参照。

（10）ベンヤミンの「歴史哲学」とライプニッツの関係について、森田團「モナドと歴史哲学——ベンヤミンとライプニッツ」（「水声通信」第十七号、水声社、二〇〇七年）、Jean-Louis Déotte, *L'homme de verre: esthétiques benjaminiennes*, Éditions L'Harmattan, 2000を参照。

（11）ベンヤミン『ドイツ悲劇の根源』全二巻、浅井健二郎訳、ちくま学芸文庫、一九九九年。

（12）その詳細について山口裕之『ベンヤミンのアレゴリー的思考』（人文書院、二〇〇三年）および『KAWADE道の手帖 ベンヤミン』（河出書房新社、二〇〇六年）所収の諸論考、三原弟平『ベンヤミンと精神分析——ボードレールからラカンへ』（水声社、二〇〇九年）、森田團『ベンヤミン——媒質の哲学』（水声社、二〇一一年）を参照。

（13）Deleuze, *Le pli: Leibniz et le baroque*, Éditions de Minuit, 1988, p. 27.（ドゥルーズ『襞——ライプニッツとバロック』宇野邦一訳、河出書房新社、一九九八年、三六ページ）

（14）前掲ベンヤミン『ドイツ悲劇の根源』上巻二二ページ。

（15）フーコーは精神分析家ビンスワンガーの『夢と実存』に付した序文で、フロイトの精神分析では夢の中の「私」は主体であり諸事物を対象（客体）として扱うと考えられるのに対し、ビンスワンガーの実存的精神分析の場合、夢の中ではすべての事物が「私」であると考えられると指摘している。ガタリの主体化を考えるうえで参考になった。Michel Foucault, "Le rêve et l'existence -introduction", in Ludwig Binswanger, *Le rêve et l'existence*, traduit de l'allemand par Jacqueline Verdeaux, Éditions Desclée de Brouwer, 1955.（ルートヴィヒ・ビンスワンガー／ミシェル・フーコー『夢と実存』荻野恒一、中村昇、小須田健訳、みすず書房、新装版二〇〇四年）

（16）前掲ベンヤミン『ドイツ悲劇の根源』上巻三六―三七、六六ページ。

（17）同前、六八―六九ページ。〔 〕内およびルビは翻訳者。

（18）物語は、究極的にはいつどこにいる誰でもよい誰かの生、そして死を伝達するメディアである。ベンヤミン「物語作者」三宅晶子訳、『エッセイの思想――ベンヤミン・コレクション2』浅井健二郎編訳、ちくま学芸文庫、一九九六年、所収を参照。

（19）Guattari, *Les trois écologies*, *op-cit*.（前掲ガタリ『三つのエコロジー』）. これは人文科学領域に限らない。たとえば理論物理学者のプリゴジーヌとスタンジェールは、進化の不可逆性の理論化においても「物語的要素」を必要とする場合があると考えており（Ilya Prigogine et Isabelle Stengers, *Entre le temps et l'éternité*, Éditions Fayard, 1988）、ガタリはこの着想に『カオスモーズ』で同意している。

（20）Deleuze, *Le pli*, *op-cit.*, p. 153, notes 26.（前掲ドゥルーズ『襞』一九五ページ）

（21）裁断された部分がなおうごめく様子をベンヤミンは言葉の切れ端に見ている。「言葉は、ばらばらに切り離されていてもなお、不吉を告げるものであることが明らかになる。それどころか、そのようにばらばらに切り離されていてもなお、言葉はなにかを意味しているという事実がすでに、これらの言葉にまだ残っている意味の残滓を、なにか脅かすものにするのだ、とさえ言いたくなる。そのように、破片となって、変貌し高められた表現を受け入れるべく、言語は破砕されるのである」（前掲ベンヤミン『ドイツ悲劇の根源』下巻一一六ページ）

（22）Deleuze, *Le pli*, *op-cit.*, p. 171.（前掲ドゥルーズ『襞』二一七ページ）

（23）松本潤一郎「クロソフスキー――思考の名前」（宇野邦一、堀千晶、芳川泰久編『ドゥルーズ 千の文学』せりか書房、二〇一一年、所収）を参照。私はドゥルーズ哲学をアレゴリー的サガ（物語大系）として読解する可能性を論じた。ドゥルーズとガタリが『哲学とは何か』で提示した「概念的人物」という概念にもアレゴリー的人格化という側面がうかがわれる。彼ら自身はこのことを認めていないが。Deleuze et Guattari, *Qu'est-ce que la philosophie ?*, Éditions de Minuit, 1991（ドゥルーズ、ガタリ『哲学とは何か』財津理訳、河出書房新社、一九九七年）を参照。

（24）ドゥルーズとガタリも『哲学とは何か』でベンヤミンと同様、哲学における「概念」を異質な諸要素の共立とそれら諸要素への順序づけとして規定している。概念とは、主体化の過程と一体化した諸要素‐境位の遍歴（歴史）およびその行程（地図）との組み合わせからなる、それ自体可変的なひとつのアーカイヴである。

（25）前掲ガタリ『カオスモーズ』三二ページ。またガタリの分裂状の思考について Peter Pál Pelbart, «Un droit au silence», in *Chimères*, no. 20, Association Chimères, été 1994 を参照。

（26）前掲ガタリ『カオスモーズ』七六ページおよび同書第二章原注（4）。

（27）ガタリの「横断性」概念について Gary Genosko, "Transversality and Politics", in *Félix Guattari: A Critical Introduction*, Pluto Press, 2009 が参考になった。

（28）このような主体について、松本潤一郎「クロソウスキーにおけるイメージと言葉の結合」（近畿大学国際人文科学研究所紀要「述」第五号、二〇一二年三月）を参照。

（29）山森裕毅「フェリックス・ガタリにおける記号論の構築（1）――『分子革命』の三つの記号系」、「年報人間科学」第三十二号、大阪大学人間科学研究科社会学・人間学・人類学研究室、二〇一一年、一六〇ページを参照。また Guattari et Suely Rolnik, *Micropolitiques*, traduit du portugais (Brésil) par Renaud Barbaras, Éditions Empêcheurs de Penser en Rond/Le Seuil, 2007, p. 307 も参照。

（30）ガタリの精神医療実践へのとりくみについて、ガタリほか『精神の管理社会をどう超えるか？――制度論的精神療法の現場から』（松籟社、二〇〇〇年）、三脇康生「いつも「新しい」精神医療のために」（小泉義之、鈴木泉、檜垣立哉編『ドゥルーズ／ガタリの現在』平凡社、二〇〇八年、所収）、三脇康生、多賀茂編『医療環境を変える――「制度を使った精神療法」の実践と思想』（京都大学学術出版会、二〇〇八年）などを参照。

（31）山森氏は前掲「フェリックス・ガタリにおける記号論の構築（1）」でローテーション・グリッドを「ダイアグ

ラム」の実践ととらえている。ガタリの思考体系を記号論という視点から綜合的に考究する氏の企図は参考になった。

(32) ガタリの社会・政治運動について *Multitudes* vol. 34 “L’effet-Guattari”, automne 2008, Éditions Amsterdam; François Dosse, *Gilles Deleuze, Félix Guattari : Biographie croisée*, Éditions la Découverte, 2007（フランソワ・ドス『ドゥルーズとガタリ 交差的評伝』杉村昌昭訳、河出書房新社、二〇〇九年）、杉村昌昭編訳『フェリックス・ガタリの思想圏——〈横断性〉から〈カオスモーズ〉へ』（大村書店、二〇〇一年）、前掲ガタリほか『精神の管理社会をどう超えるか?』、ガタリ、粉川哲夫、杉村昌昭『政治から記号まで——思想の発生現場から』（インパクト出版会、二〇〇〇年）、ガタリほか『東京劇場——ガタリ、東京を行く』（ＵＰＵ、一九八六年）、Guattari & Antonio Negri, *New Lines of Alliance, New Spaces of Liberty*, Autonomedia, 2010（ガタリ、アントニオ・ネグリ『自由の新たな空間』（杉村昌昭訳、世界書院、二〇〇七年）、ジャネル・ワトソン「欲望機械」（比嘉徹徳訳、長原豊編『政治経済学の政治哲学的復権——理論の理論的〈臨界‐外部〉にむけて』法政大学出版局、二〇一一年、所収）を参照。また「ガタリと日本」を主題とした Genosko, “Japanese Singularity”, in *Félix Guattari: An Aberrant Introduction*, Athlone Press, 2002 も参照。

無限小の政治

(1) カール・マルクス『フランスにおける内乱』村田陽一訳、国民文庫、一九七〇年、一六八ページ。この言葉は『資本論』第一巻冒頭に出現する商品の巨大な集積の歴史的地位‐身分が「偶然」的なのか、「発展の一般的行程」（法則）に即して「必然」的なのかという問いと並走している。

(2) イマヌエル・カント「世界市民的見地における普遍史の理念」、『カント全集』第十四巻「歴史哲学論集」福田喜一郎、望月俊孝、北尾宏之、酒井潔、遠山義孝訳、岩波書店、二〇〇〇年所収。

(3) ジル・ドゥルーズもカントにおいて自由が実現されるのは自然ではなく歴史においてであると指摘している。Gilles Deleuze, *La philosophie critique de Kant*, Presses Universitaires de France, 1963.（ジル・ドゥルーズ『カントの批判哲学』國分功一郎訳、ちくま学芸文庫、二〇〇八年）

(4) イマニエル・カント『純粋理性批判』熊野純彦訳、作品社、二〇一二年。カントの歴史記述を一種の小説ととらえた Jean-François Lyotard, *L’enthousiasme: la critique kantienne de l’histoire*, Éditions Galilée, 1986（ジャン＝フランソワ・リオ

タール『熱狂――カントの歴史批判』中島盛夫訳、法政大学出版局、一九九〇年）を参照。

（5）G・W・F・ヘーゲル『ヘーゲル全集』第十巻「歴史哲学」武市健人訳、岩波書店、一九九五年。

（6）ヘーゲルによる二概念の同一視はカントにはみられない。したがって、両者の間にすでにずれが生じている。

（7）ヘーゲルの歴史理解に関しては、マンフレート・リーデル「ヘーゲルとマルクス――理論と実践の関係の新しい規定」、『体系と歴史――ヘーゲル哲学の歴史的位置』（高柳良治訳、御茶の水書房、一九八六年、所収）を参照。

（8）この逆説について前掲リーデル『体系と歴史』「ヘーゲルの歴史哲学における進歩と弁証法」を参照。

（9）Lyotard, *L'enthousiasme, op-cit.*（前掲リオタール『熱狂』）

（10）カール・マルクス『ルイ・ボナパルトのブリュメール18日［初版］』植村邦彦訳、平凡社ライブラリー、二〇〇八年。

（11）前掲リーデル「ヘーゲルとマルクス」を参照。

（12）同前。

（13）マルクス「ヘーゲル法哲学批判序説」花田圭介訳、『マルクス＝エンゲルス全集』第一巻、大月書店、一九五九年所収。

（14）だが階級をどうとらえるか、また労働力の商品化をどうとらえるかによって、プロレタリアートとルンペンプロレタリアートの境界は揺らぐ。長原豊編『政治経済学の政治哲学的復権――理論の理論的〈臨界‐外部〉にむけて』法政大学出版局、二〇一一年を参照。

（15）Jeffrey Mehlman, *Revolution and Repetition: Marx/Hugo/Balzac*, University of California Press, 1977.（ジェフリー・メールマン『革命と反復――マルクス／ユゴー／バルザック』上村忠男、山本伸一訳、太田出版、一九九六年）

（16）Dominick LaCapra, «Reading Marx: The Case of *The Eighteenth Brumaire*», in *Rethinking Intellectual History: Texts, Contexts, Language*, Cornell University Press, 1983.（ドミニク・ラカプラ『思想史再考――テクスト、コンテクスト、言語』山本和平、内田正子、金井嘉彦訳、平凡社、一九九三年）

（17）この点に関して歴史における反復の問題を考察したJean-François Hamel, «Le second empire du passé; l'agonistique de la narrativité chez Karl Marx», dans *Revenances de l'histoire: Répétition, narrativité, modernité*, Éditions de Minuit, 2006 を参照。

(18) この点に関して遺産相続 - 継承と再来 - 幽霊という問題構制からマルクスを論じた Jacques Derrida, *Spectres de Marx*, Éditions Galilée, 1993（ジャック・デリダ『マルクスの亡霊たち――負債状況=国家、喪の作業、新しいインターナショナル』増田一夫訳、藤原書店、二〇〇七年）を参照。

(19) Gilles Deleuze, *Nietzsche et la Philosophie*, Presses Universitaires de Franc,e 1962.（ジル・ドゥルーズ『ニーチェと哲学』江川隆男訳、河出文庫、二〇〇八年）

(20) 資本と労働の最小限の差異について Étienne Balibar, *La philosophie de Marx*, Éditions La Découverte, 1993（エティエンヌ・バリバール『マルクスの哲学』杉山吉弘訳、法政大学出版局、一九九五年）を参照。

(21) コミュニズムの《moment (um)》について、ジャック・ランシエール「共産主義なき共産主義者たち？」松本潤一郎訳、コスタス・ドゥズィーナス、スラヴォイ・ジジェク編『共産主義の理念』長原豊監訳、水声社、二〇一二年、二七九ページを参照。

「絶対貧困」のほうへ

(1) ギャヴィン・ウォーカー「資本のプロレタリア的零度――外部の政治的物理学」（長原豊編『政治経済学の政治哲学的復権――理論の理論的〈臨界 - 外部〉にむけて』法政大学出版局、二〇一一年、所収）に触発されて書かれた。

(2) マルクス=エンゲルス『共産党宣言』村田陽一訳、大月書店、二〇〇九年。

(3) 「ジョヴァンニ・アリギ・インタヴュー――資本の曲がりくねった道（インタヴュアー／デヴィッド・ハーヴェイ）」、ジョヴァンニ・アリギ『北京のアダム・スミス――21世紀の諸系譜』中山智香子訳、作品社、二〇一一年、五四四―五四五ページ。

(4) 同前、五四六ページ。

(5) ドゥルーズとガタリは『千のプラトー』でこれを（再）領土化と脱領土化の並走の寓意としてあげた。Gilles Deleuze et Félix Guattari, *Mille Plateaux*, Éditions Minuit, 1980.（宇野邦一ほか訳、全三巻、河出文庫、二〇一〇年）

(6) マルクス『フランスにおける階級闘争』中原稔生訳、国民文庫、大月書店、一九六〇年。

(7) Jacques Rancière, "La révolution escamotée", in *Le philosophe et ses pauvres*, Éditions Flammarion, 1970. 日本語訳はジャッ

ク・ランシエール「くすね盗られた革命」長原豊訳、「現代思想」二〇〇五年一月号、所収。

（8）この点については沖公祐『余剰の政治経済学』日本経済評論社、二〇一二年を参照。

（9）アントニオ・ネグリ、マイケル・ハート『コモンウェルス――〈帝国〉を超える革命論』全二巻、水嶋一憲監訳、幾島幸子、古賀祥子訳、NHK出版、二〇一二年。

（10）同前、上巻一四―一五ページ。

（11）同前、下巻一二七―一二八ページ。

（12）同前、上巻二二八ページ。

（13）同前、上巻二三一ページ。

（14）ネグリには貧困論がある。Antonio Negri, *Kairòs, Alma Venus, Multitudo: Nove lezioni impartite a me stesso*, Manifesto libri, 2000（ネグリ『革命の秋――いまあるコミュニズム』長原豊、伊吹浩一、真田満訳、世界書院、二〇一〇年）の第二部「好機・豊穣・多数性」中「豊穣」と題された節の「貧」項目を参照。ここでの議論が『コモンウェルス』における「貧困」論の骨格をなしている。

（15）前掲ネグリ、ハート『コモンウェルス』上巻八〇ページ。

（16）同前、上巻一〇〇―一〇一ページ。

（17）同前、上巻一〇二―一〇三ページ。ここでネグリとハートが依拠するマルクスの文献は『一八五七―五八年の経済学草稿――マルクス資本論草稿集2』資本論草稿集翻訳委員会訳、大月書店、一九九三年である。

（18）「新自由主義」の一派「シカゴ・ボーイズ」について、中山智香子『経済ジェノサイド――フリードマンと世界経済の半世紀』平凡社新書、二〇一三年、科学哲学的視点から今日の欧州債務危機を原理的に考察したジャン＝ピエール・デュピュイ『経済の未来――世界をその幻惑から解くために』（森元庸介訳、以文社、二〇一三年）を参照。世界的金融危機に関しては、アンドレア・フマガッリ、サンドロ・メッザードラ編『金融危機をめぐる10のテーゼ――金融市場・社会闘争・政治的シナリオ』（朝比奈佳尉、長谷川若枝訳、中山智香子解説、以文社、二〇一〇年）およびクリスティアン・マラッツィ『資本と言語――ニューエコノミーのサイクルと危機』（柱本元彦訳、水嶋一憲監修、人文書院、二〇一〇年）を参照。

(19) Quentin Meillassoux, "Soustraction et contraction ; À propos d'une remarque de Deleuze sur Matière et mémoire", in *Philosophie*, numéro. 96 (avril 2007), Minuit, pp. 67-93.（クァンタン・メイヤスー「減算と縮約――ドゥルーズ、内在、『物質と記憶』」岡嶋隆佑訳、「現代思想」二〇一三年一月号）

(20) 同前、日本語訳一六二ページ。

(21) メイヤスーの議論とネグリ－ハートのそれを架橋する前段として、ネグリ、ハート『ディオニュソスの労働――国家形態批判』（長原豊、崎山政毅、酒井隆史訳、人文書院、二〇〇八年）を参照。

(22) ニーチェと政治の価値転換的連関についてマルコム・ブル「反ニーチェの所在を問う」松本潤一郎訳、「現代思想」二〇一三年二月号）を参照。

(23) ニーチェと生物学の連関についてBarbara Stiegler, *Nietzsche et la biologie*, Presses universitaires de France, 2001を参照。またニーチェと生政治の連関についてロベルト・エスポジト「生権力と生潜勢力」多賀健太郎訳、「思想」二〇一三年二月号所収を参照。

(24) Friedrich Nietzsche, *Sämtliche Werke: Kritische Studienausgabe*, Walter de Gruyter, 1980, vol. 12, pp. 16-17, Fall 1885-Spring 1886. Pierre Klossowski, *Nietzsche et le cercle vicieux* (édition revue et corrigée), Éditions Mercure de France, 1969, p. 73.（ピエール・クロソウスキー『ニーチェと悪循環』兼子正勝訳、ちくま学芸文庫、二〇〇四年、九六ページ）

(25) ニーチェの記号論について、ポール・ド・マンの三つのニーチェ論「生成と系譜（ニーチェ）」「文彩のレトリック（ニーチェ）」「説得のレトリック（ニーチェ）」、『読むことのアレゴリー――ルソー・ニーチェ・リルケ・プルーストにおける比喩的言語』（土田知則訳、岩波書店、二〇一二年、所収）を参照。

(26) Klossowski, *op-cit.*, p. 59（前掲『ニーチェと悪循環』七六ページ）. この「無限に広大な知性」には、マルクスによる知の解体－解放的使用も含まれるだろう。

(27) *Ibid.*, pp. 127-128.（同前、一七〇―一七一ページ）

(28) *Ibid.*, p. 122.（同前、一六四―一六五ページ）

(29) ベンヤミンも過去の現在への回帰－救済という視点から革命を構想していた。「歴史の連続を打破する意識は、行動の時機にある革命的階級に特有のものである。大革命は、あらたな暦を導入した。暦の第一日は、歴史上の、低速度撮影カメラとして機能する」（ベンヤミン「歴史の概念について」断章番号XV、『ボードレール他五篇――ベンヤミンの仕事2』野村修編訳、岩波文庫、一九九四年、三四二ページ）。

（30）Klossowski, *op-cit.*, pp. 15-16.（前掲『ニーチェと悪循環』一八ページ）

レンタル・ライフ

（1）若干古いが http://www.mext.go.jp/b_menu/shingi/chukyo/chukyo3/siryo/attach/1364316.htm を参照。

（2）Jacques Rancière, «La peinture dans le texte», in *Le destin des images*, Éditions La Fabrique, 2003.（ジャック・ランシエール「テクストの中の絵画」、『イメージの運命』堀潤之訳、平凡社、二〇一〇年所収）

（3）「職業」のもつ不思議な性質について以下を参照。Rancière, *La méthode de l'égalité*, Éditions Bayard, 2012, pp. 153-154.（ランシエール『平等の方法』市田良彦ほか訳、航思社、二〇一四年、一六七―一六八ページ）

（4）以下『資本論』の参照・引用には『資本論1』（第一巻第一分冊、岡崎次郎訳、国民文庫、一九七二年）を使用（略号K・巻数・全集ページ数表記）。

（5）Rancière, *La méthode de l'égalité*, *op-cit.*, pp. 264-265（前掲ランシエール『平等の方法』二八一ページ）を参照されたい。

（6）分業を「知的差異」という観点からとらえたバリバール『マルクスの哲学』（一九九三年）の議論は示唆的である。彼にとって〈知〉をめぐる分割は、人びとのあいだの広い意味での〈コミュニケーション〉分断の指標であり、階級闘争の一局面を構成する。Étienne Balibar, *La philosophie de Marx*, Éditions La Découverte, 1993.（エティエンヌ・バリバール『マルクスの哲学』杉山吉弘訳、法政大学出版局、一九九五年）

（7）このような言い方をするのは、〈賃金労働者〉と〈プロレタリアート〉の等号による結合が自明であるとは言えないからである。

（8）カール・マルクス「ヘーゲル法哲学批判序説」、『ユダヤ人問題によせて／ヘーゲル法哲学批判序説』城塚登訳、岩波文庫、一九七四年、所収。

（9）知における分断と共有を問うとき、私は以下に引くランシエールの言葉を意識している。「不平等の格律は、少し戯画的に言ってみれば、こう語っている。出かけるのはちょっと億劫だ、家にいて新聞を読んでテレビを見ていれば、人がどれほど愚かなのかがわかる、かくも愚かな他人に比べて俺はなんと賢いんだろう。ですから格律の選択肢は次のようにも言えます。他人が愚かだから自分は賢いのか、それとも他人が賢いから自分は賢いのか。これはカント型の格律ですね。私が自分に認めている思考能力は万人の思考能力であると私は請け合うのか。それとも、私の思考が他人の思考から区別されるのは、他人みんながバカであるという事実によるのか。〔…〕人がみんなと同じように毎日仕事に出かけるのは、思考はみんなのものだと考えているから。世界は巨大で認識不可能なものではないと考えているからです。私たちが暮らす世界の一片は認識することができる、ちょっと骨を折ればどうやってそれが形成されたかを少しは理解することができる、と考えているから。これらすべては知識人の態度と正反対でしょう。かれらは他人がバカである理由をとやかく言う。ざっくり言えば、それが知識人の普通の定義です」(Rancière, *La méthode de l'égalité, op-cit.*, pp. 163-164. 前掲ランシエール『平等の方法』、一七七―一七八ページ)

(10) カルロ・ヴェルチェッローネ「形式的包摂から一般的知性へ――認知資本主義テーゼのマルクス主義的読解のための諸要素」(二〇〇七年)沖公祐訳、「現代思想」二〇一一年三月号、所収。

(11) 利潤‐レントの不可識別化については、ヴェルチェッローネ「価値法則の危機と利潤のレント化」(アンドレア・フマガッリ、サンドロ・メッザードラ編『金融危機をめぐる10のテーゼ――金融市場・社会闘争・政治的シナリオ』朝比奈佳尉、長谷川若枝訳、中山智香子解説、以文社、二〇一〇年所収)も参照。

(12) ヴェルチェッローネ、ネグリ「認知資本主義における〈資本‐労働〉関係」長原豊訳、前掲「現代思想」所収。強調原文。

(13) マラッツィ『資本と言語――ニューエコノミーのサイクルと危機』柱本元彦訳、人文書院、二〇一〇年、五四ページ。

(14) 同前、一一五―一一六ページ。

(15) 同前、一一三―一一四ページ。

(16) マラッツィ「金融資本主義の暴力」、前掲『金融危機をめぐる10のテーゼ』二四、二六ページ。

(17) マラッツィ「世界的ガバナンスのキメラ」(二〇〇九年)(長原豊訳、前掲「現代思想」所収)を参照。

(18) 〈間隙〉に見いだされる問いとして、たとえば〈時間〉ひいては〈死〉と〈記憶〉(memento mori)を考察した中山智香子「レントがひらく可能性――「メメント・モリ」の経済学のために」（「atプラス」二十三号、二〇一五年二月）を参照。〈間隙〉の問いに気づいたのは、同論文を読んでのことである。

(19) カール・マルクス「ドイツ労働者党綱領評注」、『ゴータ綱領批判』望月清司訳、岩波文庫、一九七五年、所収。以下同書からの参照・引用にはRと略記して該当ページ数を表記する。

(20) この定式は、とくに賃労働制度との関係に規定されるかぎりで意味をもつ。たとえそれが賃労働制度からの離脱、したがって資本主義との〈非‐関係〉をめざすものであるとしても。それゆえ世界（史）のいたるところ、さらには資本主義社会のただなかにすら、この定式に似た生活様式が見いだされるからといって、そのことはただちにコミュニズムの〈実現〉を意味するわけではない。この定式は、状況によっては〈愛〉や〈贈与〉の名のもとに収奪を正当化しかねないからである。

(21) Alain Badiou, *L'hypothèse communiste, Circonstances*, tome 5, Nouvelles Éditions Lignes, 2009.（アラン・バディウ『コミュニズムの仮説』市川崇訳、水声社、二〇一三年）およびアルベルト・トスカーノ『コミュニズムの争異――ネグリとバディウ』（長原豊訳、航思社、二〇一七年）を参照。問題は反マルクス主義とは異なるマルクス主義との〈非‐関係〉の構成である。

(22) 〈労働〉の両義性を、政治が経済への従属を装う今日の状況を思考したミシェル・フーコーによる〈人間〉――語り、働き、生きる存在――の分析を参照しつつ再検討したい。ここで想起されるのは〈労働の不在（l'absence d'œuvre）〉という、彼による狂気の規定である。労働なき〈正気〉を考えることができるか。

労賃とは別の仕方で

(1) カール・マルクス「ヴェ・イ・ザスーリチへの手紙」および「ヴェ・イ・ザスーリチの手紙への回答の下書き」第一―三草稿、『マルクス＝エンゲルス全集』第十九巻、大野敏英訳、大月書店、一九六八年、所収。以下、同書の引用・参照は「19」と略記し該当ページ数と併せて本文内に表記。

(2) ジル・ドゥルーズとフェリックス・ガタリはマルクスによる歴史の地層的把握を継承し、脱地層化の運動としての政治を構想した。Cf. David Lapoujade, *Deleuze, les mouvements aberrants*, Les Éditions de Minuit, 2014.（ダヴィッド・ラプ

ジャード『ドゥルーズ――常軌を逸脱する運動』堀千晶訳、河出書房新社、二〇一五年）

（3）資本主義の傾向的法則の現状を、現代哲学およびいわゆる〈現代思想〉との連関で研究した成果として、前注にあげたもの以外に、たとえば Étienne Balibar, *La philosophie de Marx*, Éditions La Découverte, 1993（エティエンヌ・バリバール『マルクスの哲学』杉山吉弘訳、法政大学出版局、一九九五年）; Julián Ferreyra, *L'ontologie du capitalisme chez Gilles Deleuze*, Éditions L'Harmattan, 2010 ; Fredric Jameson, *Representing Capital : A Reading of Volume One*, Verso, 2011（フレドリック・ジェイムソン『21世紀に、資本論をいかに読むべきか？』野尻英一訳、作品社、二〇一五年）などがある。また長原豊『ヤサグレたちの街頭――瑕疵存在の政治経済学批判 序説』（航思社、二〇一五年）を参照。

（4）この点については松本潤一郎「上向と翻訳――言葉の身体化」、「立教大学ランゲージセンター紀要」第三十三号、二〇一五年、三五―五〇ページを参照。

（5）「資本主義的生産に先行する諸形態」の引用・参照は、カール・マルクス『一八五七―五八年の経済学草稿――マルクス資本論草稿集2』（資本論草稿集翻訳委員会訳、大月書店、一九九三年）に依拠。以下「諸形態」と略記して該当ページ数とともに本文内に表記。

（6）日本では「日本資本主義論争」、西欧では「ブレナー論争」と称される論争が名高い。いずれも膨大な研究蓄積があるが、たとえば前者については青木孝平『天皇制国家の透視――日本資本主義論争1』、河西勝『世界農業問題の構造化――日本資本主義論争2』（いずれも社会評論社、一九九〇年）の整理が簡便である。近年の研究に絓秀実『天皇制の隠語《ジャーゴン》』（航思社、二〇一四年）がある。後者については Ellen Meiksins Wood, *The Origin of Capitalism: A Longer View*, Monthly Review Press, 1999（エレン・メイクシンス・ウッド『資本主義の起源』平子友長、中村好孝訳、こぶし書房、二〇〇一年）が論争の的を射た説明とあわせて刺戟的である。エドワード・P・トムスン『イングランド労働者階級の形成』（市橋秀夫、芳賀健一訳、青弓社、二〇〇三年）とロバート・ブレナー『所有と進歩――ブレナー論争』（長原豊監訳、日本経済評論社、二〇一三年）も参照。

（7）本稿執筆にあたりエリック・ホブズボーム『共同体の経済構造――マルクス『資本制生産に先行する諸形態』の研究序説』（市川泰治郎訳、未來社、一九六九年、新装版二〇〇六年）が参考になった。ブリュノ・ボスティルス「政治と主体性をめぐる20のテーゼ」上尾真道、箱田徹、松本潤一郎訳、市田良彦、王寺賢太編『〈ポスト68年〉と私たち――「現代思想と政治」の現在』平凡社、二〇一七年、所収を参照。

（8） ドゥルーズはこの所有形態を「遊牧的配分」と呼ぶ。Cf. Lapoujade, *Deleuze, les mouvements aberrants, op-cit.*, p. 58.（前掲ラプジャード『ドゥルーズ』）

（9） Cf. Moishe Postone, *Time, Labor and Social Domination: A Reinterpretation of Marx's Critical Theory*, Cambridge University Press, 1993（モイシェ・ポストン『時間・労働・支配――マルクス理論の新地平』白井聡、野尻英一監訳、筑摩書房、二〇一二年）. 榎原均『『資本論』の核心』（情況出版、二〇一四年）も参照。

（10） Pierre Klossowski, *La monnaie vivante ; précédée d'une lettre de Michel Foucault à Pierre Klossowski sur* La monnaie vivante (hiver 1970), Éditions Joëlle Losfeld, 1994.（ピエール・クロソウスキー『生きた貨幣』兼子正勝訳、青土社、二〇〇〇年）以下、同書からの引用・参照はMVと略記し、該当ページ数とともに本文内に表記。強調はいずれも原文。〔 〕内は引用者による補綴。

（11） ドゥルーズとガタリはこの仕組みを「一方で脱領土化したものを他方で再領土化する」「究極的には脱領土化と再領土化を区別することはできない」と表現した。Cf. Lapoujade, *Deleuze, op-cit.*, p. 165.（前掲ラプジャード『ドゥルーズ』）

（12） その際クロソウスキーはサドにフーリエを対置する議論を展開しているが、ここでは立ち入らない。

（13） したがってマルクスの特異な労働価値説は、たとえば貨幣を廃棄すれば労働の価値が正当に評価されるといった立場に与するものではない。同様に、本稿でとりあげるクロソウスキーの〈生きた貨幣〉――身体を貨幣にするという奇想――もまた、〈生きた労働〉を直截に表現するものではない。

（14） クロソウスキーとマルクスにおける共鳴についてはすでに指摘がある。師玉真理「像（イメージ）の響応――フーコー／クロソフスキー」、「現代思想」二〇〇三年十二月臨時増刊号（総特集フーコー）所収。同論考なくして本稿は書かれえなかった。

（15） 貨幣－擬態としての身体の流通については松本潤一郎「ピエール・クロソウスキーにおける身体と交換――『歓待の掟』を中心として」（北海道大学大学院文学研究科映像・表現文化論講座「層――映像と表現」第七号、二〇一四年）を参照。

（16）この点についても前掲の拙稿「上向と翻訳——言葉の身体化」を参照。

（17）「労働賃金とは別のある等価物」の「私的所有の要素」を優位に置いた実現に向けて、すでにブルジョワジーは動いている。「余剰労働賃金 sursalaire」「余剰時間 surtemps」概念を用いてこの動向を分析した Jean-Claude Milner, *Le salaire de l'idéal ; la théorie des classes et de la culture au vingtième siècle*, Éditions du Seuil, 1997 を参照。二十世紀に入って賃金労働者化したブルジョワジーの報酬形態の変遷が示されている。

（18）労働力供給源の危機および後にふれる失業の搾取化について Jameson, *Representing Capital, op-cit.*（前掲ジェイムソン『21世紀に、資本論をいかに読むべきか?』）および Aaron Benanav, 'Misery and Debt: On the Logic and History of Surplus Populations and Surplus Capital.' (http://endnotes.org.uk/issues/2/en/endnotes-misery-and-debt) を参照。

労働と芸術

（1）「歴史の概念について」は、岩波文庫版（『ボードレール他五篇——ベンヤミンの仕事2』野村修編訳、一九九四年、所収）と、ちくま学芸文庫版（『近代の意味——ベンヤミン・コレクション1』浅井健二郎編訳、一九九五年、所収）を参照した。

（2）「模倣の能力について」内村博信訳、『エッセイの思想——ベンヤミン・コレクション2』浅井健二郎編訳、ちくま学芸文庫、一九九六年、所収。

（3）ピエール・クロソウスキー「ヴァルター・ベンヤミンについての手紙」清水正訳、「ユリイカ」一九九四年七月号、所収。「マルクスとフーリエの間」（ドゥニ・オリエ編『聖社会学』兼子正勝、中沢信一、西谷修訳、工作舎、一九八七年、所収）も参照。

（4）クロソウスキー『生きた貨幣』兼子正勝訳、青土社、二〇〇〇年。

（5）フェリックス・ガタリ『カオスモーズ』宮林寛、小沢秋広訳、河出書房新社、二〇〇四年など。またフーリエ、ベンヤミン、クロソウスキー、ガタリを横断的に接合するルネ・シェレール『歓待のユートピア——歓待神礼讃』（安川慶治訳、現代企画室、一九九六年）『ノマドのユートピア——2002年を待ちながら』（杉村昌昭訳、松籟社、一九九八年）『ドゥルーズへのまなざし』（篠原洋治訳、筑摩書房、二〇〇三年）を参照。

（6）ガタリ「街路の中の亀裂」、『分裂分析的地図作成法』（宇波彰、吉沢順訳、紀伊國屋書店、一九九八年、所収）およびクロソフスキー「バルテュスの絵画における〝活人画〟について」（星埜守之訳、前掲「ユリイカ」所収）。

（7）Jean-Luc Nancy, « Travail », in *Le Sens du monde*, Galilée, 1993.

可能世界のドゥルーズ

（1）Alain Badiou, "Dialectiques de la fable", in *Matrix: machine philosophique*, Éditions Ellipses, 2003, p. 129.

（2）Toni Negri, *Exil*, traduction de l'italien par François Rosso et Anne Querrien, Éditions Mille et Une Nuits, 1998. 日本語訳はアントニオ・ネグリ『未来への帰還――ポスト資本主義への道』杉村昌昭訳、インパクト出版会、一九九九年。以下、引用はすべて拙訳。

（3）*Ibid.*, p. 11.

（4）『亡命』の「帝国」と題された一節の冒頭を引用する。「帝国をどう定義するか。それは世界市場の政治形態、すなわち世界市場を防衛する軍隊と強制的手段、通貨・金融・商業的調節の手立て、そして最後に「生政治的」に世界化したひとつの社会のただなかにある交通・伝達・言語の道具といったものの集合である」（*Ibid.*, p. 37）

（5）*Ibid.*, p. 29.

（6）*Ibid.*, pp. 48-49.

（7）*Ibid.*, p. 25.

（8）「現代思想」二〇〇八年一月号（特集「民意とは何か」）、とくに同号所収のアラン・バディウ「政治を語る、政治について語る」松本潤一郎訳および訳者付記参照。ただし、そこでは «opinion» を「臆見」と訳した。

（9）Gilles Deleuze, *L'image-temps: Cinéma 2*, Éditions Minuit, 1985.（ジル・ドゥルーズ『シネマ２＊時間イメージ』宇野邦一、石原陽一郎、江澤健一郎、大原理志、岡村民夫訳、法政大学出版局、二〇〇六年）

（10）Negri, *Exil*, *op. cit.*, pp. 27-28. また Negri, *Fabrique de porcelaine: pour une nouvelle grammaire du politique*, Éditions Stock, 2006, p. 103（アントニオ・ネグリ『さらば、〝近代民主主義〟』杉村昌昭訳、作品社、二〇〇七年）も参照。「普通名詞」の問題系が特異性のそれと密接に関わる旨が述べられている。

(11)「指示対象(référent)」をもたないというより、フェリックス・ガタリの言う非物体(-身体)的「参照宇宙(Univers de référence)」が、〈資本〉によって画一化される主体化のアレンジメント下に置かれた状態である。Félix Guattari, *Chaosmose*, Éditions Galilée, 1992(フェリックス・ガタリ『カオスモーズ』宮林寛、小沢秋広訳、河出書房新社、二〇〇四年)を参照。

(12) Antonio Negri, *Du retour: Abécédaire biopolitique*, Éditions Calmann-Lévy, 2002, pp. 159-160(日本語訳はネグリ『ネグリ生政治的自伝——帰還』杉村昌昭訳、作品社、二〇〇三年)では「命名」の重要性が説かれている。

(13) 注(11)にあげた文献でガタリが提示した参照宇宙の視点は、革命を担う「実体」をプロレタリアと名指したマルクスを新たに読みなおす可能性を提示する。革命の担い手は〈資本〉に中心化された参照宇宙ではなく、他の参照宇宙(への移行)に(おいて)探求されるだろう。Guattari et Suely Rolnik, *Micropolitiques*, Les Empêcheurs de penser en rond/Éditions de Seuil, 2007を参照。

(14) Negri, *Exil, op. cit.*, p. 14.

(15) 共通の名-普通名詞は共通の場-紋切型(lieu commun)に通じ、紋切型は情念の伝達経路を構成する。情念の遠隔作用(télépathie)あるいは便乗(profiter-opportunisme)である。Pierre Klossowski, "Protase et apodose" in *L'arc/Klossowski*, no. 43, 1970.(ピエール・クロソウスキー「条件節と帰結節(抄)」中沢信一訳、「夜想」二十二号(特集「クロソウスキー」)、一九八七年、所収)

(16) Deleuze, *L'image-temps, op-cit.*(前掲ドゥルーズ『シネマ2＊時間イメージ』)

(17) ここでの「事物(事態)」は、参照宇宙におけるそれである。本稿注(11)(13)参照。したがって「詭弁」と〈新たなこと〉を思考するための言語使用とを峻別する必要がある。拙稿「〈習合〉というジャンル?——『金毘羅』小考」(「現代思想」二〇〇七年三月号)を参照。

(18) ソフィスト-オピニオンの効力についてBarbara Cassin, *L'effet sophistique*, Éditions Gallimard, 1995参照。またオピニオンと哲学の複雑な関係について、松本潤一郎「哲学の友人」(大山載吉との共著『ドゥルーズ——生成変化のサブマリン』白水社、二〇〇五年、所収)を参照。

(19) Negri, *Du retour: Abécédaire biopolitique, op. cit.*, p. 223.

あとがき

ドゥルーズとガタリがマルクスを受けて指摘したように、資本主義が〈世界史〉という視点を成り立たせたのだとすれば、資本主義そのものを歴史化するにはどうすればよいのだろうか――本書冒頭の論考（初出二〇〇三年）を書くにあたっては、そのようなモチーフがありました。

マルクスは産業資本主義の仕組みを解明し、それを過去のものにして、「むかしむかし資本主義というものがあった……」と始まる物語を完成させようとしました。物語は完成しなかったものの、その〈終わり〉の素描を彼は遺しました。〈終わり〉がどのようなものかを私たちは知っています。この物語を終わらせるのは歴史のなかにいる私たちであり、完結した物語を語るのは私たちの後に来る人たちであり、私たちが私たちを終わらせないかぎり、〈私たち〉の後にはだれも来ません。〈はじめ〉があるものには〈終わり〉があります。だから終わらせること。〈資本主義を歴史化する〉とはそういうことでした。

それでは資本主義に〈はじめ〉はあるのでしょうか？——本書はこの問いに正面から答えていません。資本と労働の〈出会い〉という〈始まり〉を仄めかす徴候が、〈世界史〉のいたるところに見つかるからです。資本と労働の〈限りない〉接近は、いつどこでどのようにしてひとつの〈出会い〉になるのでしょうか。巻頭論文で述べた、〈Si ..., alors....〉（もし——であれば、それなら——）の仕組みに〈出会い〉の問題はかかわっています。少しだけ書いておきます。

この表現は『経哲草稿』にあらわれます。「産業の宦官」たる生産者が、所有欲に憑（衝）かれた〈愛すべき隣人〉たるキリスト教徒をそそのかしてさらなる所有を煽るという寓話的場面です。宦官が隣人に向かって、「きみがそれを欲するのであれば、それなら私がそれをきみに与えよう」と、一見したところ隣人自身の自発的とみえる願望に譲歩して、その願望充足に協力し、見返りに手付け金（資本として蓄積される剰余価値とおぼしい）を受けとる手筈になっています。隣人はあらゆるものを手に入れるという資本主義の欲望に憑かれていますが、そこには、宦官（不可能な願望充足を暗示する）の不在の欲望も含まれています。宦官は隣人を通して、みずからの不可能な欲望を実現していないでしょうか。本書で述べたように、資本には実体がありません。それは生産から流通を経て消費にいたり、そしてふたたび生産へ——という円環運動の〈すべて〉です。貨幣も資産も、そのものとしては資本ではありません。不在の欲望とその不可能な実現はこの事態に対応します。「欲望は他者の欲望である」（ヘーゲル）わけです。

腹話術と形容すべきか自由間接話法と呼ぶべきか、いずれにしてもこの寓話は、資本主義の仕組みの自作自演的性質を示します。資本は私たちに欲望を吹きこんだうえで、「きみがそれを欲するのであれば、それなら――」をもって私たちを円環に引きずりこむのです。この仕組みはすべてを手に入れたいという願望から生まれるのでしょうか。仕組みが先にあるから願望が生じるのでしょうか。マルクスの立場は後者でした。この仕組みはしかも願望に依存しつつ、仕組みを拡大させてゆきます。先後がひっくりかえっているのです。

この先後のとりちがえは〈資本と労働の出会い〉においても起きていると思われます。それは〈世界史〉のいつどこで起きてもよかった――そう指摘する記述者を通して、資本主義は事後的に、世界に先行するものとして世界を覆い、〈世界史〉という視点を成り立たせるのではないでしょうか。〈出会い〉が起こるのは潜在的なものの次元、ドゥルーズが『意味の論理学』で論じた〈出来事〉や『千のプラトー』における〈此性〉の様相においてのことです。このフィクショナルな様相が「もし――であれば」に対応し、続く「それなら――」において時空の制約を被った〈事物の状態〉が展開されるのではないでしょうか。〈始まり〉は不在としてあります。「もし資本と労働が出会ったのであれば」という条件法のカタパルトなくして産業資本主義は現実に成立しなかった。条件法に導かれて事実が起きた。両者の結合は必然ではないし、因果関係にもない。巻頭論文で私が言いたかったことは、だとすれば「もし資本と労働が出会わなかったのであれば」をカタパルトとして描きだされる軌道を〈私たち〉には構想することができるし、その構想を実現することもできるのではないかということでした。資本主義が私たちの脳《スクリーン》に投影する私有制ユートピアとは異なる世界、封建制による拘束からの逃走が資本主義による労働力商品の捕獲と順接せず、ねじれて遠ざかりつづけていく世界を描出できるのではないか。条件法が用いられる条件を洗いだせば資本主義を歴史化し、この物語を終わらせられるのではないかと。

『経哲草稿』の〈隣人《ネイバーフッド》〉は、宦官とともにひとつの〈近傍《ネイバーフッド》〉、欲望の脱領土化と再領土化が交差する不可識別ゾーンを配備してもいます。宦官の欲望と隣人のそれがたがいに生成変化してひとつのブロックを構成すると言ってもいいでしょう。これに倣い、資本主義の裏面に随伴する資本主義の分身としてのコミュニズムというユートピアを垣間見るべく、私はドゥルーズとマルクスを通して時空の距たりに制約されないひとつの〈近傍〉ゾーンをつくろうとしました。『千のプラトー』には、たとえばルソーの〈社会契約〉を無限の彼方から〈此処〉に届く指令‐呼びかけととらえる箇所があります。自然状態から市民社会への移行は瞬時になされる非身体的変形であり、この瞬間は無限遠に投影された、社会の〈起源‐始まり〉です。無限に小さな瞬間において、自然と社会はたがいに限りなく近づきます。私たちの社会は、遠きものの投影であり、むしろ自然と隣接する。離れれば離れるほど、私たちは自然に近づくというのです。ルソーの〈一般意志〉とは、分岐するほどいっそう綜合されるベンヤミン‐ガタリ的思考の先駆ではないでしょうか。人民の意志は割れるほどに統一されるからです。マルクスはルソーの〈自然〉を資本主義社会に注ぎこもうとしていたのかもしれません。

いずれにせよ本書は資本主義の〈近傍〉にコミュニズムを探る試みであり、ドゥルーズとマルクスをうまく縒りあわせると浮かびあがる〈近傍〉のユートピアを、資本主義の近傍に幻視するための端緒になります。〈私たち〉を終わらせる探究を継続するための、本書は経過報告です。

二〇一九年一月七日　松本潤一郎

初出一覧

ドゥルーズ＝ガタリと歴史　「情況」二〇〇三年十二月号
公理と指令　小泉義之、鈴木泉、檜垣立哉編『ドゥルーズ／ガタリの現在』平凡社、二〇〇八年
「原国家」の射程　「情況」二〇一五年五月号
矛盾は失効したのか　市田良彦、王寺賢太編『現代思想と政治』平凡社、二〇一六年
物語と襞　「ゲストハウス」第三号（二〇一一年四月）
分裂と綜合　「ゲストハウス」臨時増刊・第三号（二〇一一年十月）
無限小の政治　「ゲストハウス」臨時増刊・第四号（二〇一二年十月）
「絶対貧困」のほうへ　「ゲストハウス」第五号（二〇一三年四月）
レンタル・ライフ　「現代思想」二〇一七年六月臨時増刊号
労賃とは別の仕方で　「立教大学ランゲージセンター紀要」第三十五号、二〇一六年一月
労働と芸術　KAWADE 道の手帖『ベンヤミン』河出書房新社、二〇〇六年五月
可能世界のドゥルーズ　「現代思想」二〇〇八年五月号

＊　本書収録にあたり、一部を改題、また加筆・訂正を施した。

著者略歴

（まつもと・じゅんいちろう）

1974年，東京生まれ．立教大学大学院文学研究科博士後期課程修了．就実大学人文科学部表現文化学科准教授．フランス文学・思想・哲学．共著『ドゥルーズ 生成変化のサブマリン』（白水社 2005）『ドゥルーズ／ガタリの現在』（平凡社 2008）『ドゥルーズ 千の文学』（せりか書房 2011）『政治経済学の政治哲学的復権――理論の理論的〈臨界－外部〉にむけて』（法政大学出版局 2011）『ドゥルーズ・知覚・イメージ――映像生態学の生成』（せりか書房 2015）『現代思想と政治――資本主義・精神分析・哲学』（平凡社 2016），訳書ベナサジャグ＆ストゥルヴァルク『反権力――潜勢力から創造的抵抗へ』（ぱる出版 2005）ホルワード『ドゥルーズと創造の哲学――この世界を抜け出て』（青土社 2010）イーグルトン『なぜマルクスは正しかったのか』（河出書房新社 2011），共訳バディウ『倫理――〈悪〉の意識についての試論』（河出書房新社 2004）『聖パウロ――普遍主義の基礎』（河出書房新社 2004）『世紀』（藤原書店 2008）ジジェク『イラク』（河出書房新社 2004）『ロベスピエール／毛沢東――革命とテロル』（河出文庫 2008）リンギス『異邦の身体』（河出書房新社 2005）クロソウスキー『かくも不吉な欲望』（河出文庫 2008）ランシエール『アルチュセールの教え』（航思社 2013）ガタリ『リトルネロ』（みすず書房 2014）ラマルシュ＝ヴァデル『すべては壊れる』（現代思潮新社 2015）シェネ『不当な債務――いかに金融権力が，負債によって世界を支配しているか？』（以文社 2017）ほか．

松本潤一郎
ドゥルーズとマルクス
近傍のコミュニズム

2019年 2月26日 第1刷発行

発行所 株式会社 みすず書房
〒113-0033 東京都文京区本郷2丁目20-7
電話 03-3814-0131(営業) 03-3815-9181(編集)
www.msz.co.jp

本文組版 キャップス
本文印刷・製本所 中央精版印刷
扉・表紙・カバー印刷所 リヒトプランニング

ISBN 978-4-622-08787-8
[ドゥルーズとマルクス]